Jürgen Kumlehn

ROCK Ballads III

Joe Cocker
Unchain My Heart

Tom Petty and the Heartbreakers
Into The Great Wide Open

Elvis Presley
In The Ghetto

Hollies
He Ain´t Heavy, He´s My Brother

Cat Stevens
Wild World

Eric Clapton
I Shot The Sheriff

AMA VERLAG

Impressum

AMA Verlag GmbH
Postfach 1168
50301 Brühl

Umschlagillustration und Gestaltung: Patrizia Obst
Umschlagfotografie: Guido Löhrer
Fotonachweis: Oliver Ramm (Seite 3)
Bruno Kassel Product Promotion, Köln (Seite 80, 161, 176, 185, 205)
Uplegger, Berlin (Seite 109)
EMI-Electrola, Köln (Seite 17, 86, 131, 134)
Mac Wonderlea, Leverkusen (Seite 10)
Trignon GmbH, Runkel (Seite 37)
Metronome Music GmbH (Seite 102)
Sony Music, Frankfurt (Seite 42)
BMG Ariola, Hamburg (Seite 114, 153)
DTP: René Teichgräber
Gesamtleitung: Detlef Kessler

Printed in Germany

ISBN 3-927190-52-7

Vorwort

Hallo und herzlich willkommen bei "Rock Ballads 3"!

Nachdem Rock Ballads 2 bei den Lesern so gut angekommen ist, haben der Verleger und ich uns entschlossen, ein weiteres Buch dieser Reihe herauszubringen.

Die logische Folge war "Rock Ballads 3", hier liegt es nun vor.

Auch hier findest du 25 schöne Balladen aus den letzten 30 Jahren der Rockgeschichte. Ich hoffe, daß sie deinen Geschmack ebenfalls treffen werden.

Auf Wunsch vieler Leser habe ich u. a. Songs mit in das Konzept hereingenommen, die du mit einer Gitarre allein spielen kannst. Die Arrangements sind dementsprechend von mir geschrieben worden.

Es sind auch Songs dabei, in denen eigentlich im Original gar keine Gitarre vorkommt. Für die habe ich Gitarrenarrangements geschrieben, die gut spielbar sind und dennoch dicht am Original bleiben.

Vom Schwierigkeitsgrad her ist für jeden etwas dabei, sowohl für den Einsteiger als auch für den Könner. Soweit es möglich war, habe ich mich an die Originale gehalten.

Zu jeder Ballade findest du einige Hintergrundinformationen zur Band bzw. zum Sänger(in). Dazu kommen noch Leadsheets mit Text und Akkordsymbolen, Akkorde mit Erklärungen, Spieltips und Tricks, Tips für den Sound und die Gitarrennotation.

An dieser Stelle möchte ich mich noch einmal bei allen bedanken, die mir beim Schreiben dieses Buches geholfen haben: bei meiner Familie, bei Julius Müller, René Teichgräber und allen anderen Mitarbeitern des Verlags, A.V. Heinrich und Matthias Zielinski.

Und jetzt viel Spaß bei "Rock Ballads 3"!

Inhalt

Zur Arbeit mit diesem Buch

Tabulatur

Die Tabulatur ist eine "Spezialschrift" für Gitarristen, eignet sich also nur zur Darstellung von Gitarrenmusik. Gegenüber der Notenschrift sagt sie aber genau aus, auf welcher Saite und welchem Bund man greifen muß. Klingt kompliziert, ist aber ganz einfach: Sechs waagerechte Linien übereinander stellen die sechs Saiten der Gitarre dar. Am Anfang dieses Systems steht statt eines Notenschlüssels ein senkrechtes TAB für Tabulatur. Die Taktstriche sind genauso wie bei der Notenschrift:

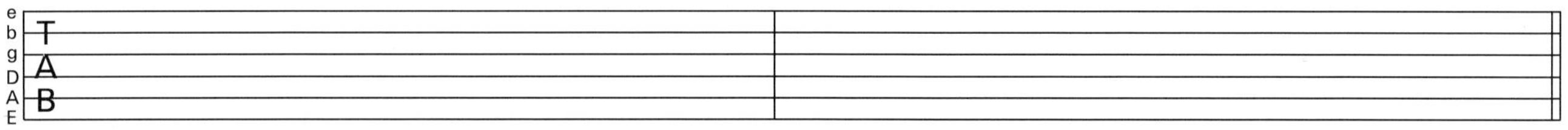

Auf diesen Linien stehen statt Notenköpfen Zahlen. Sie sagen dir, in welchem Bund du die jeweilige Saite greifst. Wie bei der Notenschrift sind einzelne Töne hintereinander, Akkordtöne übereinander aufgeschrieben:

Die Kennzeichnung der Tonhöhen ist jetzt klar. Nun müssen noch die Tonlängen markiert werden. Einfacherweise bedient man sich da bei der Notenschrift und benutzt dieselben Notenhälse, Fähnchen und Balken. Sinnvollerweise werden alle Pausenzeichen der Notenschrift ebenso mitbenutzt:

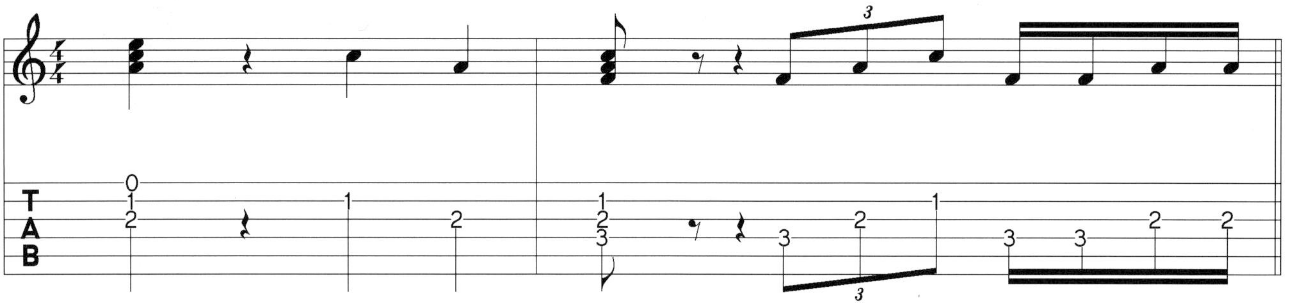

Den einzigen Unterschied machen ganze und halbe Noten. In der Tabulatur wird eine ganze Note als vier Viertel mit Bindebogen, eine halbe Note als zwei Viertel mit Bindebogen geschrieben; zur Not können die Bindebögen sogar weggelassen werden:

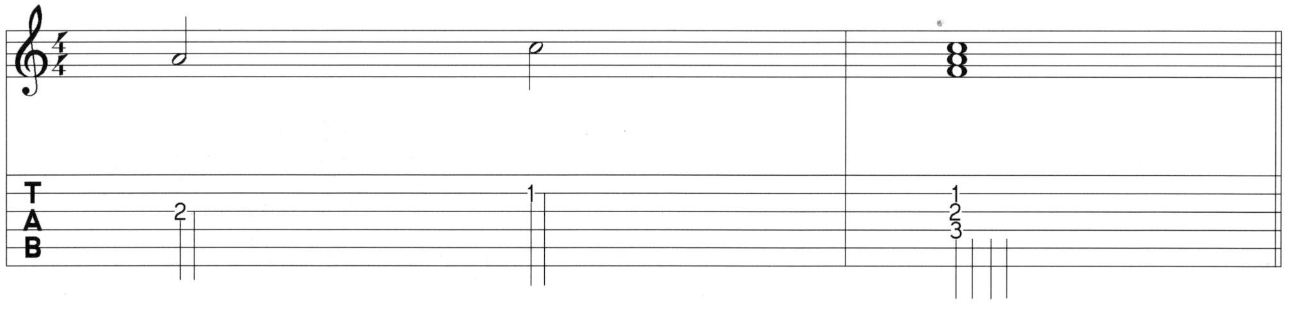

Griffdiagramme

Die Akkord-Diagramme bestehen aus sechs waagerechten Linien, die die **Saiten** bezeichnen.

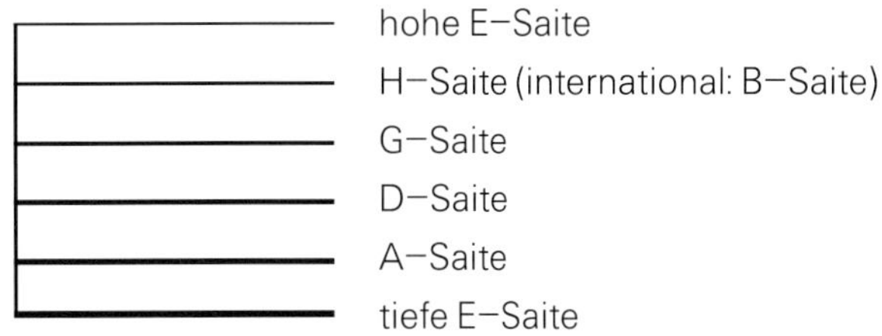

Die senkrechten Linien stellen die Bundstäbchen und die Zwischenräume zwischen zwei Bundstäbchen die **Bünde (Bd.)** dar, in denen gegriffen wird.

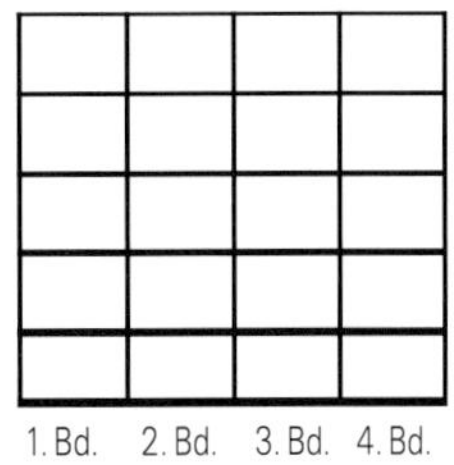

Die Finger der **Greifhand** werden durchnumeriert:

- 1 = Zeigefinger
- 2 = Mittelfinger
- 3 = Ringfinger
- 4 = kleiner Finger
- D = Daumen

- 0 = Leersaite

Der **Grundton** ist durch ein Kästchen besonders hervorgehoben.

■ = Grundton

Die Zahl im grauen Kästchen oberhalb des Griffbretts bezeichnet die **Lage** bzw. die **Position** des 1. Fingers auf dem zahlenmäßig markierten Bund: In der folgenden Abbildung greift der Zeigefinger 1 in der dritten Lage bzw. im dritten Bund auf der A-Saite, und der Ringfinger 3 greift zwei Bünde höher im fünften Bund auf der D-Saite.

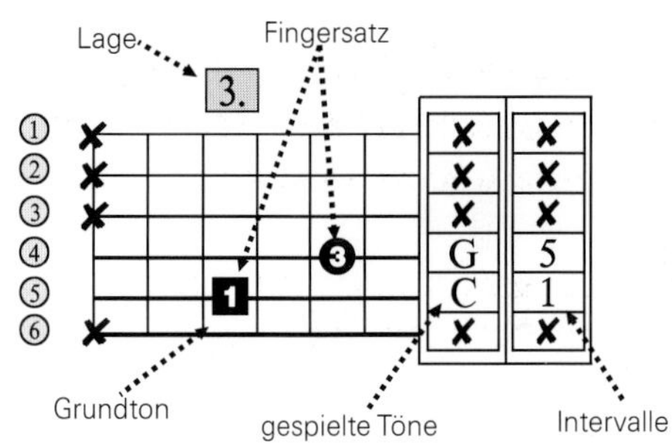

Die beiden **Infosäulen** rechts neben dem Griffbrett geben noch einmal Auskunft über die konkret gegriffenen Töne und die Intervalle. Die links durchkreuzten Saiten und die in den Infosäulen duchkreuzten Felder kennzeichnen die **abgedämpften** bzw. **nicht zu spielenden Saiten**.

Leersaiten, die Bestandteil des Akkords sein sollen, werden durch eine 0 gekennzeichnet:

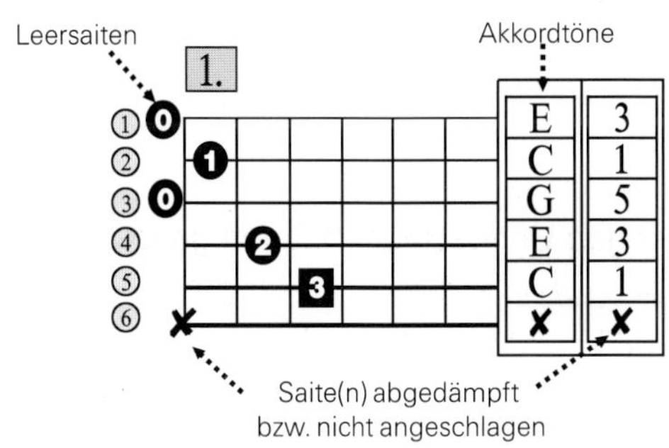

Der **Barré-Griff**, bei dem der Zeigefinger als eine Art "verschobener Sattel" fungiert, ist durch einen dicken grauen Balken dargestellt. Die Zahl der niedergedrückten Saiten wird durch die Länge dieses Balkens definiert.

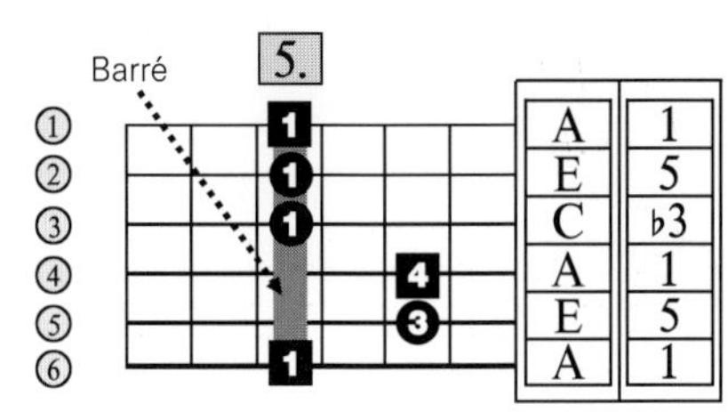

Rhythmusnotation

Die Rhythmusnotation dient dazu, das Akkordspiel schnell und unkompliziert aufzuzeichnen. Die Töne des jeweiligen Akkords werden nicht einzeln aufgeschrieben, sondern der Akkord als Ganzes in einer Kurzschrift, der Akkordsymbolschrift, dargestellt. Übrig bleibt der zu spielende Rhythmus, der mit Mensuralnoten notiert wird. Die jetzt rechteckigen und rautenförmigen Notenköpfe schreibt man in das Notensystem. Alle Notenhälse und Pausenzeichen bleiben die gleichen wie bei der normalen Notenschrift. Das gilt ebenso für alle weiteren Zeichen wie Punktierungen, Haltebögen usw..

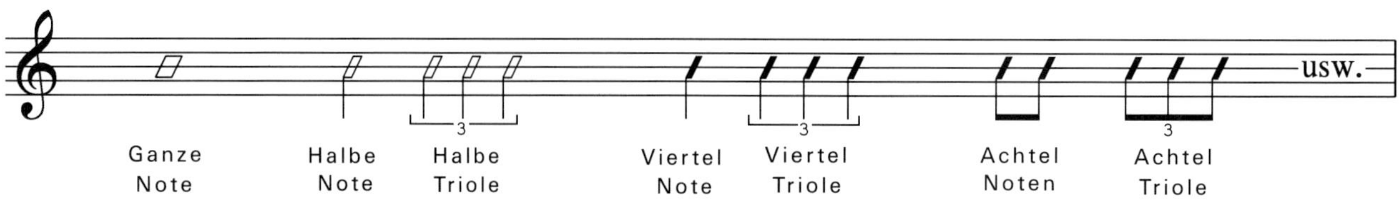

Hinzu kommen noch einige Zeichen für abgedämpft gespielt, kurz gespielt (Staccato) und breit gespielt (Legato):

Um festzulegen, welche rhythmischen Werte mit einer Abwärtsbewegung der rechten Hand (Abschlag) oder einer Aufwärtsbewegung (Aufschlag) gespielt werden, bedient man sich folgender Zeichen: Sie stehen unter den betreffenden Noten wie auch bei der normalen Notenschrift.

⊓ = Abschlag

V = Aufschlag

Sonderzeichentabelle

SL	Slide
H	Hammer on
P	Pull off
B	Bending
RB	Release Bend
>	Akzent, Betonung
⊓	Abschlag
V	Aufschlag
x	Ghostnote (perkussiver Anschlag mit abgedämpften Saiten)
D	rechter Daumen
Z	rechter Zeigefinger
M	rechter Mittelfinger
R	rechter Ringfinger
0 0 1	Fingersatz
8va	1 Oktave höher spielen als notiert
LOCO	wieder in der ursprünglichen Oktavlage spielen

Toto

Africa

1978 gründete sich diese bis heute erfolgreich existierende Band aus Studiomusikern. Ihr brilliant gespielter, aber immer ohrwurmhafter Rock mit eingestreuten Balladen schlug gleich mit der ersten Single "Hold the Line" 1978 ganz oben in die amerikanischen Charts ein. Es folgten weitere Hits wie "Rosanna", "Africa" und "I won't hold you back". Für die LP "Toto IV" heimste die Band gleich sechs Grammys ein.
Ab 1984 wechselt die Besetzung immer wieder mal, speziell auf der Position des Sängers. Letztendlich übernahm dann Steve Lukather die Funktion des Sängers mit. Nach dem Tod von Jeff Porcaro übernahm Simon Phillips 1992 die Schlagzeugstöcke.

LP: Toto IV, 1982

Besetzung:

Bobby Kimball	-	Gesang
Steve Lukather	-	Gitarre, Gesang
David Paich	-	Keyboards
Steve Porcaro	-	Keyboards
David Hungate	-	Bass
Jeff Porcaro	-	Schlagzeug
später Mike Porcaro	-	Bass

Toto

Africa

Leadsheet

Songaufbau

Strophe 1:

I hear the drums echoin tonight,
She hears only whispers of some quiet conversation.
She's coming in, twelve thirty flight,
moonlit wings reflect the stars that guide me towards salvation.
I stopped an old man along the way,
hoping to find some old forgotten words or ancient melodies.
He turned to me as if to say,
"Hurry boy, it's waiting there for you."

Refrain:

It's gonna take a lot to drag me away from you.
There's nothing that a hundred men or more could ever do.
I bless the rains down in Africa.
Gonna take some time to do the things we never had.

Strophe 2:

The wild dogs cry out in the night,
they grow restless, longing for some soli tary company.
I know I must do what's right,
sure as Kilimanjaro rises like Olympus above the Serengeti.
I seem to cure what's deep inside,
frightened of this thing that I've become.

Refrain:

Akkorde

Da ich es gewagt habe, eine Version für Acoustic-Gitarre zu arrangieren, tauchen hier auch Akkorde auf, die Bassfunktionen mit übernehmen (Slash Chords). Von denen sind ein paar vielleicht ungewohnt zu greifen, aber nicht kompliziert. Der Rest der Akkorde sind alte Bekannte.

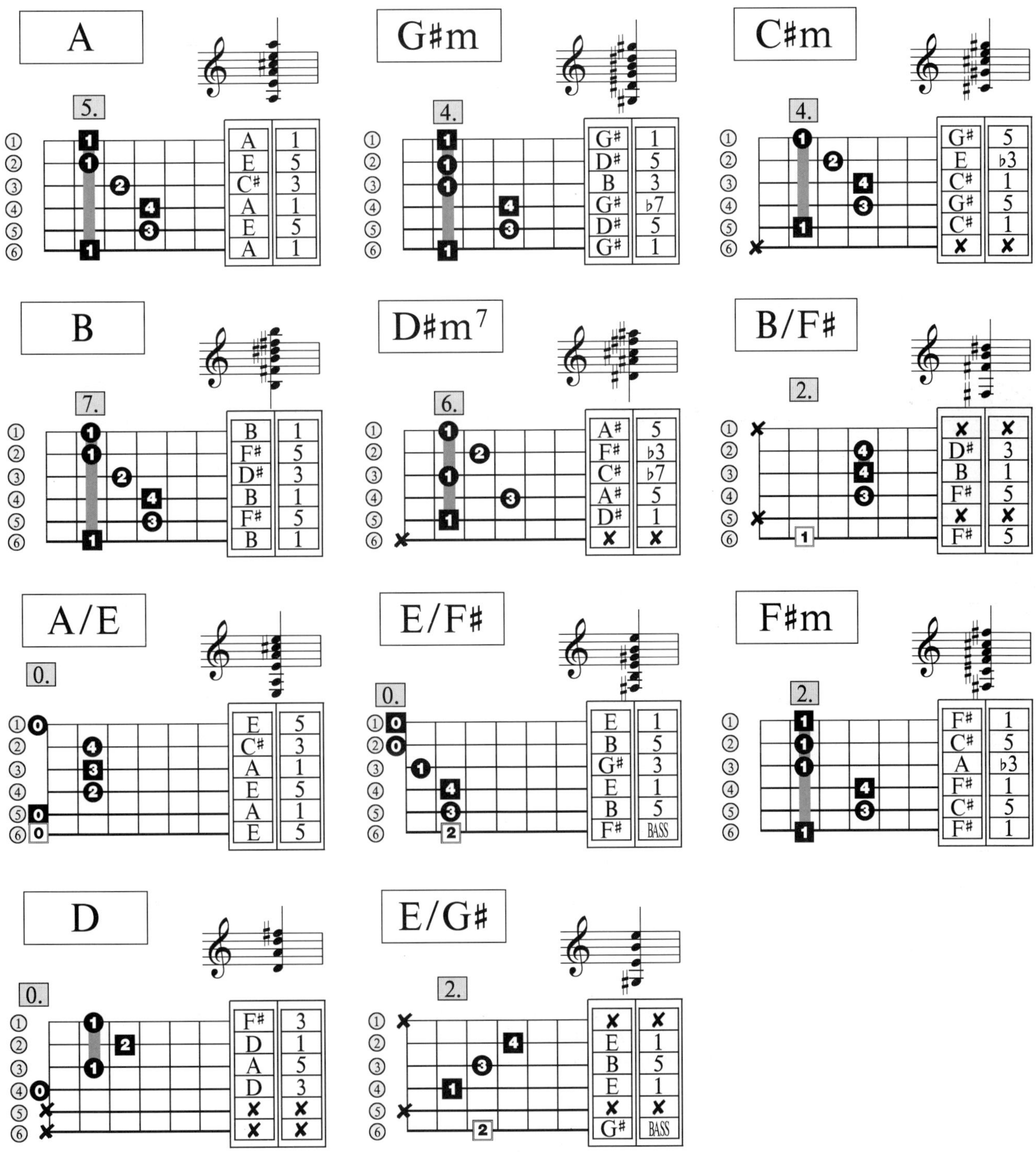

Spieltips
Wie gesagt, dies ist ein Arrangement, das du mit Gitarre und Gesang allein spielen kannst, es funktioniert und der Song an sich bleibt voll erhalten.
Den typischen Introrhythmus habe ich übernommen, bei dem Rest habe ich mich an den Schlagzeug- und Bass-Groove angelehnt.
Am besten übst du erst einmal die Rhythmen, dann die Akkordwechsel und zuletzt beides zusammen.

Sound
Nun, dann nimm' deine Western-Gitarre zur Hand und probier' diese Version einfach mal aus.

Gitarrennotation

REFRAIN
F♯m D A E
F♯m D 1. A E
2. A C♯m E F♯m E/G♯
INTRO 2
A G♯mC♯m
2
D.S. al Coda
senza rep.
B D♯m7 G♯m
A G♯m C♯m
REFRAIN
F♯m D A E F♯m D
1. A E 2. A C♯m E F♯m E/G♯
A G♯mC♯m
2

INSTRUMENTAL
B D♯m7 G♯m B/F♯ A/E E/F♯
G♯m A G♯m C♯m B D♯m7
G♯m A G♯m C♯m
REFRAIN
F♯m D A E F♯m D
A E 4 4 2
F♯m D A C♯m E F♯m E/G♯
EXTRO
A G♯m C♯m 2
4 A G♯m C♯m
Fine

Richard Marx

Angelia

Als Sohn eines musikalischen Elternhauses, der Vater war Jazzpianist und Jingle-Produzent, kam Richard schon mit fünf Jahren zur Musik.
Er begann seine Karriere als Songschreiber für Bob Seger und Kenny Rogers, außerdem machte er sich als Chorsänger in vielen Studioproduktionen in Los Angeles einen Namen.
Nachdem Lionel Richie sich für ihn stark gemacht hatte, startete er eine Solokarriere. 1987 kam seine erste LP heraus. Im selben Jahr hatte er mit "Don't mean nothing" einen Top-Ten-Hit.
In den folgenden Jahren gelangen ihm immer wieder Spitzenpositionen in den Charts, bis ins Jahr 1992.
Seitdem ist es etwas ruhiger um ihn geworden, vielleicht sammelt er neue Kräfte oder er schreibt Songs für andere Künstler.

LP: Repeat Offender, 1989

Besetzung:

Richard Marx	-	Gesang
Prairie Prince	-	Schlagzeug
Jim Cliff	-	Bass
Michael Landau	-	Gitarre
Bruce Gaitsch	-	Gitarre
Jeffery Vanston	-	Keyboards
Marc Russo	-	Saxophon

Richard Marx

Angelia

Leadsheet

B♭sus4
1. B♭
2. B♭ B♭sus2
got to make you turn a- round.
BRIDGE
A♭
B♭(sus2)
May- be my love is in vain, may- be you're the hurt- ing kind.
A♭
Fm7
A♭/B♭
Can't take no more of this pain, I've got to get you off my mind.
SAX SOLO
E♭ E♭ Cm(7) Cm(7) A♭ A♭ B♭ B♭
GIT. SOLO
E♭ E♭ Cm(7) Cm(7) A♭ A♭ Fm7 B♭/D
D.S. al Coda
B♭
REFRAIN
Cm
Fm7
B♭sus4
B♭
Cm
A♭
B♭sus4
B♭(5)
Repeat and fade

Songaufbau

Strophe 1:

Mem'ries of you and me
tumble inside my head,
the way that we used to be,
things that we've said.
No one has ever made me believe so strong.
You left me to wonder how did your love go wrong?

Refrain:

Angelia, where you're running to now?
Angelia, got to make you turn around.

Strophe 2:

I lie awake at night,
wait for the sun to shine.
I still feel you next to me,
your lips on mine.
Without a warning
you made your love a lie.
Then you said you were sorry, but you never told me why.

Refrain:

Bridge:

Maybe my love is in vain,
maybe you're the hurting kind.
Can't take no more of this pain,
I've got to get you off my mind.
Tried to be what you wanted,
I gave you all I had.
Girl, you left me with nothing,
nothing but a photograph.

Refrain:

Angelia, where you running to now?
Angelia, won't you please turn around?

Akkorde

Die gibt's bei diesem Song zwar genug, sie sind aber in der Notation und Tabulatur ausführlich und komplett ausgeschrieben. Daher brauchst du auch keine Griffdiagramme, schau' einfach in die Tabulatur hinein.

Spieltips

Ich habe dir zwei Versionen aufgeschrieben: eine "Easy Guitar Version" mit Akkordsymbolen und ein paar ausnotierten Licks und eine komplett ausgeschriebene Version. Beide haben die gleiche Form, die "Easy-Guitar-Version" ist halt schneller zu lesen. Ich empfehle dir, zuerst die Komplettversion vorzunehmen; da steht schließlich alles genau drin, alle Akkordformen, Licks usw.. Wenn du die durchgespielt hast und weißt, wie der Hase läuft, dann ist der Moment für die "Easy-Guitar-Version" gekommen. Da du den Song mit seinen Akkorden dann schon grob beherrschst, kommst du damit dann sicher besser und schneller zurecht.
Die Akkorde sind, ich gebe es zu, nicht immer ganz einfach, aber sie klingen sehr reizvoll in dieser geschmackvollen Ballade. Die eventuelle Mühe lohnt sich.
Das ebenso geschmackvolle Solo habe ich dir extra notiert. Es ist sehr melodisch bzw. gesanglich aufgebaut und bietet keine artistischen Schwierigkeiten. Achte auf die Feinheiten: Slides, Hammer ons und Pull offs, Bendings und das Benutzen des Vibratohebels (Whammy Bar), dann müßte es eigentlich klappen.
Kleiner Tip noch zum Schluß: Wenn die Strophe wiederholt wird, kannst du ab dem Segno mit einem verzerrten Sound die Akkorde als Powerchords spielen, bis zum Refrain.

Sound

Bis auf das Solo und die o. g. Verswiederholung benötigst du einen cleanen, präsenten Sound mit viel Chorus und einem Delay, das sich nach einer 1/8-Note wiederholt (310 ms), mit mehreren Repeats.
Der Zerrsound für Solo und eventuell den 2. Vers sollte fett und mit einer leichten Schwebung (Chorus oder ganz leichter Harmonizer, 6 - 8 Cent) nochmals angedickt sein.
Was die Gitarre angeht, bist du mit einem Stratocaster-Typ (Single Coils) am besten bedient.

Gitarrennotation

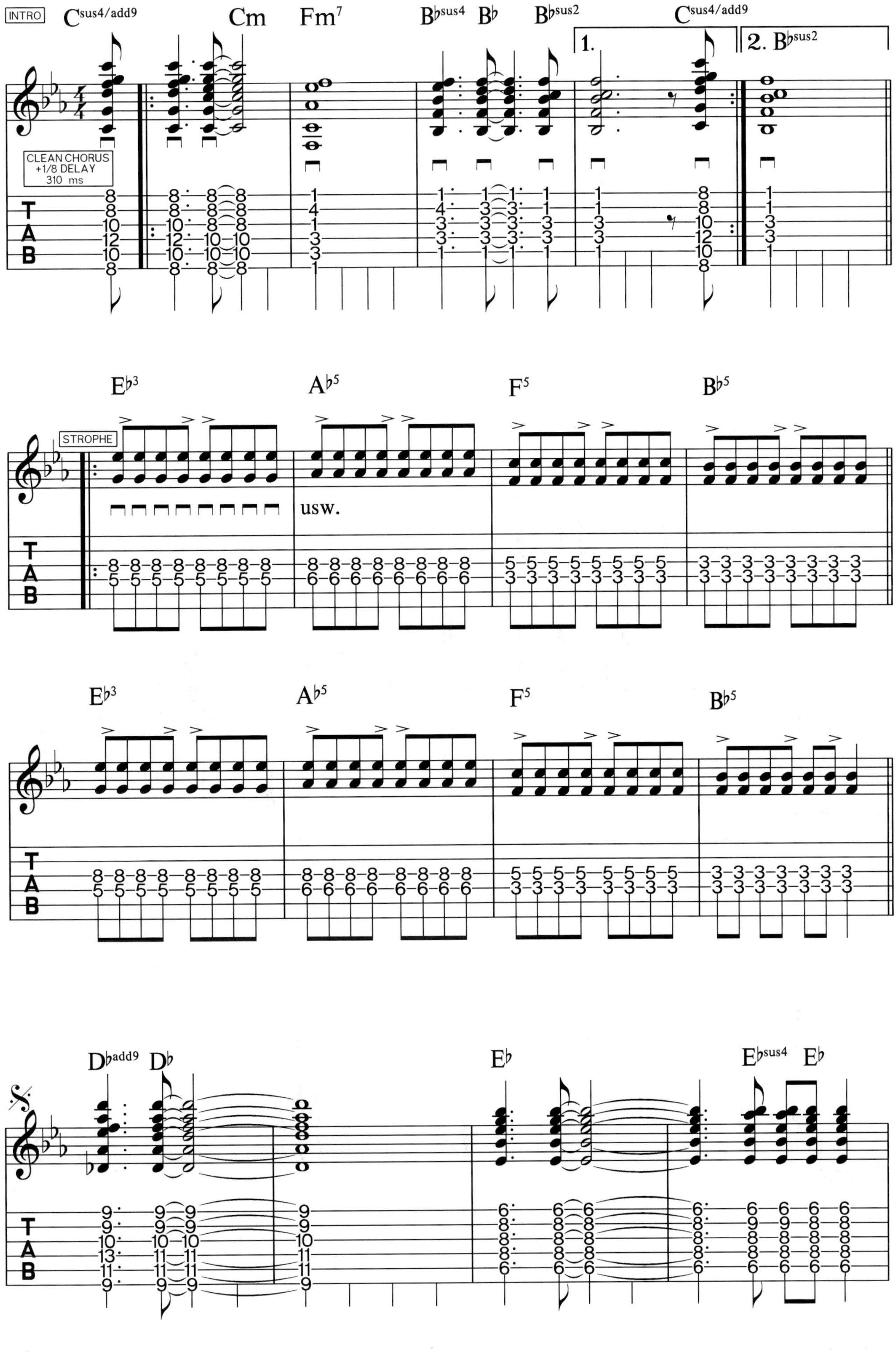

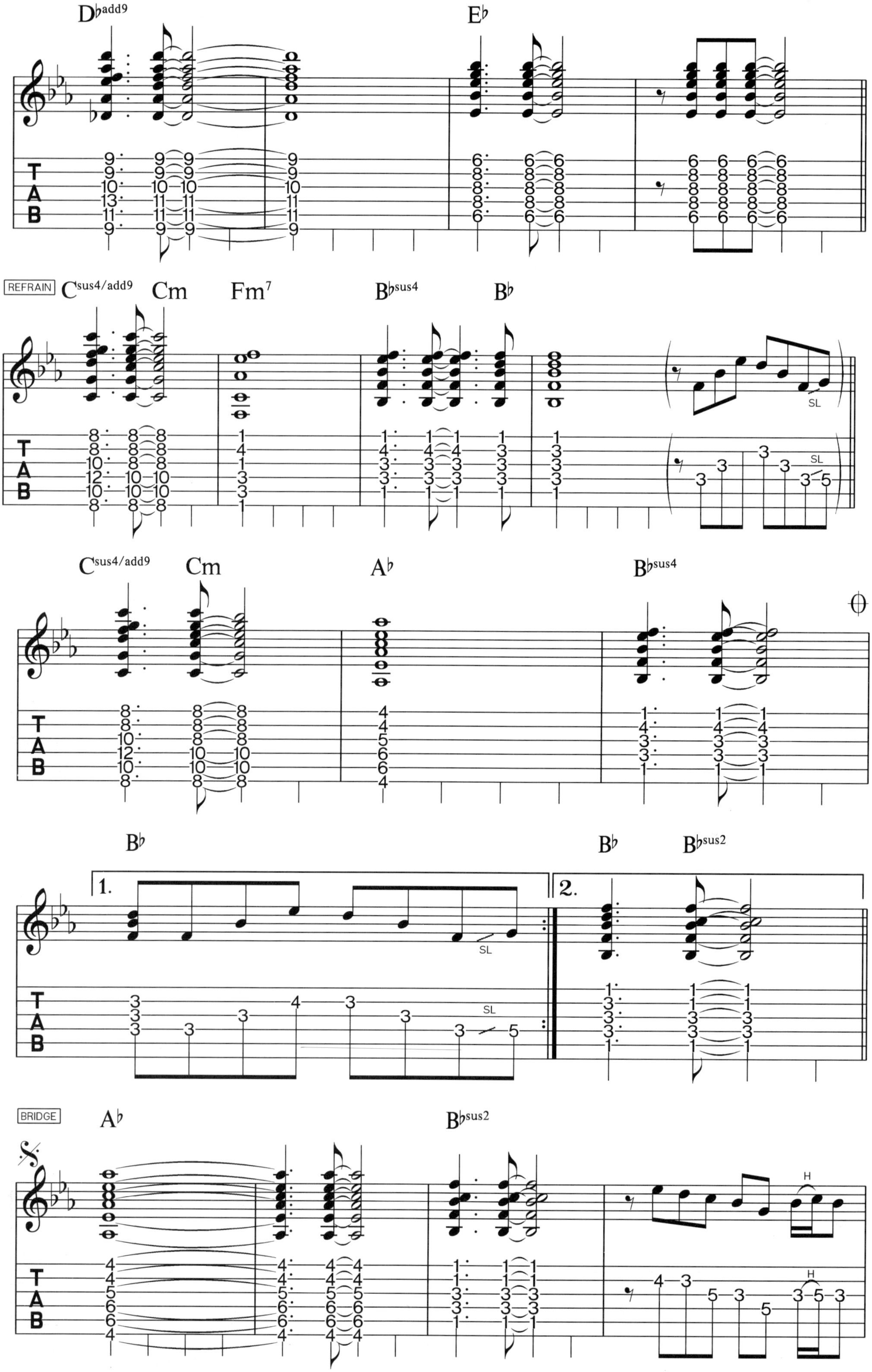

D♭add9
E♭
REFRAIN
Csus4/add9
Cm
Fm7
B♭sus4
B♭
SL
Csus4/add9
Cm
A♭
B♭sus4
B♭
1.
SL
2.
B♭
B♭sus2
BRIDGE
A♭
B♭sus2
H

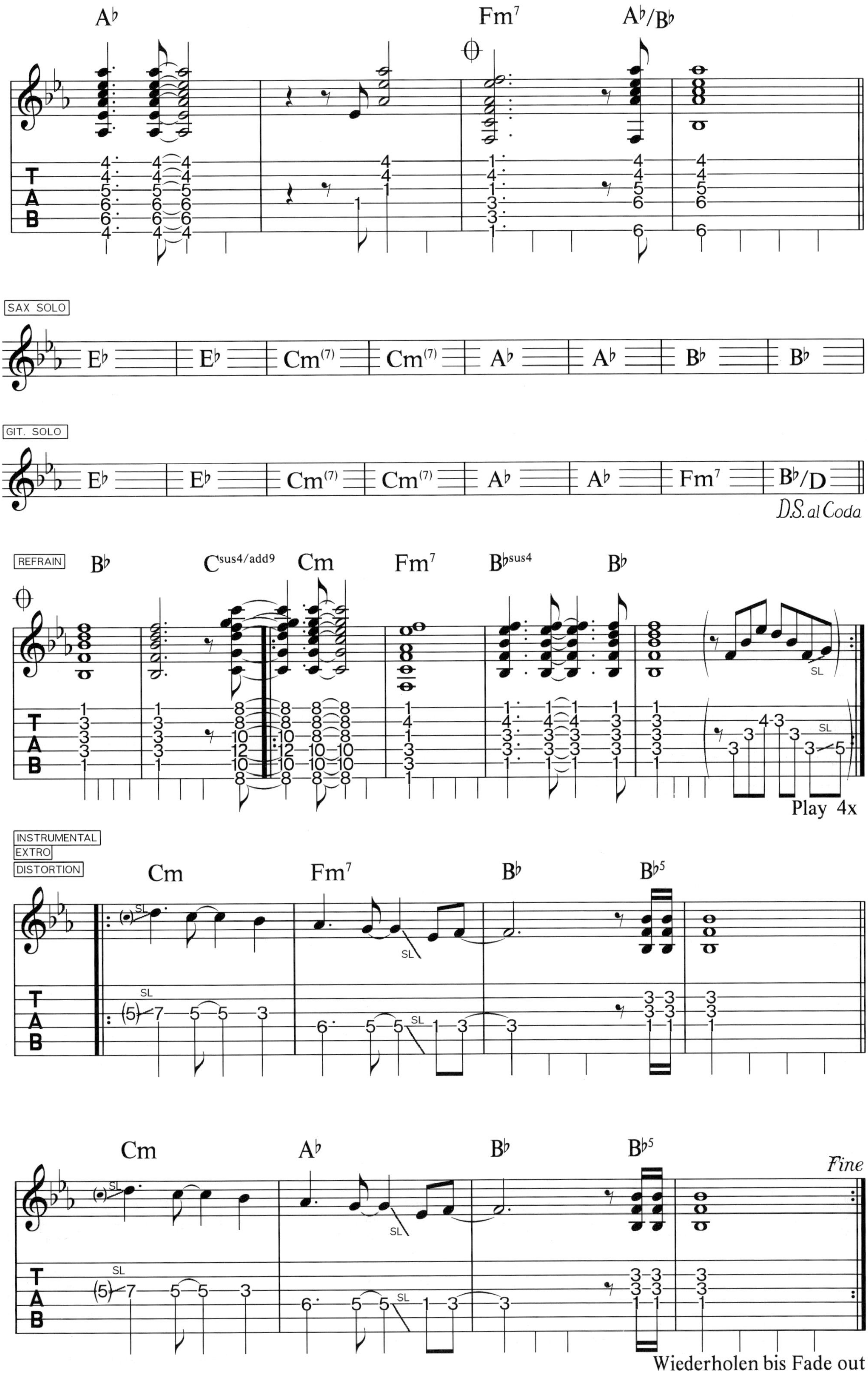

A♭ Fm7 A♭/B♭
SAX SOLO
E♭ E♭ Cm(7) Cm(7) A♭ A♭ B♭ B♭
GIT. SOLO
E♭ E♭ Cm(7) Cm(7) A♭ A♭ Fm7 B♭/D
D.S. al Coda
REFRAIN
B♭ Csus4/add9 Cm Fm7 B♭sus4 B♭
SL
Play 4x
INSTRUMENTAL
EXTRO
DISTORTION
Cm Fm7 B♭ B♭5
SL
Cm A♭ B♭ B♭5
SL
Fine
Wiederholen bis Fade out

Gitarrensolo

"Easy"-Gitarrennotation

A♭
Fm7
A♭/B♭
SAX SOLO
E♭
E♭
Cm(7)
Cm(7)
A♭
A♭
B♭
B♭
GIT. SOLO
E♭
E♭
Cm(7)
Cm(7)
A♭
A♭
Fm7
B♭/D
D.S. al Coda
B♭
B♭
Csus4/add9
REFRAIN
Cm
Fm7
B♭sus4
B♭
Play 4x
INSTR. EXTRO
Cm
SL
Fm7
B♭
B♭5
Cm
SL
A♭
B♭
B♭5
Wiederholen bis Fade out

Eric Clapton

Before you accuse me

LP: Unplugged, 1992		
Besetzung:		
Eric Clapton	-	Gitarre, Gesang
Ray Cooper	-	Percussion
Nathan East	-	Bass, Chorgesang
Steve Ferrone	-	Schlagzeug
Chuck Leavell	-	Keyboards
Andy Fairweather Low	-	Gitarre
Katie Kissoon	-	Chorgesang
Tessa Niles	-	Chorgesang

"Clapton is God", so stand es Mitte der sechziger Jahre an Londons Häuserwänden. Über Eric Clapton, geboren am 30. März 1945, könnte man ganze Bücher füllen, so viel Musikgeschichte hat er geschrieben. Er ist nach wie vor einer der bekanntesten Gitarristen und schon längst eine lebende Legende.

Seine erste bekannte Band waren die "Yardbirds", später stieg er bei John Mayalls "Bluesbreaker" ein. In dieser Zeit entwickelte er unter dem Einfluß von B.B.King seinen brillanten, stark bluesbetonten Stil. Im Gegensatz zu seiner zurückhaltenden, fast scheuen Natur besitzt er auf der Gitarre einen hingebungsvollen Ton. In dieser Zeit begründete sich sein Ruf als Wundergitarrist, der im oben genannten Ausspruch gipfelte.

Eigentlich wollte er immer Musiker sein, der den Mannschaftsgeist in einer homogenen Band bevorzugt, daher litt er unter seinem eigenen Kultstatus.

"Daß Musiker heute einflußreicher als Politiker sein können, ist grotesk. Man braucht zum Musikmachen weder besondere Intelligenz noch eine vorbildliche Moral", sagte er immer wieder.

Den Gipfel erreichte er mit der ersten "Supergroup" der Popgeschichte, mit der Band "Cream", die von Juli 1966 bis Ende 1968 Millionen–Umsätze garantierte. Das Trio Eric Clapton, Jack Bruce und Ginger Baker schuf eine Fülle von Hits, die noch heute bekannt sind. Markenzeichen war neben Jack Bruces Gesang und Ginger Bakers Trommelkünsten Claptons versierte Spielweise mit jeder Menge prägender Riffs und ausgedehnten, oft minutenlangen Soli. Nach persönlichen Differenzen brach die Band auseinander. Die Nachfolge trat die Gruppe "Blind Faith" an, nach nur einer LP und einer USA-Tournee scheiterte jedoch das von Claptons Manager vorangetriebene Projekt. Der gewaltige Druck und Medienrummel um seine Person veranlaßte "Slowhand", wie Clapton mittlerweile scherzhaft-liebevoll genannt wurde, erst einmal in den Hintergrund zu treten. Zwischenzeitlich spielte er mit "Delaney, Bonnie & Friends", dann wieder unter dem Pseudonym "Derek and the Dominoes", arbeitete im Studio für befreundete Musiker (u.a. mit den Beatles) und brachte ein Soloalbum heraus.

Gegen Ende der sechziger war er drogenabhängig und zog sich zwei Jahre völlig zurück. Nach einer gelungenen Therapie berappelte er sich wieder und startete einige Comebackversuche. Mit der 1974 produzierten LP "461 Ocean Boulevard" und dem darauf befindlichen Hit "I shot the sheriff" (Von Bob Marley gecovert) war er wieder ganz oben. Ein paar lieblos nachgeschobene Alben ließen den frischgewonnenen Ruhm aber wieder verblassen. Clapton war in einer neuen Krise. Diesmal sprach er dem Alkohol zu. Wieder vergingen zwei Jahre, bis er sich erholt hatte.

Ab 1983 schließlich produzierte der nun sichtlich verjüngte Clapton einige sehr erfolgreiche LPs mit Musikern wie Phil Collins, Greg Phillinganes, Nathan East u.a. . Seitdem bewegt er sich eigentlich zwar immer etwas im Hintergrund, aber immer obenauf. Der letzte Höhepunkt war sicher die LP "Unplugged", ein Mitschnitt vom amerikanischen Videoclip–Sender MTV. Sie schnellte in die obersten Chartpositionen und löste eine wahre "Unplugged-Welle", die Rückkehr zu akustischen Instrumenten aus.

(Words & Music: Earl McDaniel)

Eric Clapton

Before you accuse me

Leadsheet

Songaufbau

Refrain:

Before you accuse me, take a look at yourself.
Before you accuse me, take a look at yourself.
Say I'm spendin' my money on other women,
you're takin' money from someone else.

Strophe:

I called your mama 'bout three or four nights ago.
I called your mama 'bout three or four nights ago.
Well, your mama said: "Son, don't call my daughter no more."

Refrain:

Strophe 2:

Come on back home, baby, try my love one more time.
Come on back home, baby, try my love one more time.
You know if things don't go to suit you, I think I'll lose my mind.

Refrain:

Akkorde
Bei diesem alten Blues, von Claptons "Unplugged"-LP, habe ich dir alles in Notation und Tabulatur ausgeschrieben, daher mußt du auch keine Akkorde extra auswendig lernen.

Spieltips
Im Original sind zwei Western-Gitarren beteiligt. Ich habe dir eine "best of two", eine Zusammenfassung der beiden, für eine Gitarre geschrieben, die alles Wichtige des Originals beinhaltet.
Ich habe den Song etwas gekürzt, ohne einen Formteil als solches wegzulassen. Gestrichen wurden nur einige Wiederholungen.
Das Solo habe ich dir noch einmal extra aufgeschrieben.
Du verwendest am besten das Folk-Picking mit Daumen, Zeigefinger und Mittelfinger.

Sound
Du schnappst dir deine Western-Gitarre oder auch deine Konzertgitarre und ab geht's.

Gitarrennotation

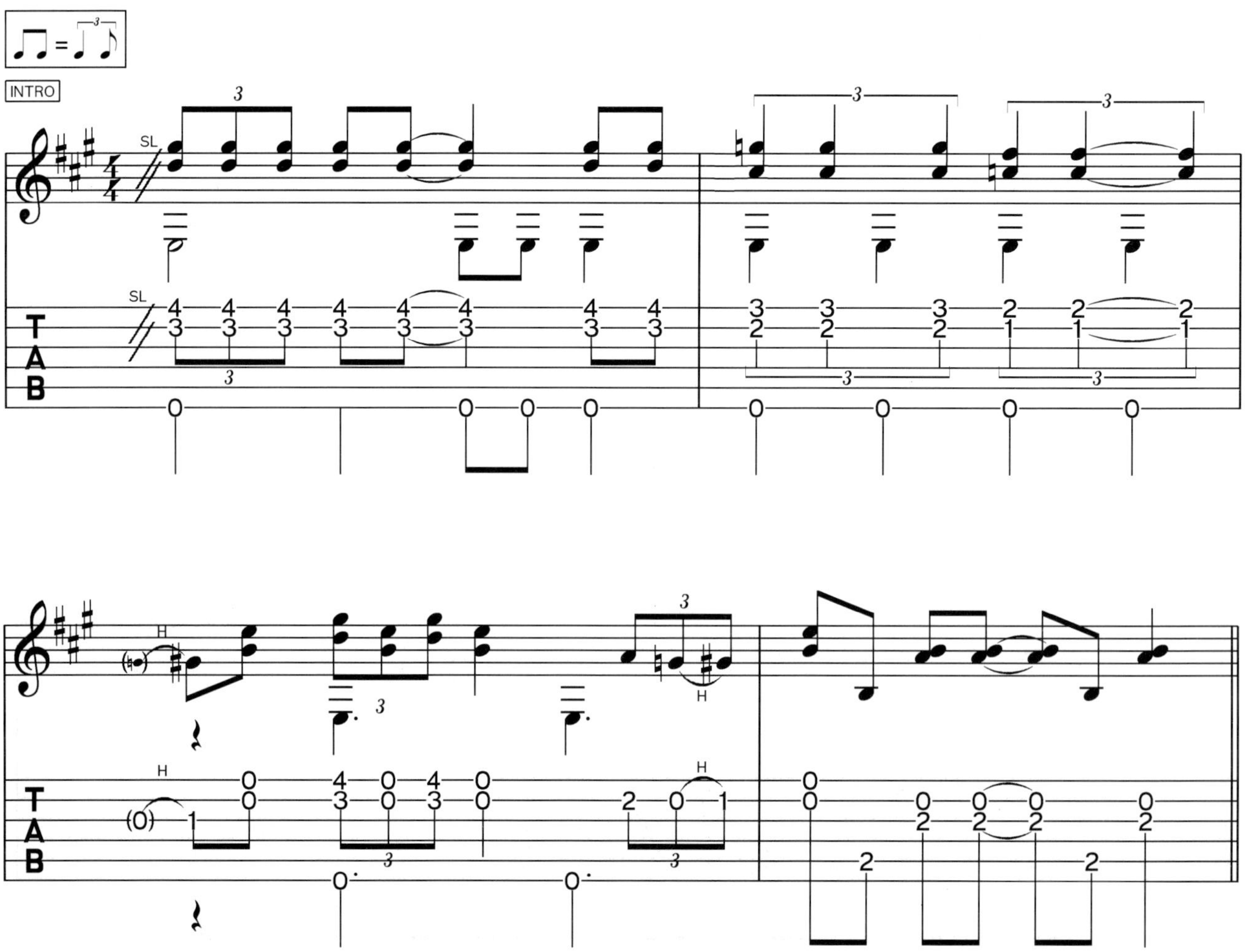

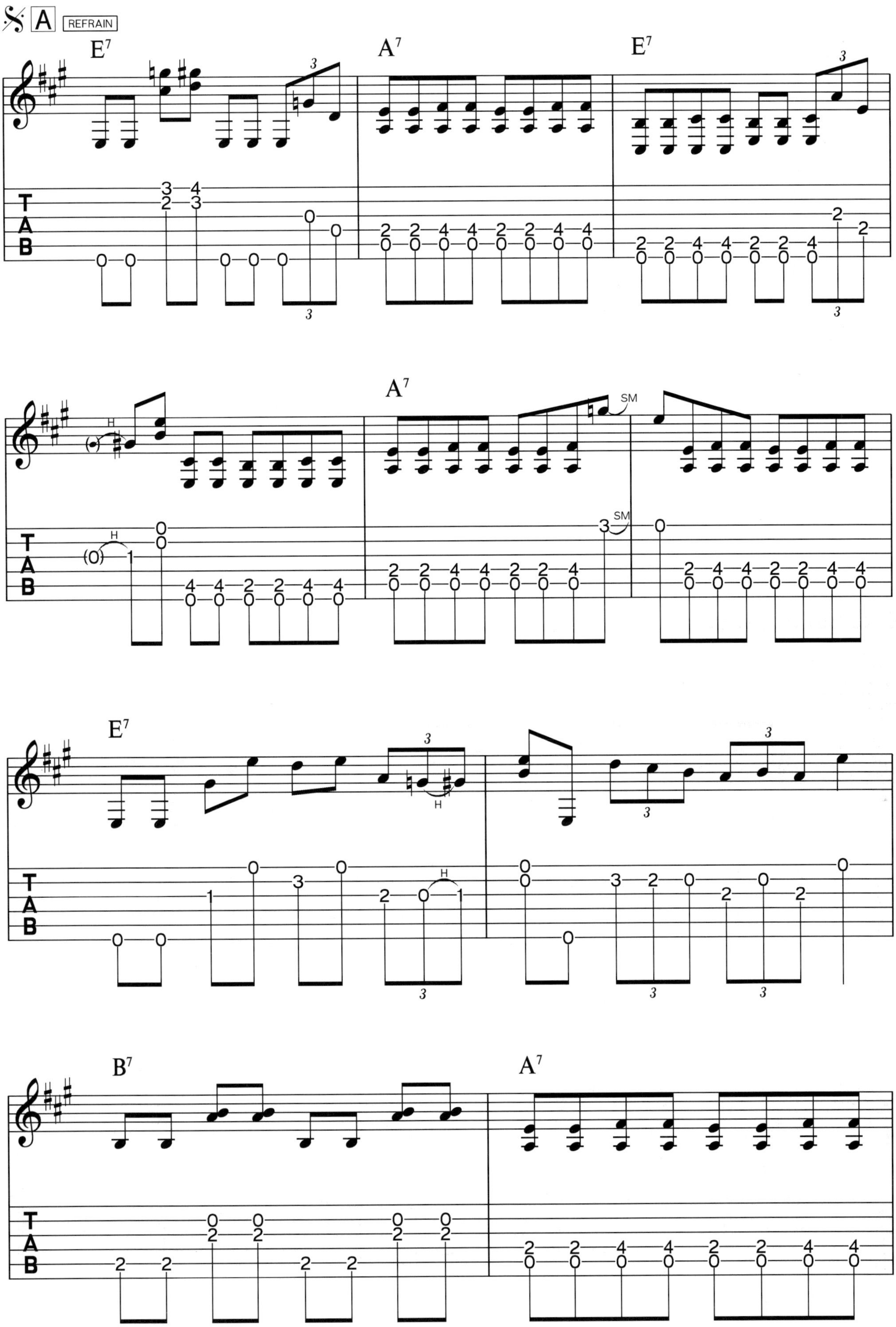
A
REFRAIN
E7
A7
E7
A7
E7
B7
A7
H
SM
T
A
B

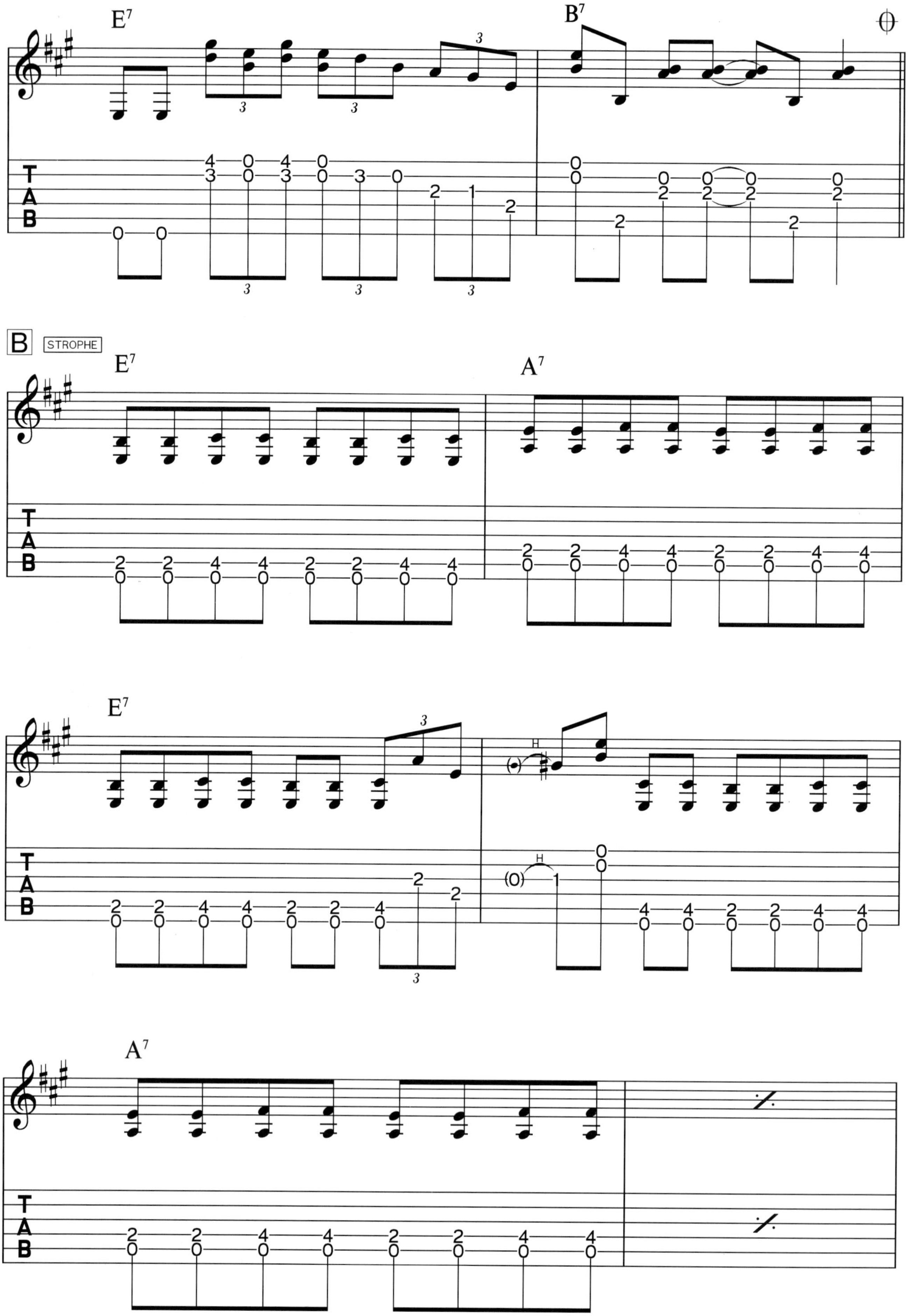
E7
B7
B
STROPHE
E7
A7
E7
H
A7

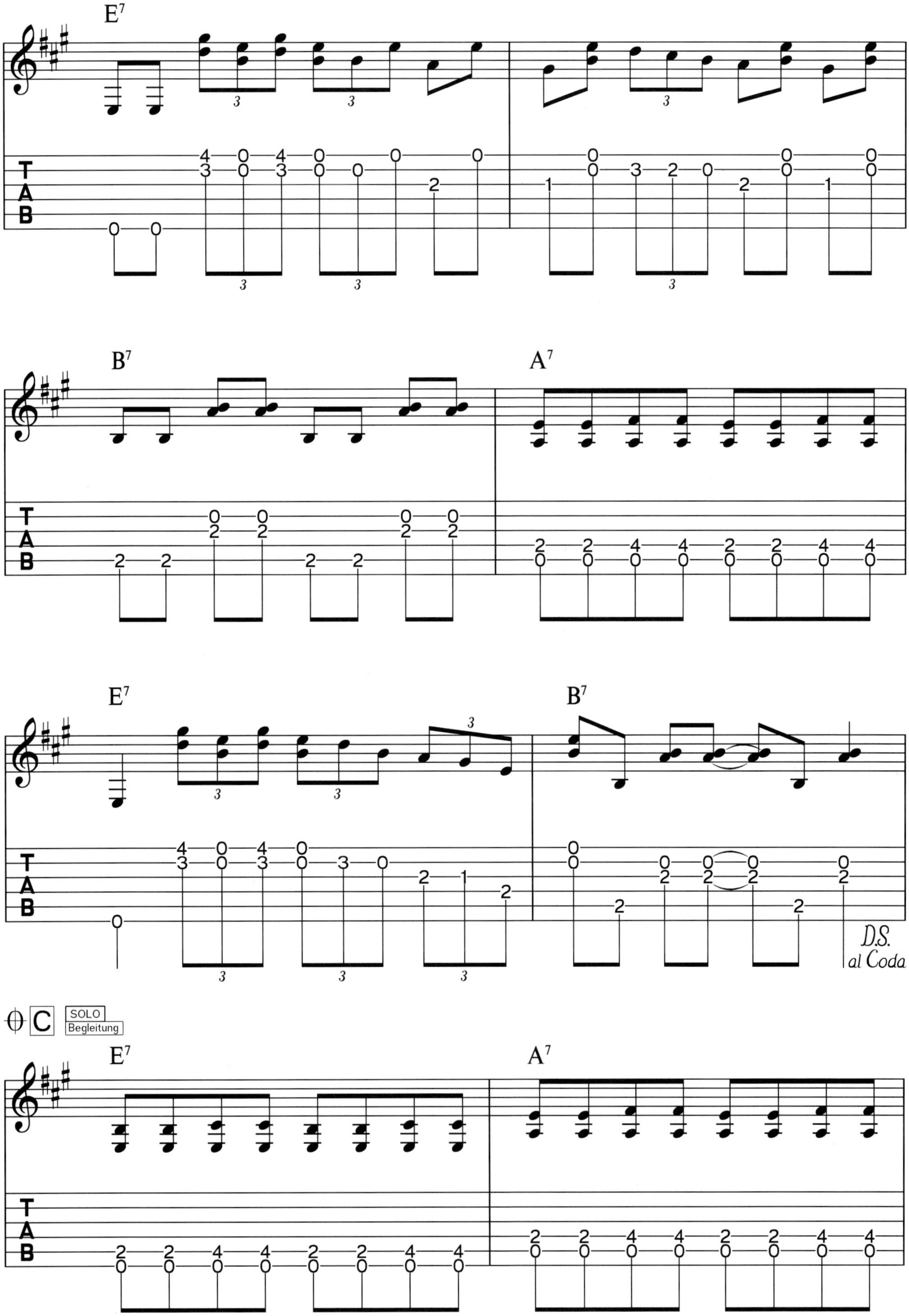
E7
B7
A7
E7
B7
D.S. al Coda
C
SOLO
Begleitung
E7
A7

E7
A7
E7
B7
A7

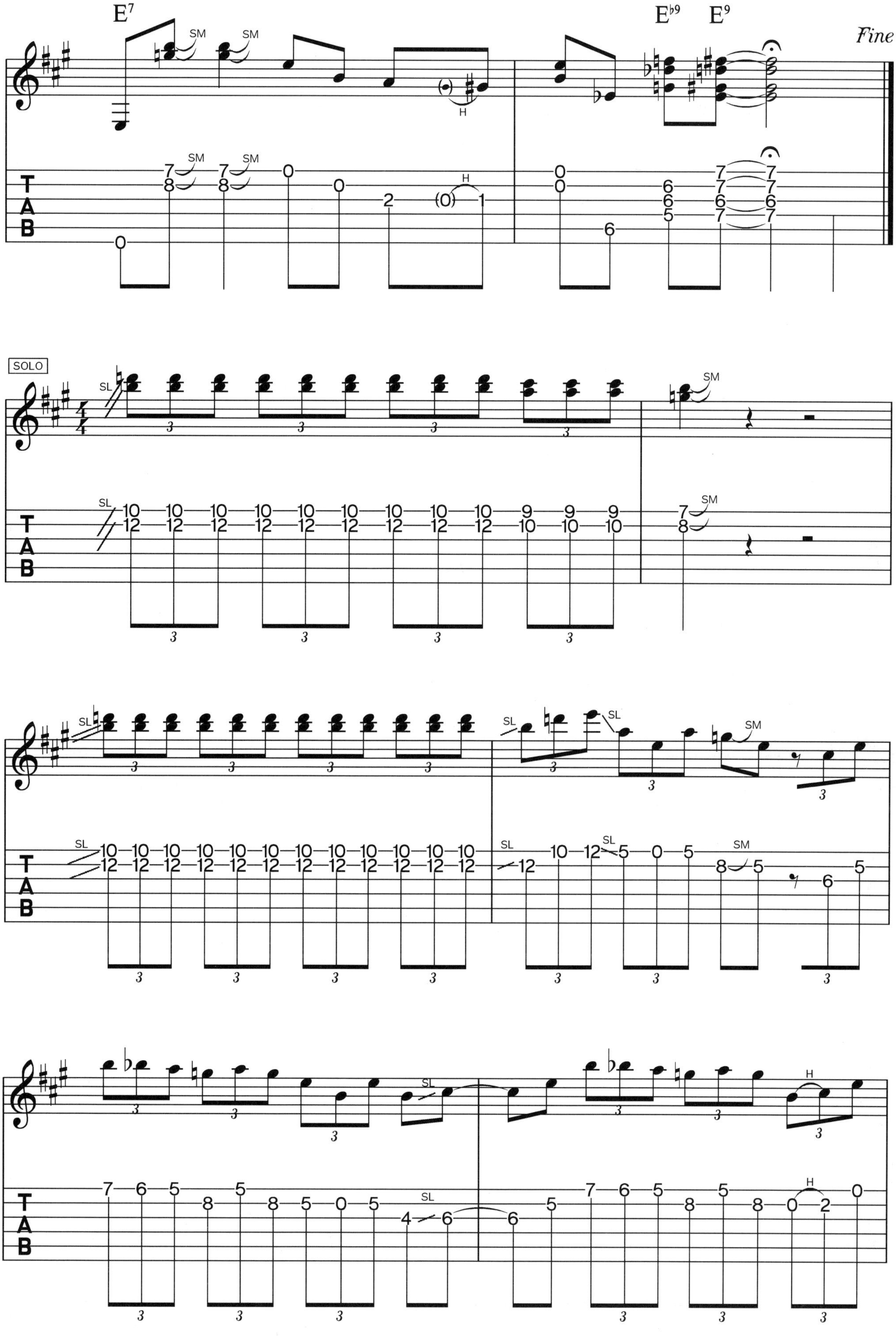
E7
SM
H
E♭9
E9
Fine
SOLO
SL
TAB

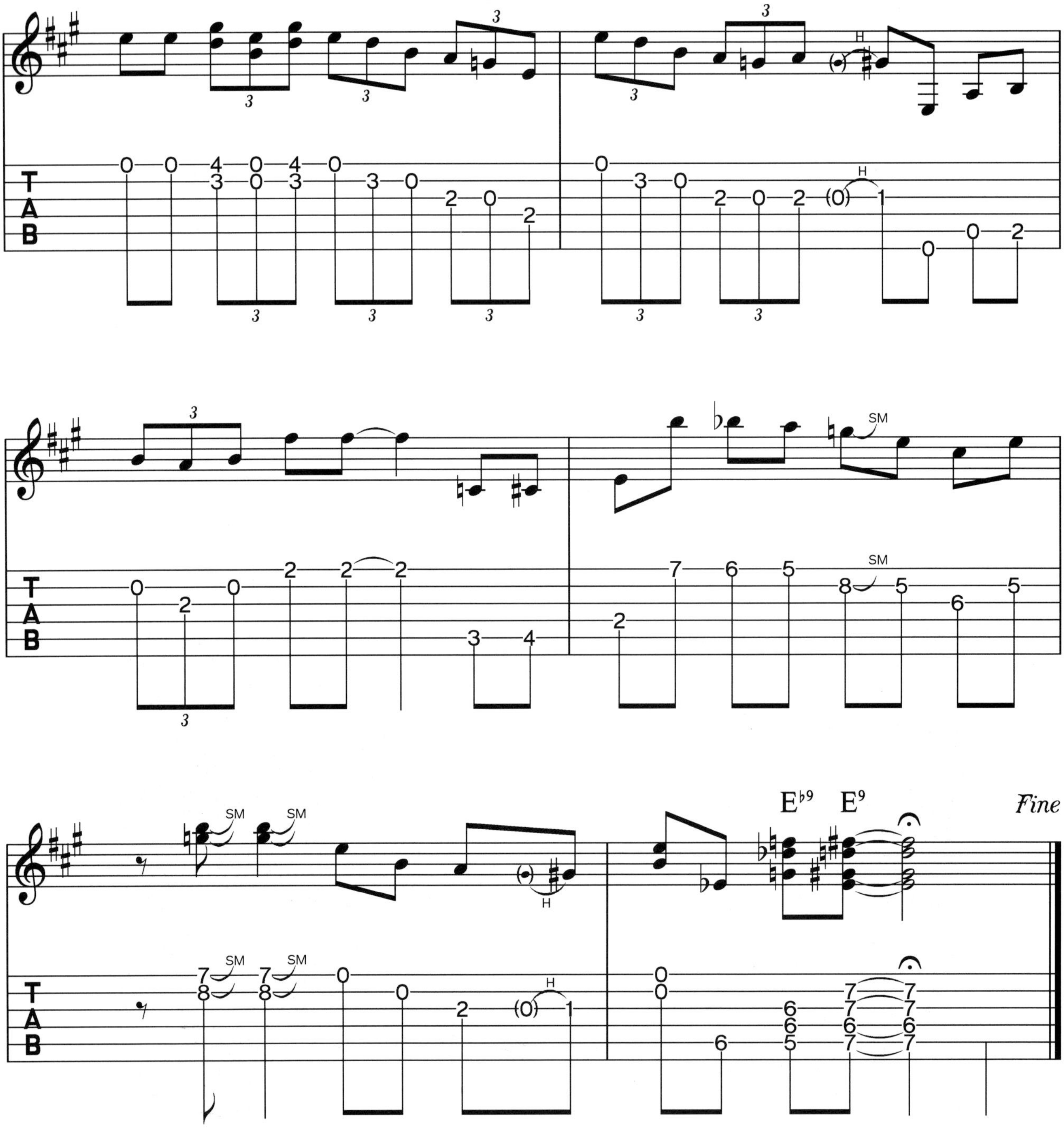
H
SM
E♭9 E9
Fine
T
A
B

Eric Clapton
I shot the sheriff

LP: 461 Ocean Boulevard, 1974

Eric Clapton

I shot the sheriff

Leadsheet

Gm Cm
ooh, I shot the sher- iff and they say it was a
Gm
ca- pi- tal of- fence. Ooh, ooh, ooh. Ooh.
STROPHE
E♭6 Dm Gm E♭6 Dm
Free- dom came my way one day. And I start- ed out of town,
Gm E♭6 Dm Gm
yeah. All of a sud- den I saw sher- iff John Brown aim-
E♭6 Dm Gm E♭6 Dm
in' to shoot me down. So I shot, I shot, I shot him
Gm No Chord
down, and I say: If I am
guilt- y, I will pay.
REFRAIN
Gm Cm
I shot the sher- iff, but I did- n't shoot no
Gm Gm
dep- u- ty, oh no, oh. I shot the sher- iff,
Cm Gm
but I did- n't shoot no dep- u- ty, ooh, ooh, ooh.

Songaufbau

Refrain:
I shot the sheriff, but I didn't shoot no deputy, oh no, oh yeah!

Strophe 1:
All around in my hometown, they tryin' to track me down, yeah.
They say they want to bring me in guilty for the killing of the deputy, uh.
For the life of a deputy, but I say: Oh no, no.

Refrain:
I shot the sheriff, but I swear it was in selfdefense.
I shot the sheriff and they say it was a capital offence.

Strophe 2:
Sheriff John Brown always hated me.
For what I don't know.
Ev'rytime I plant a seed, he said kill it before it grows.
He said kill them before they grow, and so, and so.

Refrain:

Strophe 3:
Freedom came my way one day.
And I started out of town, yeah.
All of a sudden I saw sheriff John Brown aiming to shoot me down.
So I shot, I shot, I shot him down, and I say:

Refrain:

Akkorde

Wieder mal ein Song, der mit vier Akkorden auskommt. Die Akkorde selbst sind auch nicht schwer zu spielen; die hast du, wenn nicht schon jetzt, dann doch sehr schnell im Griff.

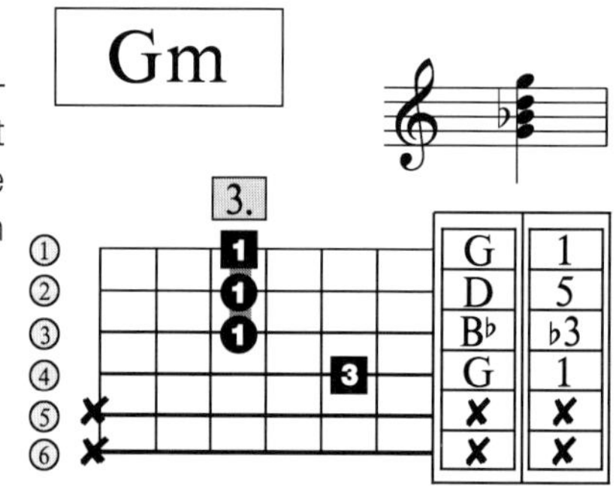

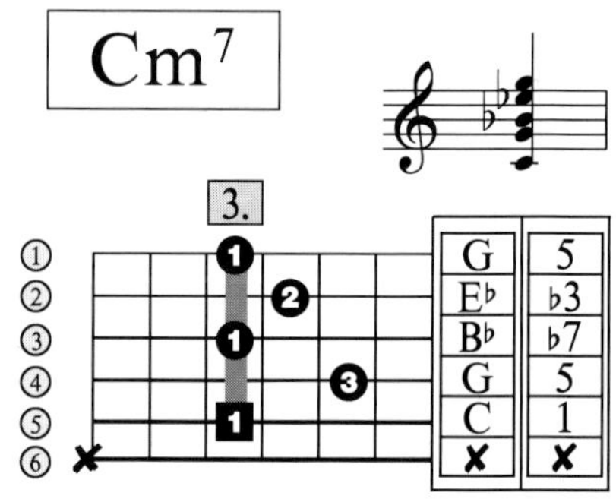

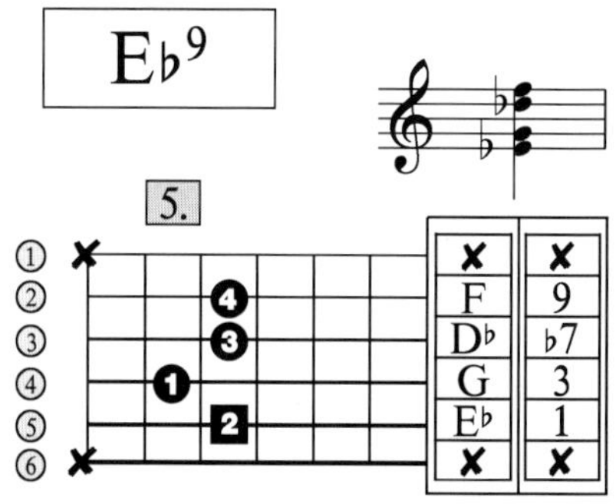

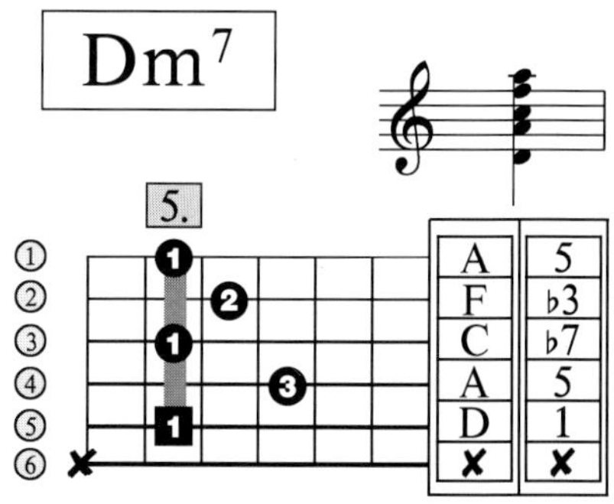

Spieltips

Bei diesem Song kommt es auf den berühmten Groove an. Man könnte sagen, das ist ein schneller Halftime-Shuffle, also mit einer "trioligen" Auffassung gespielt. Du siehst es auch an dem Vermerk links oben bei der Notation. Mit diesem Groove in der Tasche ist der Rest für dich kein großes Problem mehr.
Der Song selbst besteht aus nur zwei Formteilen, leicht zu merken also.
Aufgepaßt nur bei den Schlüssen der jeweiligen B-Formteile, die haben unterschiedliche Längen.

Sound

Wieder mal eine Stratocaster (eigentlich logisch bei Clapton), entweder mit Hals Pick Up allein oder zusammen mit dem mittleren Pick Up gespielt.
Der Sound hat eine minimale, kaum hörbare Zerrung, quasi ein ganz milder Edge Sound, bei dem die Akkordtöne noch gut hörbar sind.
Der Verstärkersound sollte glasig, also mit einem guten Anteil an Höhen und Präsenzen eingestellt sein, dann hast du es.

Gitarrennotation

Art Garfunkel
Bright eyes

LP: Fate for Breakfast, 1979

Dies ist ein Solo-Stück von Art Garfunkel, das besonders in Deutschland großen Erfolg hatte. Auf Seite 80 im Buch findest du noch einen weiteren Song aus der Zeit einer Zusammenarbeit mit Paul Simon.

Art Garfunkel wurde am 5.11.1941 im New Yorker Stadtteil Queens geboren. Ersten Kontakt hatten Art und Paul schon 1953 an der High School.

Nach der erfolgreichen gemeinsamen Ära trennte sich das Duo 1970. Art wechselte zur Schauspielerei, gab das Singen aber nicht ganz auf. 1973 landete er mit "All I know" einen Hit in den USA. Die Jahre darauf war wenig von ihm zu hören, bis 1979 "Bright eyes" herauskam, eine Komposition aus dem Zeichentrickfilm "Watership Down". In Europa war der Song ganz oben in den Charts, in den USA nicht mal in den Top 100.

Ab und zu gaben und geben Art und Paul noch gemeinsame Konzerte, darunter das legendäre Open Air 1981 im Central Park.

Art Garfunkel

Bright eyes

Leadsheet

Songaufbau

Strophe 1:

Is it a kind of dream, floating out on the tide,
following the river of death downstream, oh is it a dream?
There's a fog along the horizon,
a strange glow in the sky
and nobody seems to know where you go and what does it mean.
Oh, oh is it a dream?

Refrain:

Bright eyes, burning like fire.
Bright eyes, how can you close and fail?
How can the light that burned so brightly suddenly burn so pale?
Bright eyes.

Strophe 2:

Is it a kind of shadow, reaching into the night,
wandering over the hills unseen or is it a dream?
There's a high wind in the trees, a cold sound in the air.
And nobody ever knows when you go and where do you start
oh, oh into the dark.

Refrain:

Sound

Mit einer Konzertgitarre oder einer Western-Gitarre liegst du hier genau richtig. Im Original sind beide Typen zu hören, die Notation bezieht sich auf die Konzertgitarre.

Akkorde

Das sind mal wieder ein paar mehr, aber halt: So gut wie alle sind in diesem Buch schon einmal aufgetaucht und bedürfen keiner besonderen Erklärung. Bei **C/G** hast du einen stinknormalen **C**-Dur-Akkord, nur mit dem Ton **G** im Bass. Bei **D/C** ist es ein einfacher **D**-Dur mit dem Ton **C** im Bass.

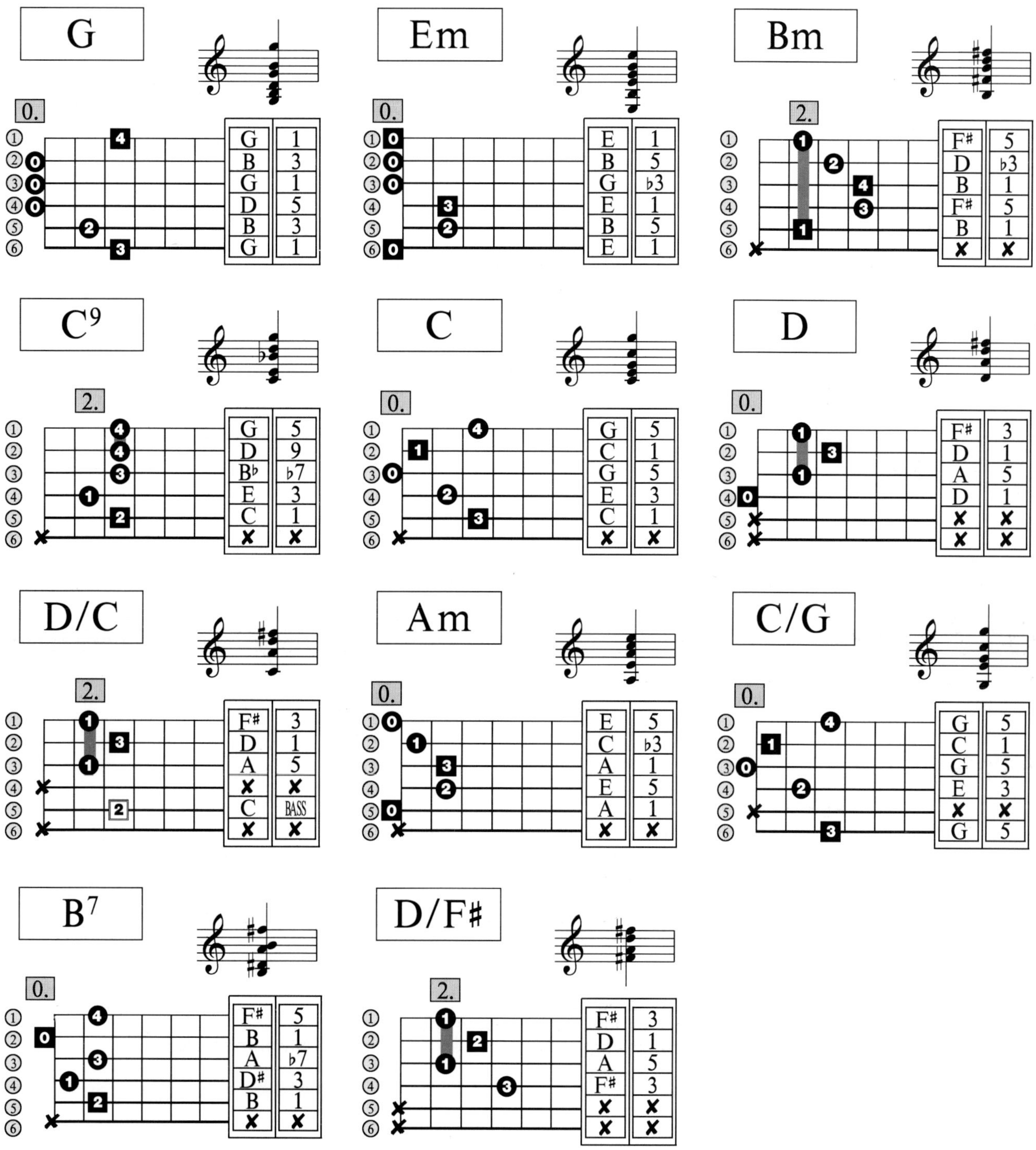

Spieltips

Zuerst beginnst du am besten mit der Easy-Guitar-Version. Da kannst du mit einem ganz einfachen Rhythmus alle Akkorde und deren Wechsel üben, bis sie klappen. Das ist schon mal die halbe Miete. Aufgepaßt beim Taktwechsel vor dem Refrain!

Danach kommt natürlich die Originalversion mit gezupften Arpeggien. Da du durch die Easy-Guitar-Version die Akkorde schon beherrschst, kannst du dich voll auf das Zupfmuster konzentrieren. Du wirst sehen, das ist gar nicht so schwer.

Gitarrennotation

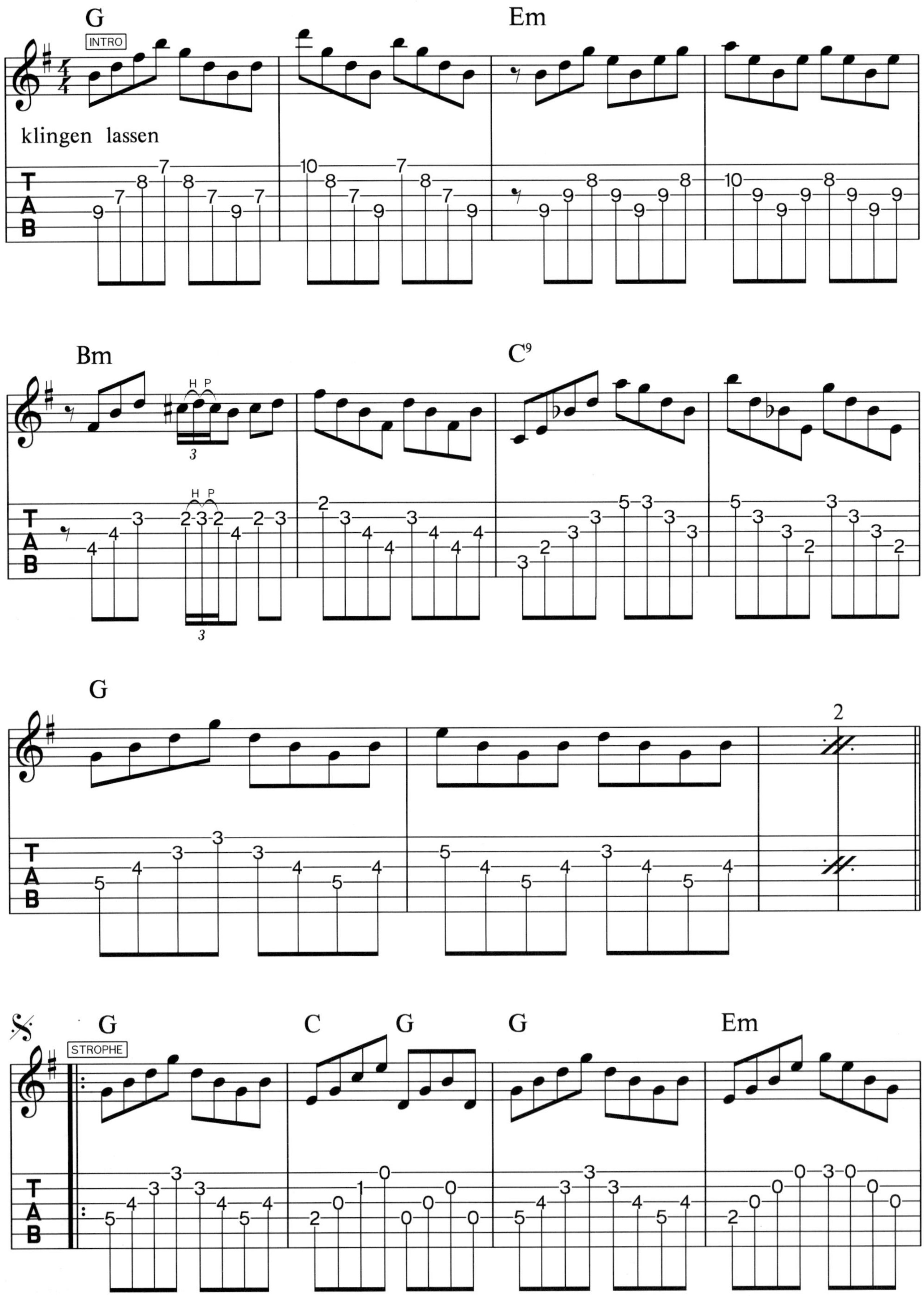

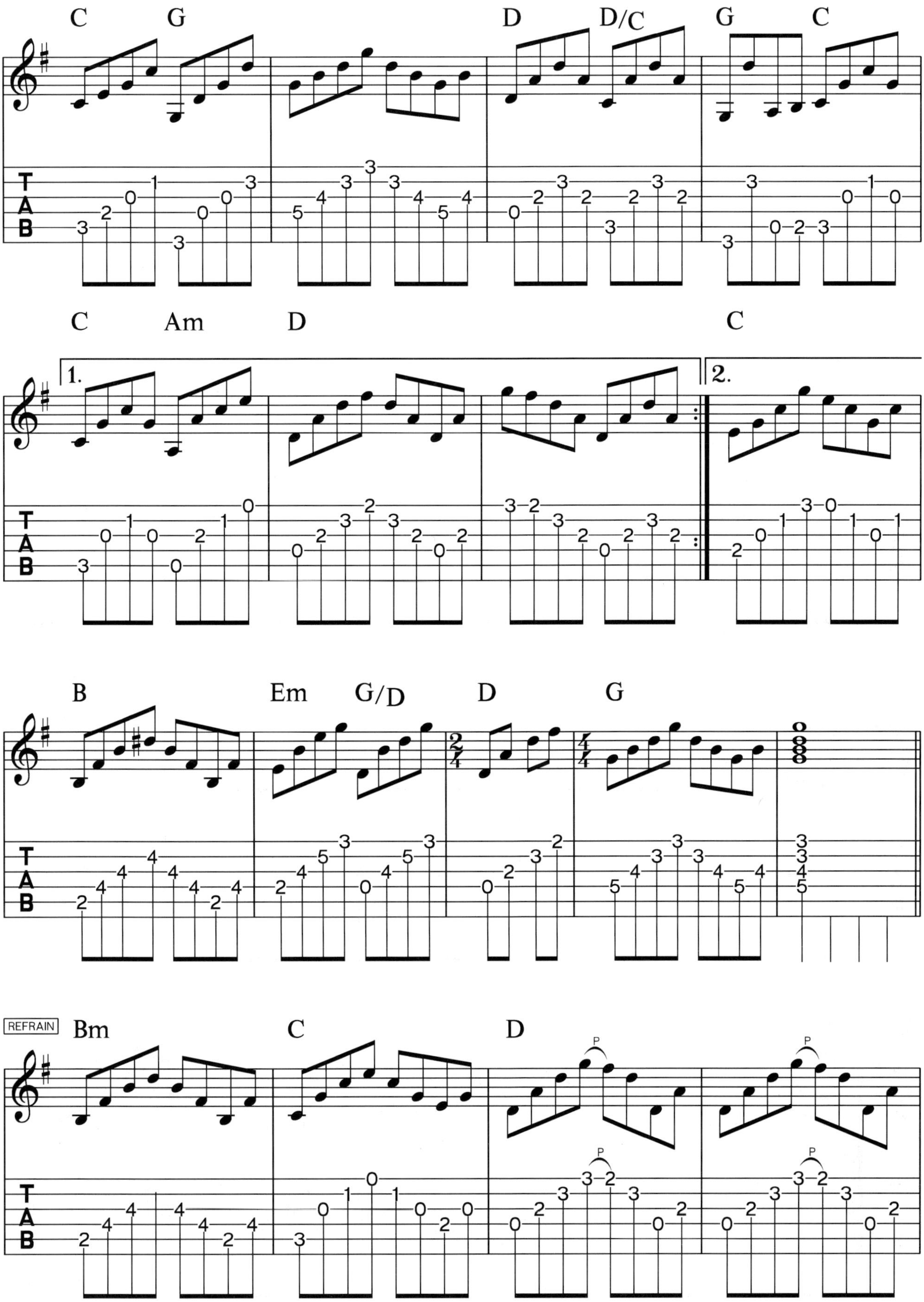
C G D D/C G C
C Am D C
1.
2.
B Em G/D D G
REFRAIN
Bm C D
P
P

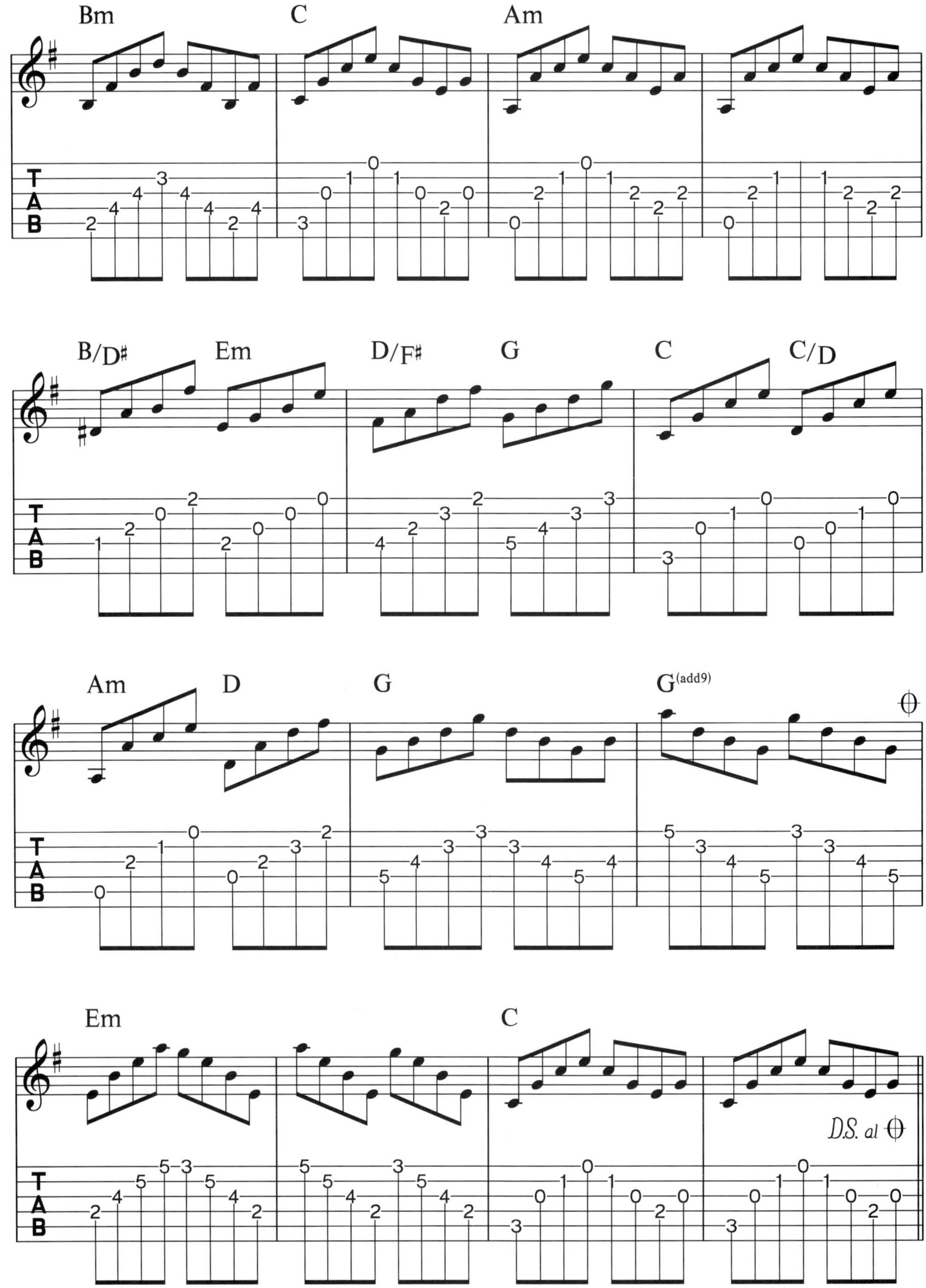
Bm
C
Am
B/D♯
Em
D/F♯
G
C
C/D
Am
D
G
G(add9)
Em
C
D.S. al ⊕

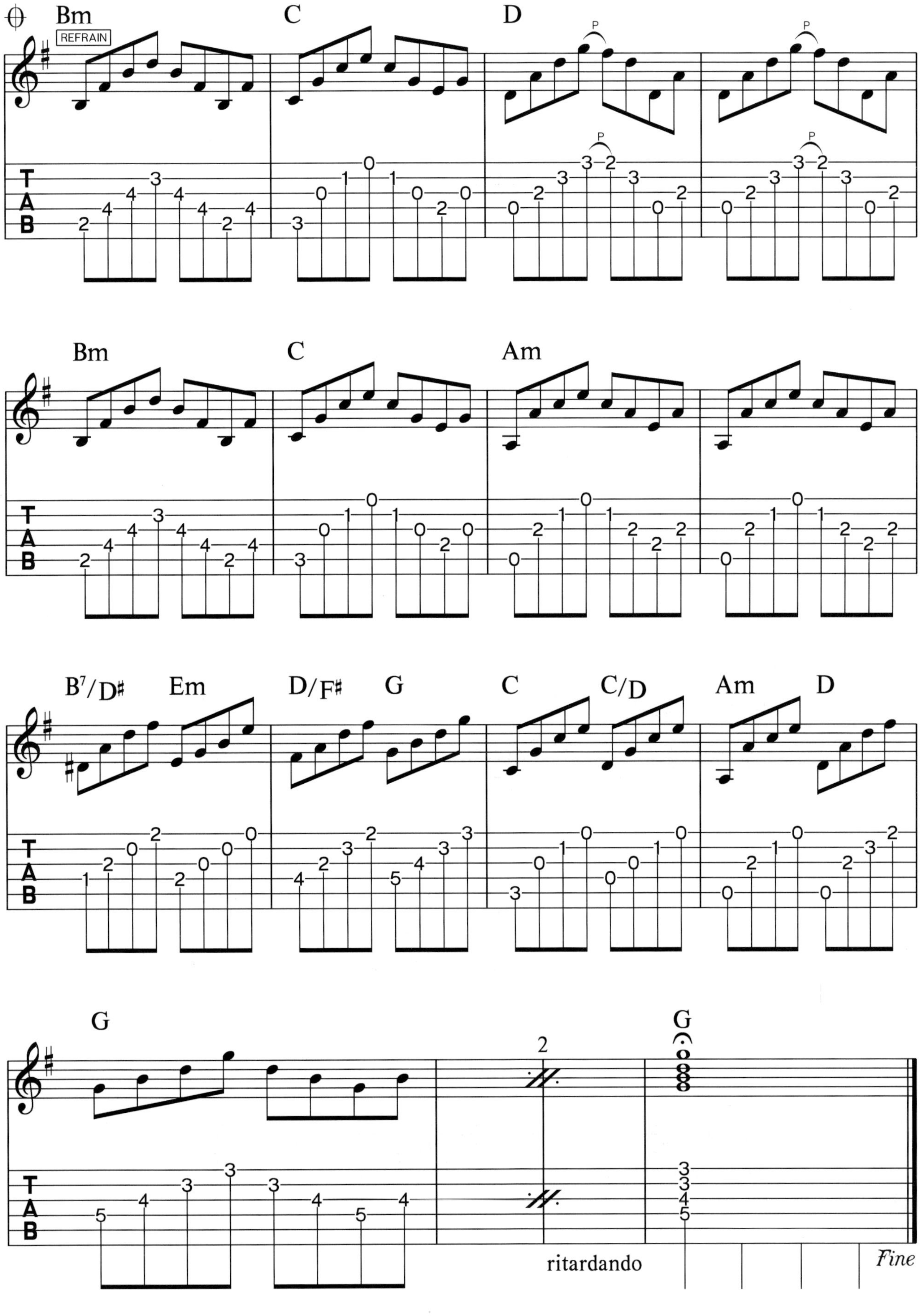
Bm
REFRAIN
C
D
P
TAB
Bm
C
Am
B7/D♯
Em
D/F♯
G
C
C/D
Am
D
G
2
G
ritardando
Fine

"Easy"-Gitarrennotation

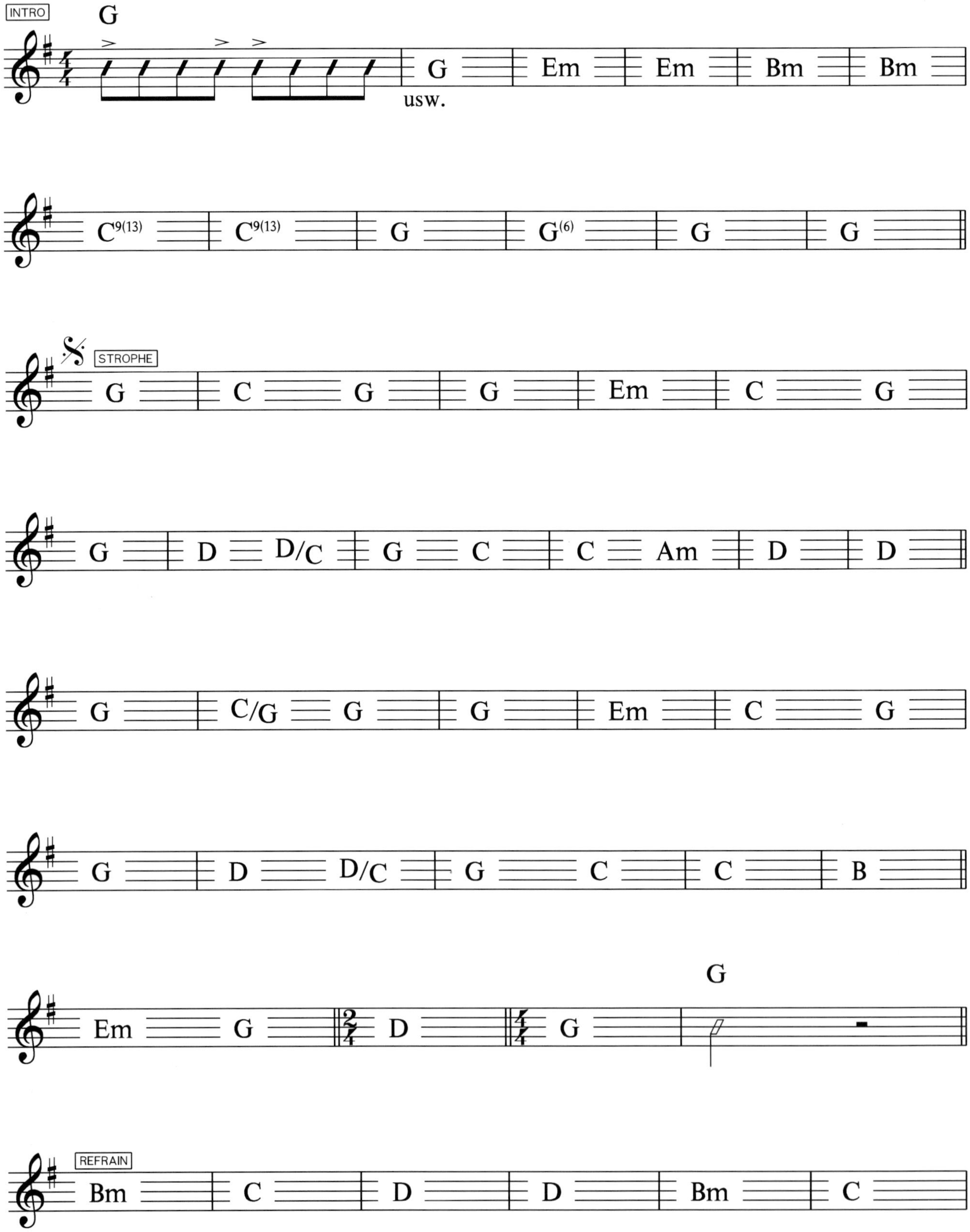

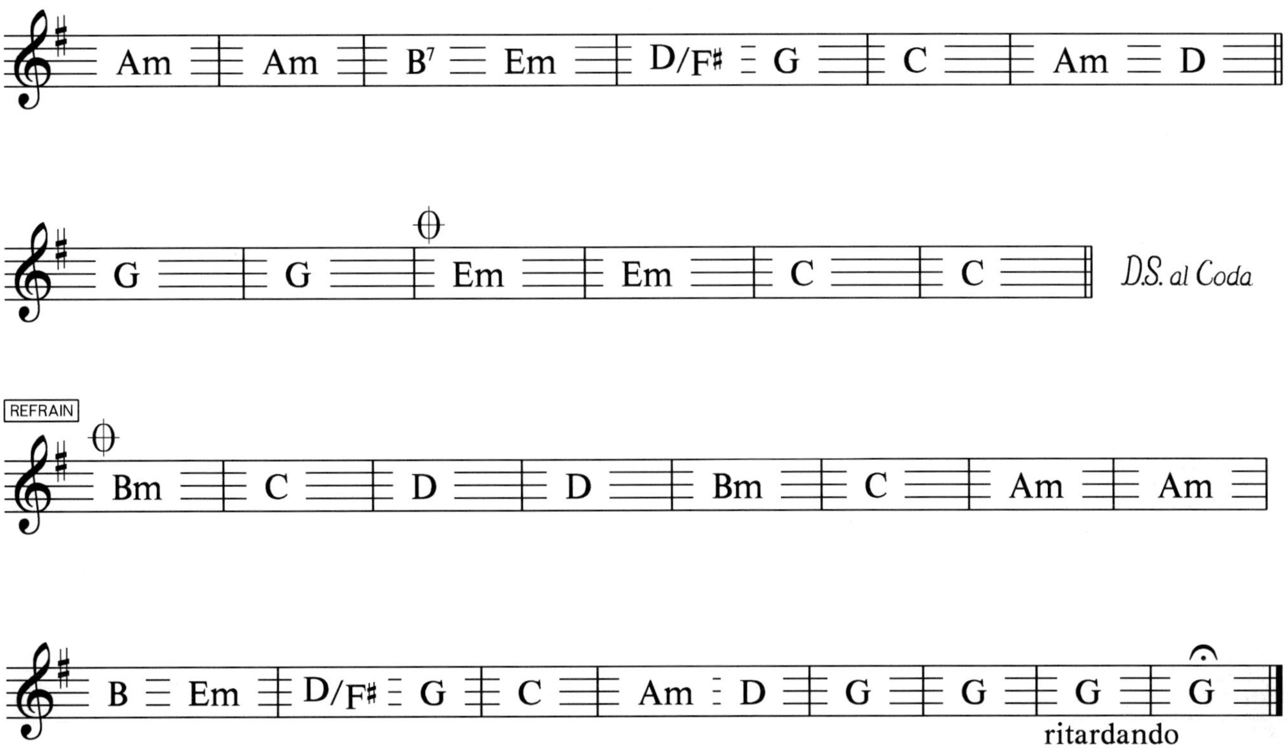
Am Am B7 Em D/F♯ G C Am D
G G Em Em C C
D.S. al Coda
REFRAIN
Bm C D D Bm C Am Am
B Em D/F♯ G C Am D G G G G
ritardando

J.J. Cale

Cocaine

LP: Troubadour, 1976

Besetzung:
J.J. Cale - Gesang, Gitarre
sowie weitere Studiomusiker

John "J.J." Cale wurde am 5. Dezember 1939 in Tulsa, Oklahoma geboren. Sein Markenzeichen sind seine Lässigkeit und sein gelöstes, entspanntes Spiel, gepaart mit seiner rauchigen Stimme. Bekannt wurde er mit seinen unkomplizierten und schlichten Balladen, allen voran der Hit "Cocaine" sowie "After midnight" (auch von Clapton gespielt), "Crazy Mama" und "The Valentines". Zu seiner Bekanntschaft zählten Leon Russell und die Musiker des Eric Clapton Clans. Seine vorerst letzte LP machte er 1984, seine Popularität schwand unterdessen etwas. Mittlerweile sitzt er daheim in Oklahoma auf der Terasse in Socken mit einem Bier und spielt für sich und seine Frau.

Leadsheet

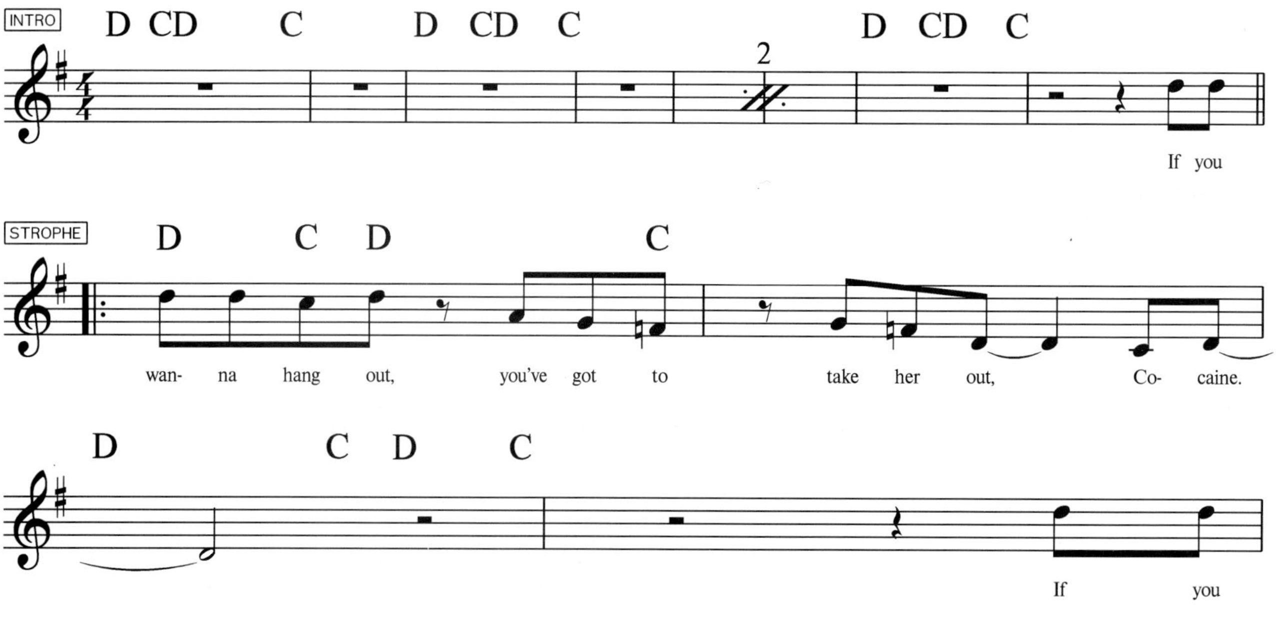

Songaufbau

Strophe 1:

If you wanna hang out, you've got to take her out, Cocaine.
If you wanna get down, down on the ground, Cocaine.
She don't lie, she don't lie, she don't lie, Cocaine.

Strophe 2:

If you got bad news, you wanna kick them blues, Cocaine.
When your day is done and ya wanna run, Cocaine.
She don't lie, she don't lie, she don't lie, Cocaine.

Strophe 3:

If your thing is gone and ya wanna ride on, Cocaine.
Don't forget this fact, can't get back, Cocaine.
She don't lie, she don't lie, she don't lie, Cocaine.

Akkorde

Das sind insgesamt nur vier, dazu alle noch vom gleichen Grifftyp.
Es läuft also nach dem Motto: Kannst du einen, so kannst du alle. Verschieben ist hier das Stichwort.

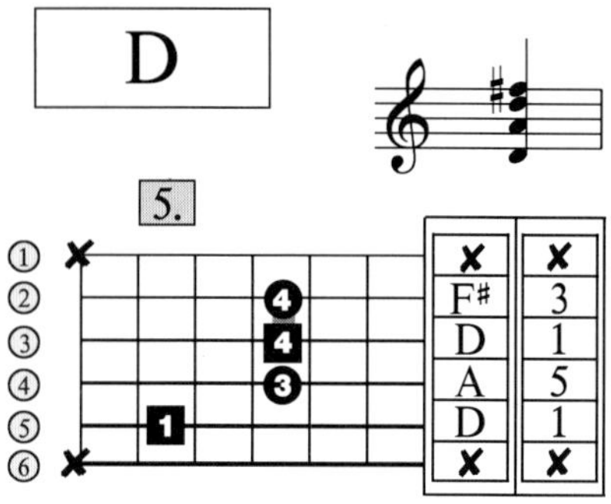

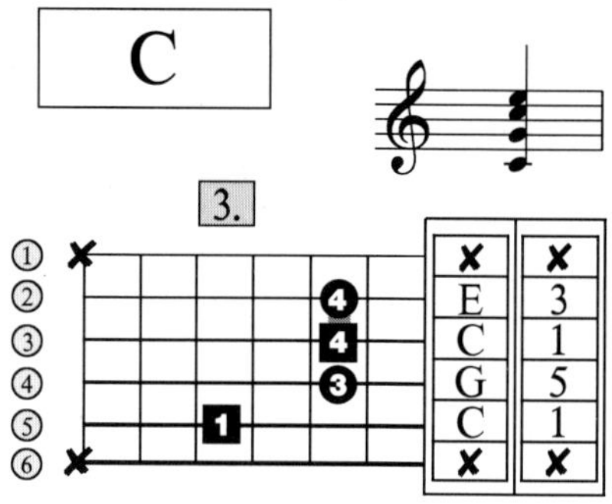

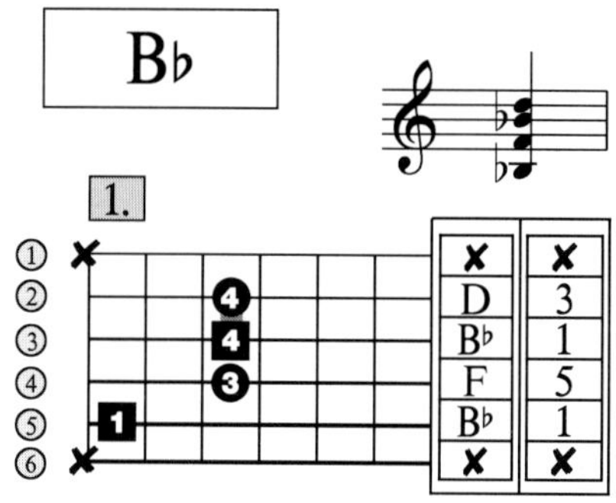

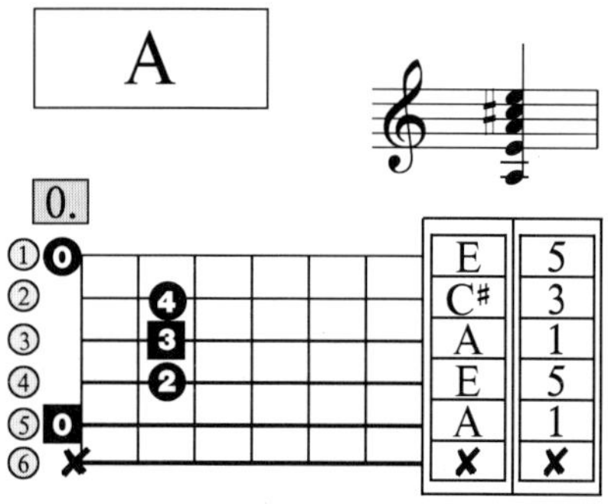

Spieltips

Zu hören sind insgesamt drei verschiedene Gitarren. Die erste ist eine komplett durch den Song durchgehende Rhythmusgitarre mit den gezeigten Akkorden. Hast du den Rhythmus und die Breaks, kann es auch schon losgehen.
Die zweite Gitarre spielt eingestreute Riffs. Die sind rhythmisch etwas vertrackt und fisselig, aber gerade dadurch so interessant. Zudem sind es alles Double Stops (zwei Töne gleichzeitig), die sich nur wenig voneinander unterscheiden.

Beim Solo verläuft alles ziemlich gemächlich, man denke an J.J. Cales Lässigkeit. Schwierig wird's eigentlich nur bei den Unison Bends am Anfang (zwei gleiche Töne zur selben Zeit, einer davon durch Bending). Da hilft nur Üben.

Sound

Mit einer Stratocaster oder etwas ähnlichem sowie einem leicht angezerrten, präsent eingestellten Fender Amp z. B. kommst du sicher gut klar. Das Solo kann ruhig mehr Zerrung vertragen, damit die Töne lange anhalten bzw. stehen.

Rhythmus-Gitarre

Riff-Gitarre

Gitarrensolo

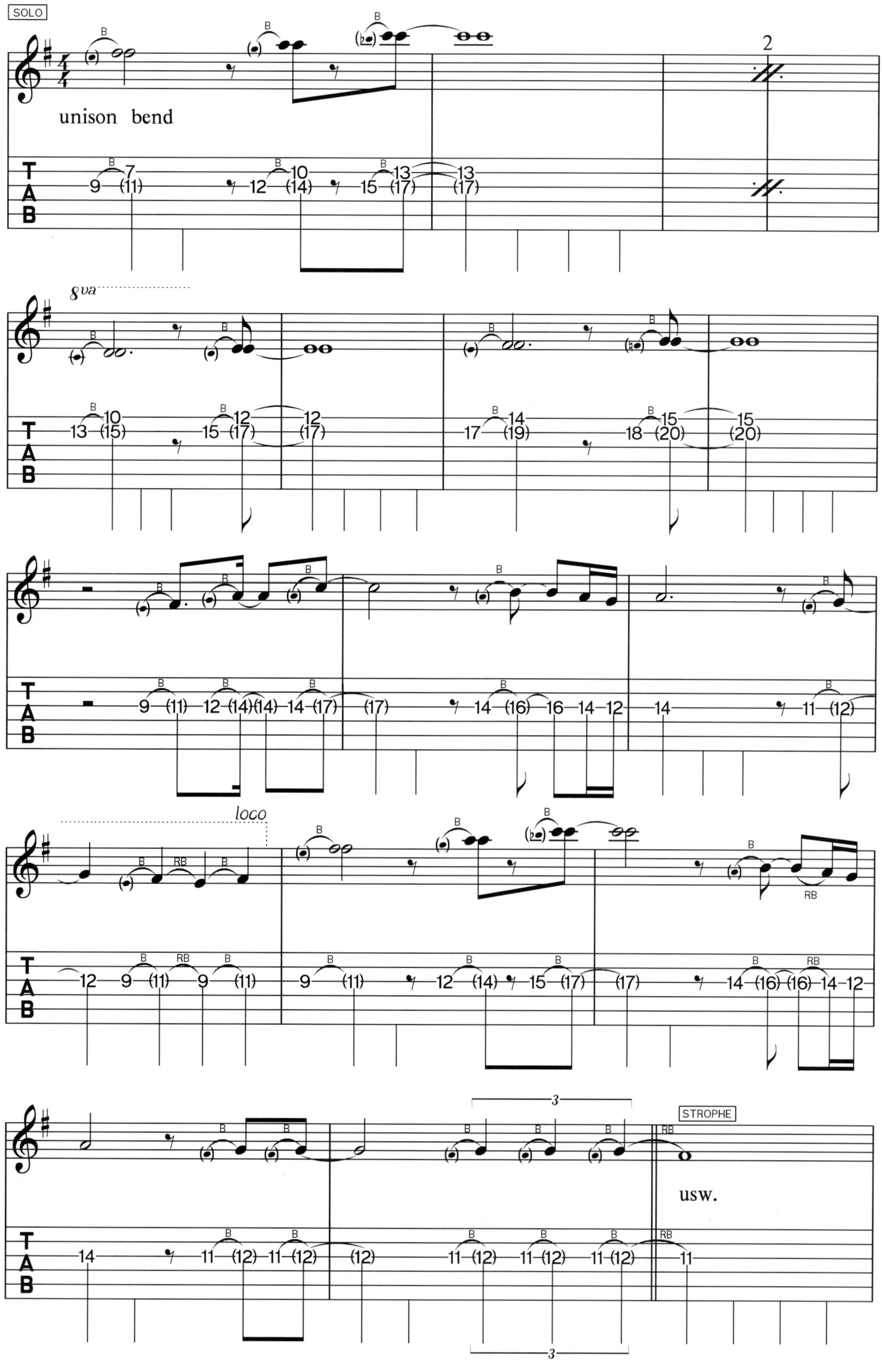

Crowded House

Don't dream it's over

LP: Crowded House, 1986

Besetzung:

Neil Finn	-	Gesang, Gitarre, Piano
Paul Hester	-	Schlagzeug, Gesang
Nicholas Seymour	-	Bass
sowie Tim Pierce	-	Gitarre
Jorge Bermudez	-	Percussion
Mitchell Froom	-	Keyboards

Die australische Band entstand 1986 aus dem Vorgänger "Split Enz". Ihr erstes Album "Crowded House" schlug gleich groß ein. "Don't dream it's over" war dann auch ihre erste Hit-Single. Ihre Musik erinnert an die frühen "Beatles" und an "10cc", ohne diese zu kopieren.

1987 hatten sie mit "Something so strong" wieder einen Top-Ten-Hit. 1991 stieß der ehemals aus "Split Enz"-Zeiten verkrachte Bruder von Neil Finn, Tim Finn wieder zur Band dazu.

Mit "Weather with you" hatten "Crowded House" dann 1992 einen Top-Ten-Hit in England, allerdings war Tim da schon wieder ausgestiegen, um eine Solokarriere zu verfolgen.

Crowded House

Don't dream it's over

Leadsheet

A♭ B♭ E♭sus2 Csus2
come, they come to build a wall be- tween us.
A♭ 1. B♭ 2.
We know they won't win.
SOLI
E♭sus2 Csus2 A♭ G
4
A♭ E♭sus2 A♭ E♭sus2 A♭ E♭sus2 D♭7 D♭7
D.S. al Φ
REFRAIN
Fm Gm7 E♭sus2 Csus2
Hey now; hey now. Don't dream it's o- ver. Hey
A♭ B♭ E♭sus2 Csus2
now; hey now. When the world comes in, they
A♭ B♭ E♭sus2 Csus2
come, they come to build a wall be- tween us.
A♭ A♭
We know they won't win.
Repeat and fade

Akkorde

Hier sind einige interessant klingende Akkorde dabei, z. B. die sus2-Akkorde oder der Slash-Chord B♭m/E♭. Ihr Vorteil ist: Sie sind einfach zu greifen, trotz Barré.
Die weiteren Akkorde sind dir sicher schon mal unter die Finger gekommen, sind allerdings allesamt Barrégriffe. Das liegt an der Tonart E♭-Dur.
Alle ♭-Tonarten sind für Gitarristen nicht immer die reine Freude, aber mit ein wenig Übung kommt die Kraft von allein.

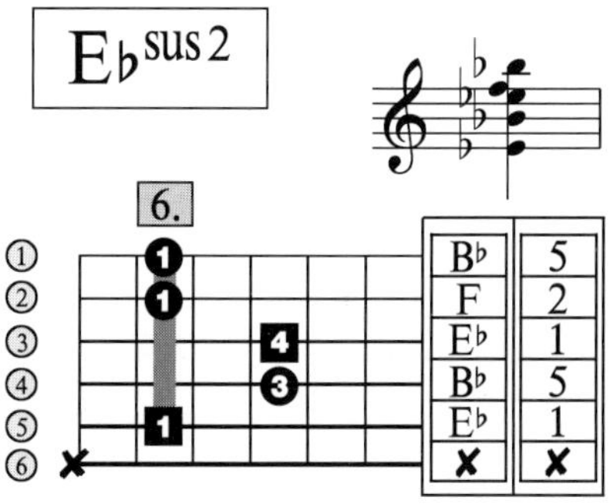

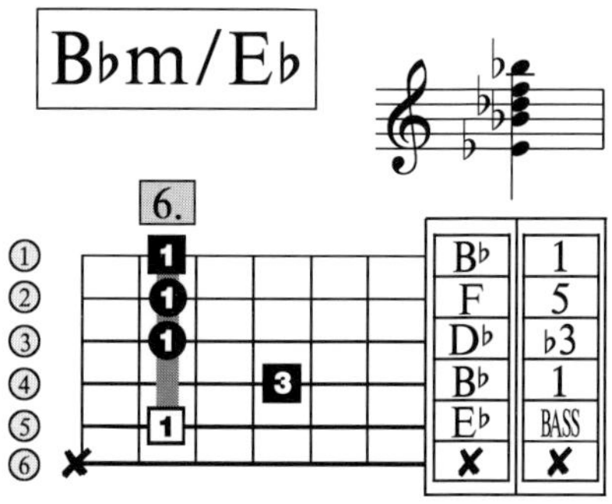

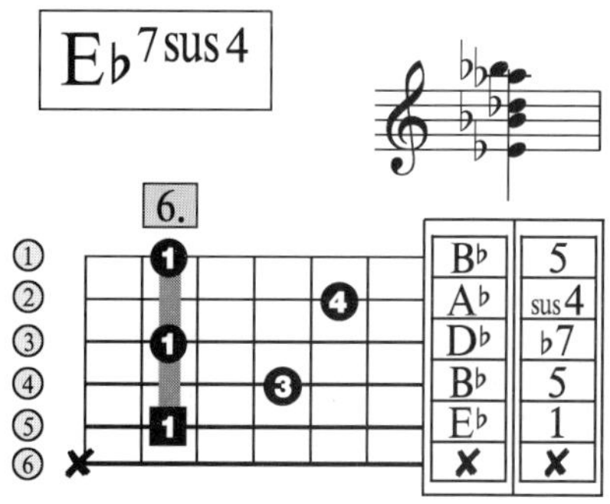

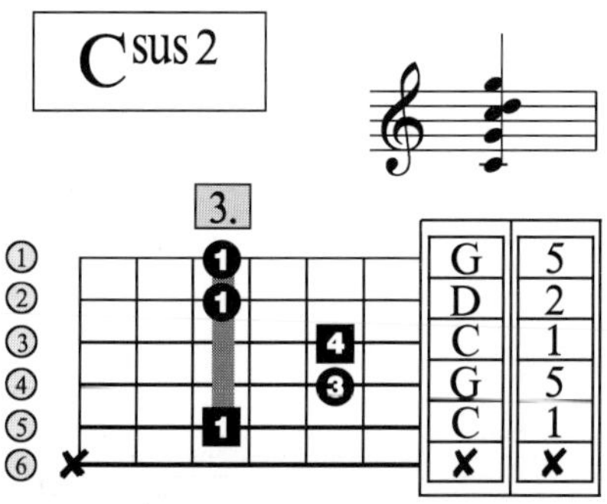

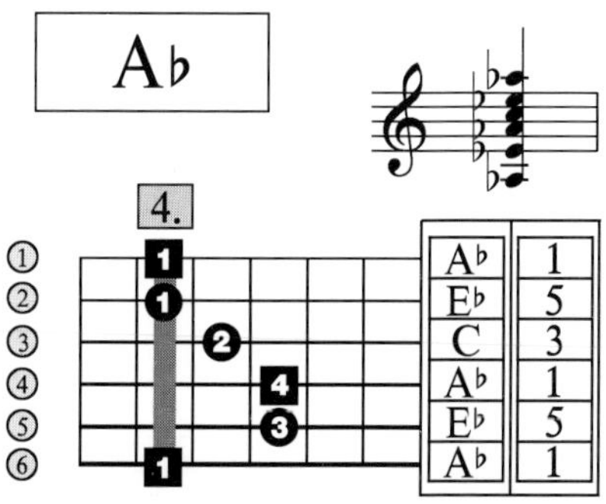

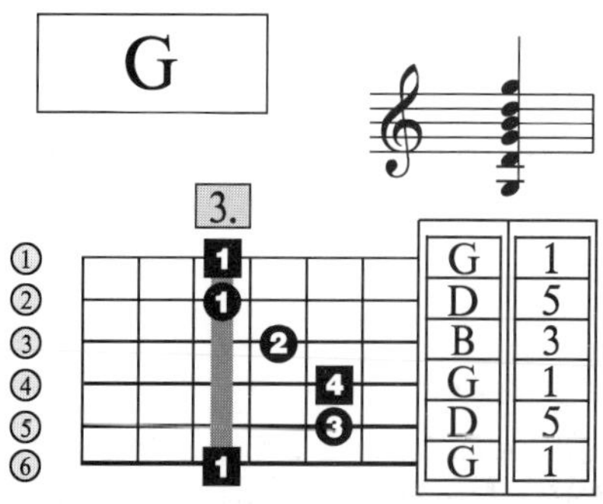

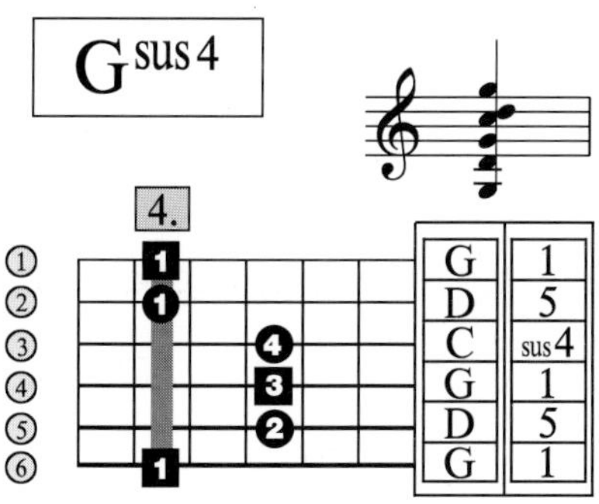

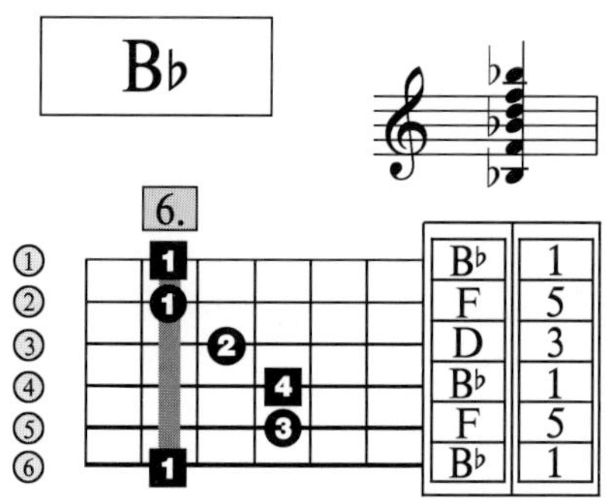

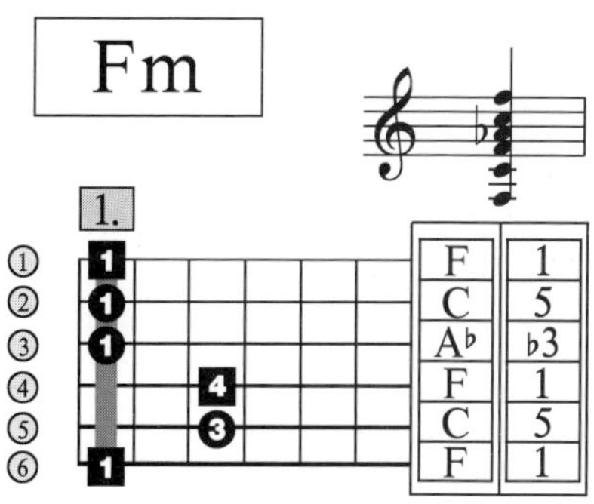

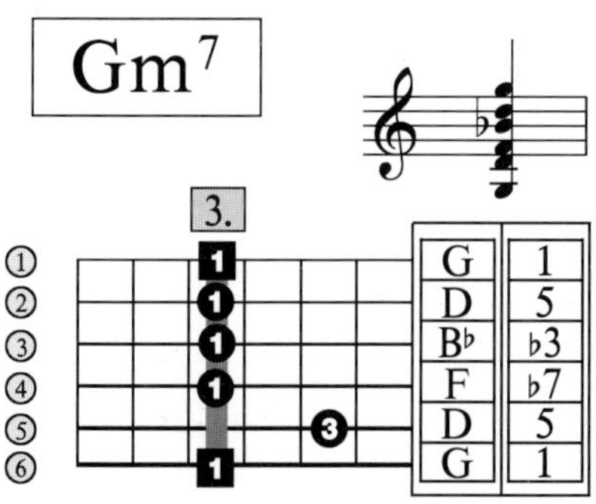

Songaufbau

Strophe 1:

There is freedom within, there is freedom without.
Try to catch the deluge in a paper cup.
There's a battle ahead. Many battles are lost,
but you'll never see the end of the road while you're travelling with me.

Refrain:

Hey now, hey now, don't dream it's over.
Hey now, hey now, when the world comes in,
they come, they come to tear a wall between us.
We know they won't win.

Strophe 2:

Now I'm towling my car, there's a hole in the roof.
My possessions are causing me suspicion, but there's no proof.
In the paper today tales of war and waste.
But you turn right over to the T. V. page.

Refrain:

Strophe 3:

Now I'm walking again to the beat of the drum
and I'm counting steps to the door of your heart.
Only shadows ahead, barely clearing the roof.
Get to know the feeling of liberation and relief.

Refrain:

Spieltips

Zuerst einmal solltest du dir die Akkorde anschauen und reinziehen. Dann spielst du die Akkordfolgen mit einem einfachen Rhythmus, eventuell die Formteile (Strophe, Refrain usw.) einzeln für sich. Klappt das alles schon ganz gut, dann kauf dir den Rhythmus.

Aufgepaßt bei den Ghostnotes, die machen das Ganze interessant.

Am besten die Intro immer wieder anhören und üben. In dieser Art spielst du dann den ganzen Song. Mit einem lockeren rechten Handgelenk bist du auf dem richtigen Weg.

Das Solo ist handwerklich nicht besonders schwer, es klingt wie zurechtgelegt bzw. im Studio erarbeitet. Aufpassen nur bei den Double Stops und den Slides, dort könnten die einzigen Probleme auftreten. Dafür ist das Solo dann auch nur sechs Takte lang.

Sound

Eine E-Gitarre mit zwei Humbuckern, den - Achtung! - "Tonabnehmerwahlschalter" in Mittelstellung, ein clean eingestellter Sound am Verstärker und ein ganz leichter, silbriger Chorus: Das sind die richtigen Zutaten für den Originalsound. Falls du das alles nicht besitzt, kannst du den Song auch prima mit deiner Western-Gitarre sogar allein spielen, es wird funktionieren.

Rhythmus-Gitarre

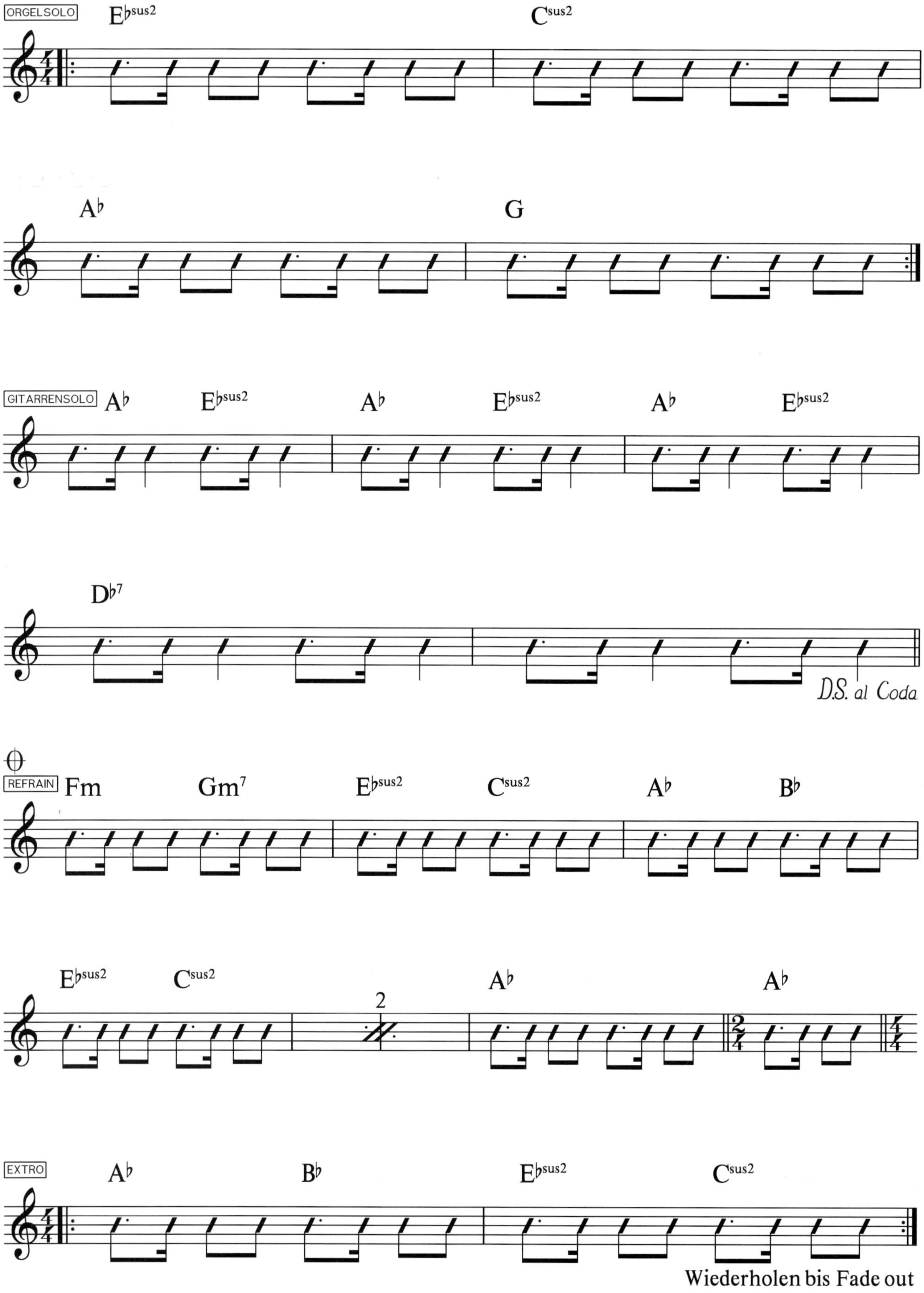
ORGELSOLO
E♭sus2
Csus2
A♭
G
GITARRENSOLO
A♭
E♭sus2
A♭
E♭sus2
A♭
E♭sus2
D♭7
D.S. al Coda
REFRAIN
Fm
Gm7
E♭sus2
Csus2
A♭
B♭
E♭sus2
Csus2
2
A♭
A♭
EXTRO
A♭
B♭
E♭sus2
Csus2
Wiederholen bis Fade out

Gitarrensolo

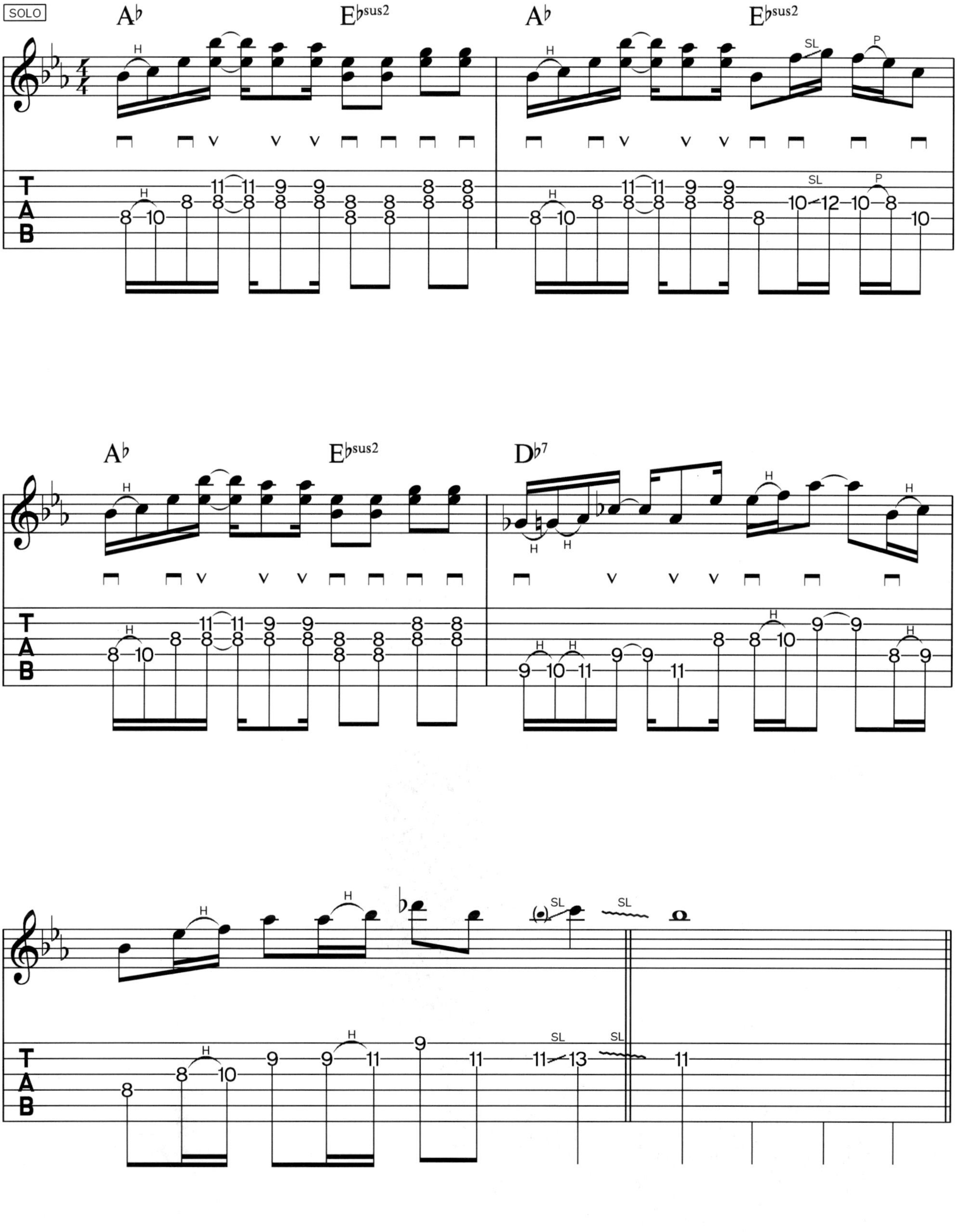

Capo II

Mama Cass

Dream a little dream of me

Eigentlich kennt man diesen Song von den Mamas & Papas, aber genau genommen ist Mama Cass allein dafür verantwortlich. Die Band war zum Aufnahmezeitpunkt schon aufgelöst. Trotzdem gebe ich die Komplettbesetzung der Band durch.

LP: Dream a little dream, 1968
(Solo-LP Cass Elliott)

Besetzung Mamas and Papas:

John Phillips	- Gesang, Gitarre
Holly Michelle Gilliam Phillips	- Gesang
Dennis Doherty	- Gesang
Cass Elliott	- Gesang

Die Mamas & Papas gründeten sich aus der Band New Journeymen. Ende 1965 bekamen sie einen Plattenvertrag. Ihr erster Hit war 1966 "California dreamin'", gefolgt vom legendären "Monday Monday".
Danach kamen noch einige andere Millionenseller, 1968 aber trennte sich die Band. Im selben Jahr brachte Mama Cass unser vorliegendes "Dream a little dream of me" heraus und landete gleich ganz oben in den Charts.
Ende 1971 kam die Band noch einmal für eine LP zusammen, um sich dann gleich wieder zu trennen.
1974 starb Mama Cass, "Dream a little dream of me" kam 1992 - durch ein TV-Jingle in Gang gesetzt - noch einmal hoch in die deutschen Charts.

Leadsheet

Songaufbau

A–Teil 1:

Stars shining bright above you.
Night breezes seem to whisper: "I love you."
Birds singing in the sycamore tree:
"Dream a little dream of me."

A–Teil 2:

Say "nightynight" and kiss me,
just hold me tight and tell me you'll miss me.
While I'm alone and blue as can be,
Dream a little dream of me.

B–Teil:

Stars fading, but I linger on, dear.
Still craving your kiss.
I'm longing to linger 'til dawn, dear,
just saying this:

A–Teil 3:

Sweet dreams 'til sunbeams find you.
Sweet dreams that leave all worries behind you.
But in your dreams, whatever they'll be,
Dream a little dream of me.

Akkorde

Das ist mal wieder ein ganzer Haufen von Akkorden, die aber nur die Basis für die Picking-Gitarre bilden. So gesehen brauchst du dir die Akkorde nur grob anzusehen, wenn du sie nicht sowieso schon beherrschst. Ist nichts Kompliziertes dabei.

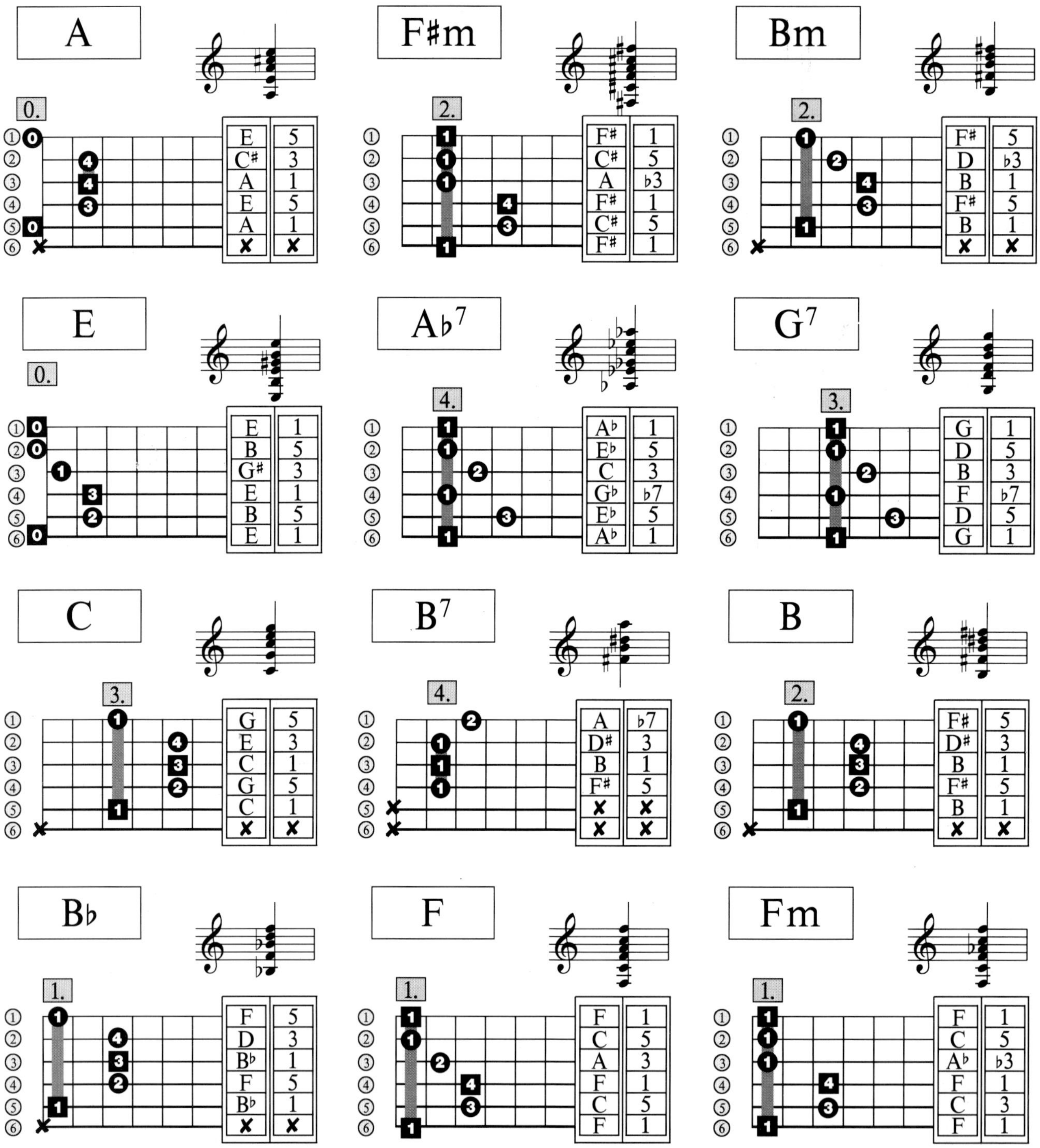

Spieltips

Das ist ein interessanter, kleiner Song, wie geschaffen für Picking-Gitarre. Wie in der Notation erklärt, benutzt du am besten das Folk-Picking mit Daumen, Zeigefinger und Mittelfinger.
Zwischendurch kommt immer mal wieder eine Rhythmusgitarre, da berufst du dich auf die abgebildeten Griffdiagramme. Wenn du für diese Teile ein Plektrum bereit halten kannst, vielleicht im Mundwinkel, prima. Wenn nicht, schlägst du einfach mit den Fingern der rechten Hand an. Der Song ist ein Shuffle, also mit trioliger Auffassung gespielt. Links oben in der Notation steht's auch.

Sound

Tja, wie im Original nimmst du deine Western-Gitarre oder Konzertgitarre und legst los.

Gitarrennotation

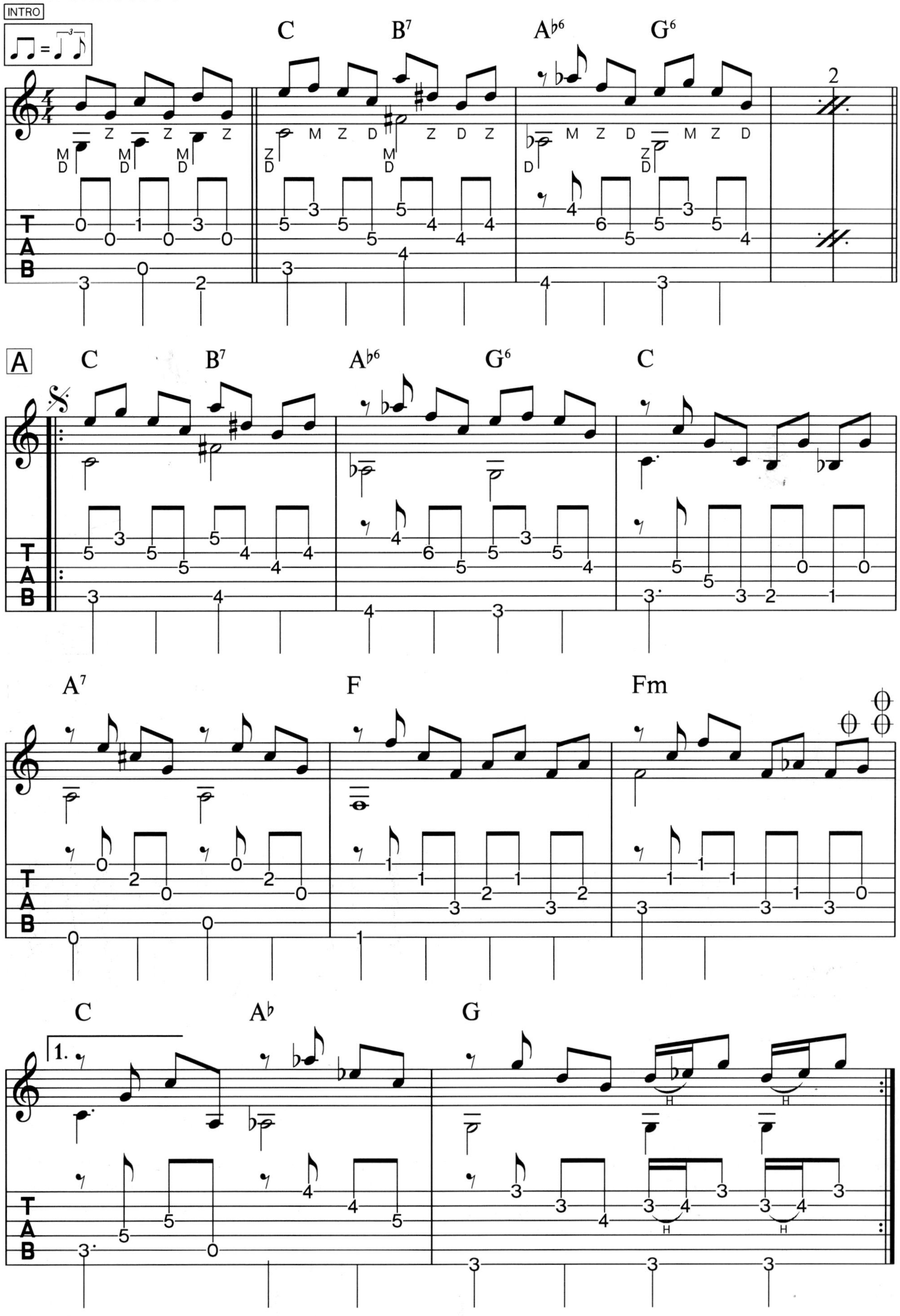

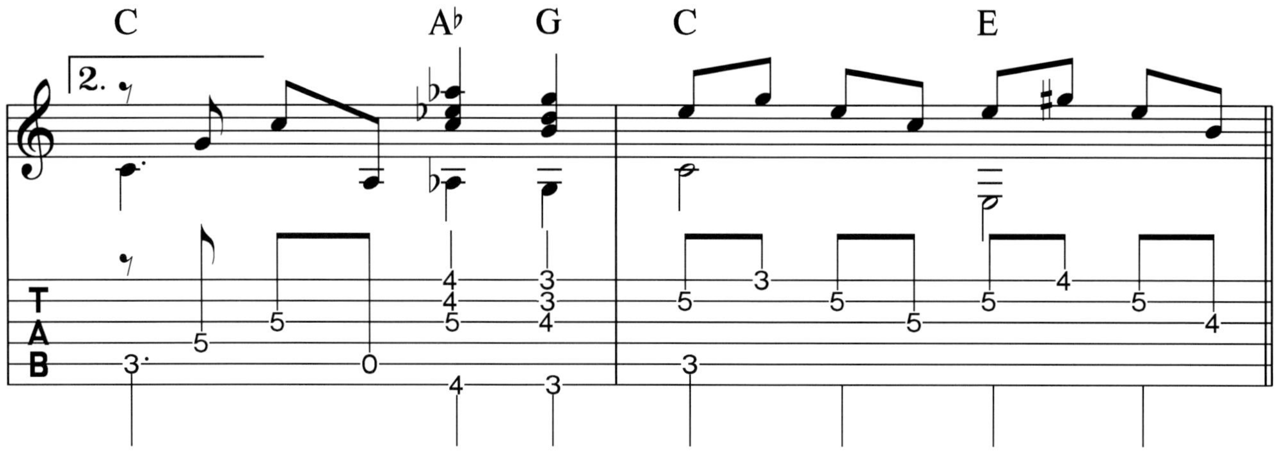
C
A♭
G
C
E
2.
TAB

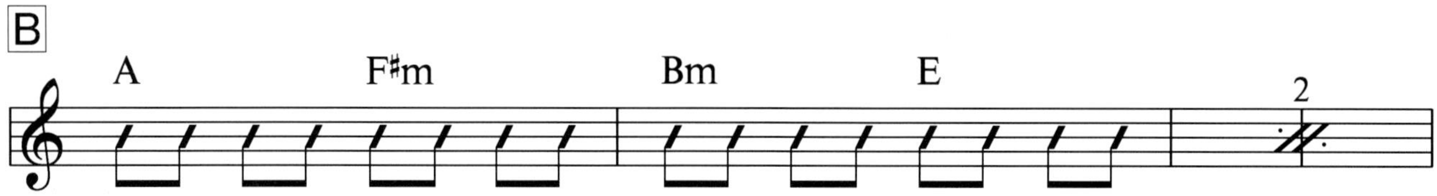
B
A
F♯m
Bm
E
2

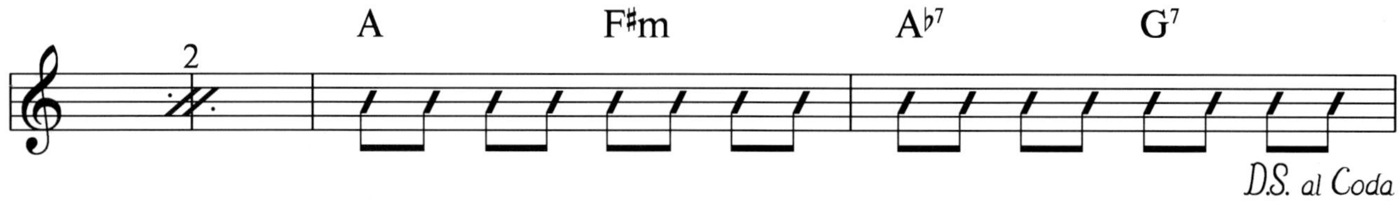
2
A
F♯m
A♭7
G7
D.S. al Coda

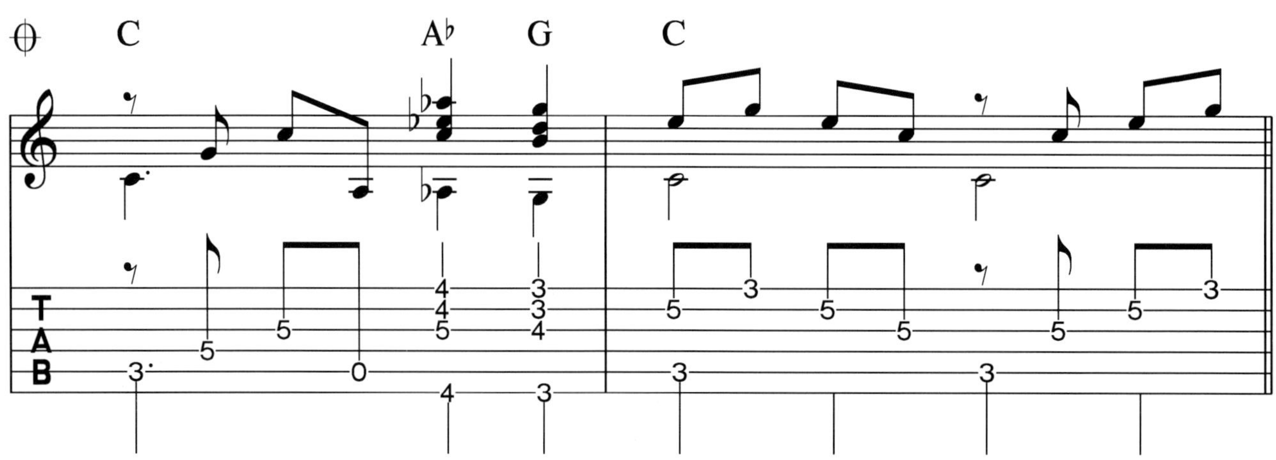
C
A♭
G
C
TAB

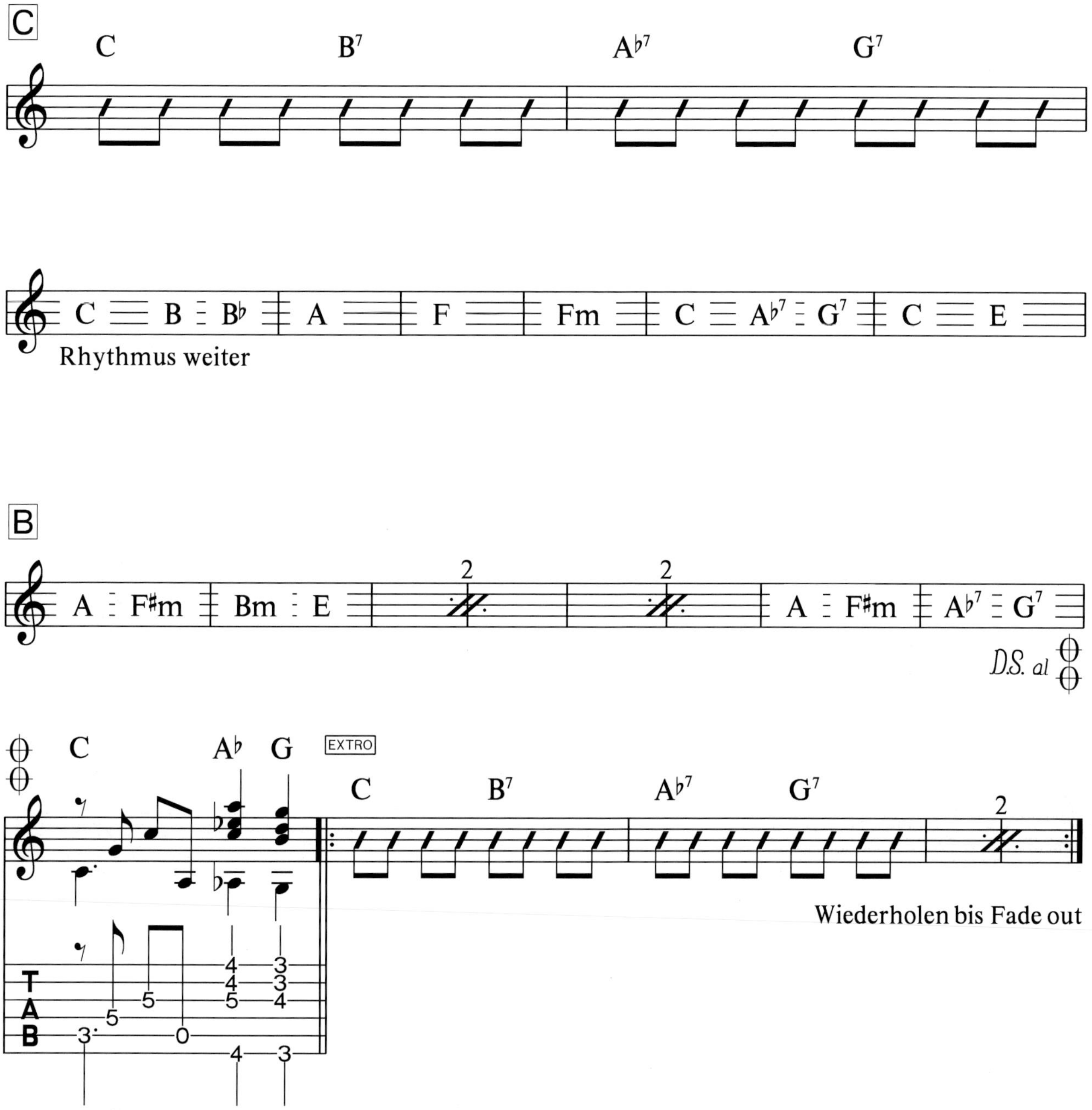
C
C
B7
A♭7
G7
C
B
B♭
A
F
Fm
C
A♭7
G7
C
E
Rhythmus weiter
B
A
F♯m
Bm
E
2
2
A
F♯m
A♭7
G7
D.S. al
C
A♭
G
EXTRO
C
B7
A♭7
G7
2
Wiederholen bis Fade out
T
A
B

Sniff' n the Tears

Driver's Seat

Gegründet wurde die britische Band von Paul Roberts, nicht nur Sänger, Songwriter und Komponist, sondern auch zeitweise erfolgreicher Maler. Unter seiner Führung entstanden vier LPs, von denen die erste auch gleich die erfolgreichste war.
Die Band entstand 1973, trennte sich aber bald darauf vorerst einmal wegen schlechter, geschäftlicher Konditionen. Drei Jahre später fanden sie wieder zusammen und spielten ihre erste LP "Fickle heart" ein. Mit "Driver's seat" hatten sie ihren größten Hit, ein Top-Ten-Erfolg in Deutschland, USA und Australien.
Ihre Musik war eine Mischung aus eingängigen Melodien mit melancholischem Gesang, etwas Elektronik, markanten Gitarrenriffs und ausgefeilten Produktionstechniken und wird manchmal als Vorgänger des typischen "Dire Straits"-Sound bezeichnet.
Nachdem die vierte LP 1982 hinter den kommerziellen Erwartungen zurückblieb, löste Paul Roberts die Band auf. Im Gedächtnis hängengeblieben ist unser vorliegender Song "Driver's seat".

LP: Fickle Heart, 1978

Besetzung:

Chris Birkin	- Bass
Mick Dyche	- Gitarre
Alan Feldman	- Keyboards
Noel McCalla	- Geang
Keith Miller	- Synthesizer
Jim Nellis	- Gesang
Loz Netto	- Gitarre, Gesang
Paul Roberts	- Gesang, Gitarre
Luigi Salvoni	- Schlagzeug, Percussion

(Words & Music: Paul Roberts)

Leadsheet

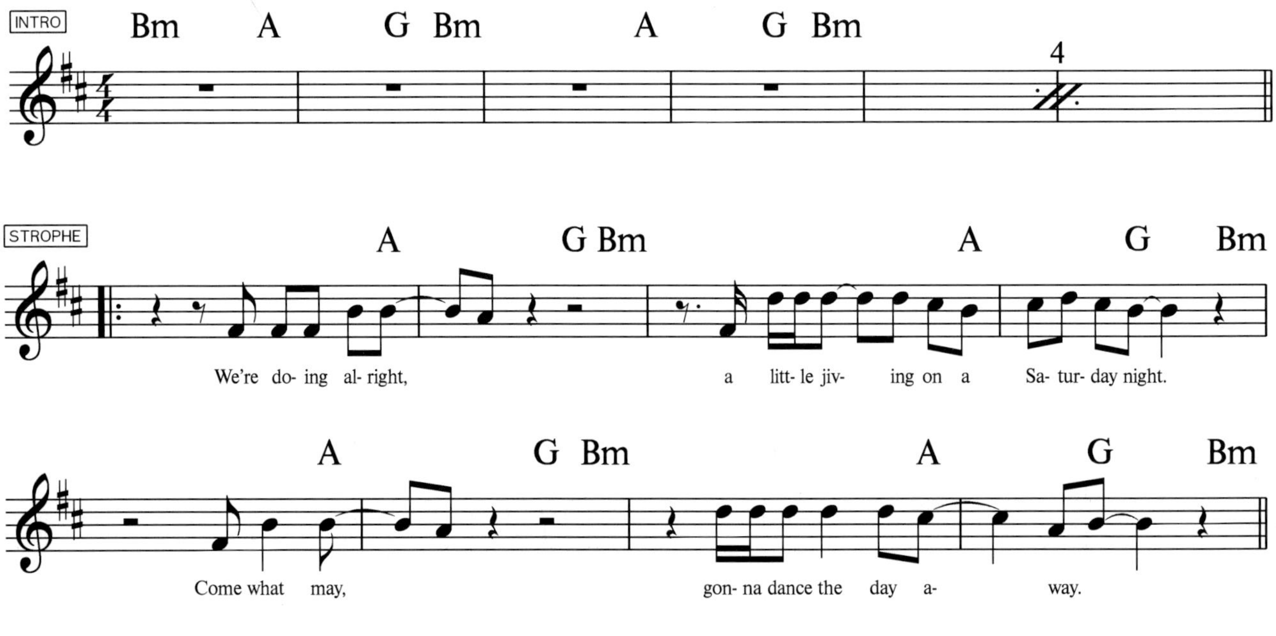

INSTRUMENTAL
A G Bm A G Bm
A G Bm A G Bm
So pick up your feet. Got to move to the trick of the beat.
A G Bm A G Bm
There is no e- lite. Just take your place in the driv- er's seat.
REFRAIN
A G Bm A G Bm
Driv- er's seat, Driv- er's seat.
STROPHE
A G Bm A G Bm
Jen- ny was sweet. She always smile for the peo- ple she meet.
A G Bm A G Bm
On trou- ble and strife, she had an- oth- er way of looking at life.
REFRAIN
A G Bm A G Bm
Dri- ver's seat. Dri- ver's seat.
STROPHE
A G Bm A G Bm
The news is blue. It has its own way to get to you.
A G Bm A G Bm
What can I do? I'll nev- er re- mem- ber my time with you.

Songaufbau

Strophe 1:
We're doing alright, a little jiving on a Saturday night.
Come what may, gonna dance the day away.

Strophe 2:
Jenny was sweet, she always smile for the people she meet.
On trouble and strife, she had another way of looking at life.

Strophe 3:
The news is blue. It has its own way to get to you.
What can I do? I'll never remember my time with you.

Strophe 4:
So pick up your feet. Got to move to the trick of the beat.
There's no elite. Just take your place in the driver's seat.

Refrain:
Driver's seat, Driver's seat.

Akkorde

Und wieder einmal ein Song, der mit drei Akkorden auskommt. Alles altbekannte Griffe, die ich dir bestimmt nicht erklären muß.

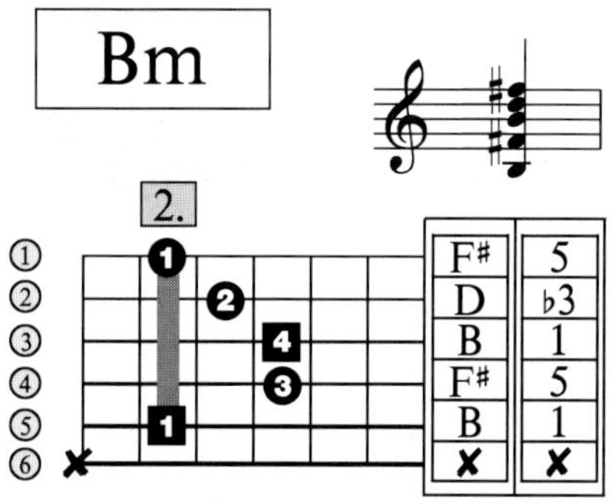

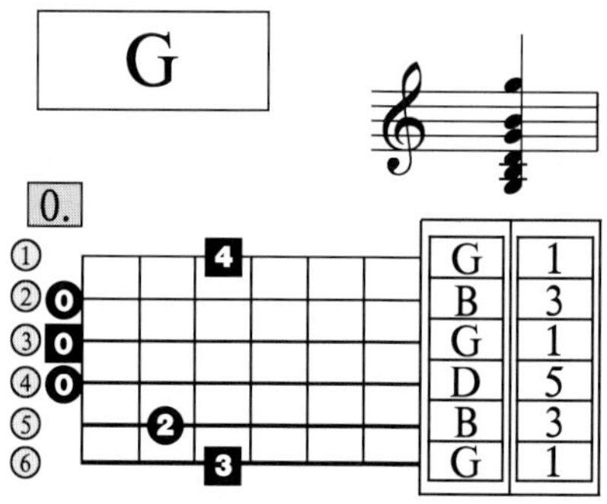

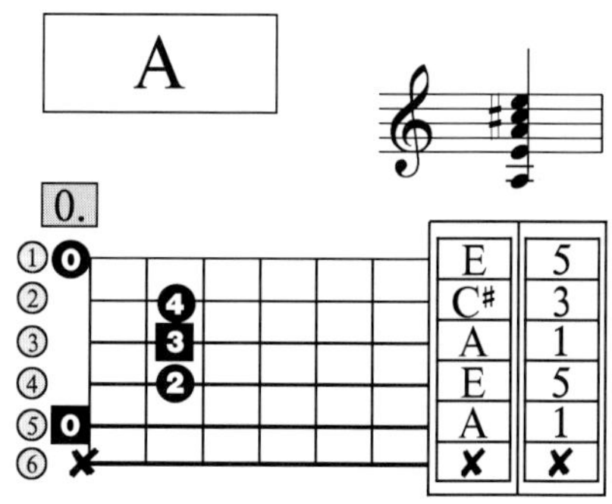

Spieltips

Da gibt's nicht so viel zu erzählen, die Akkordfolge ist für den ganzen Song die gleiche, egal ob Intro, Strophe oder Refrain. Praktische Sache, nur das Umgreifen sollte ein wenig geübt werden, damit die Akkordwechsel flüssig gespielt werden.
Für die E-Gitarre, die spielt das Riff und ein kurzes Schlußsolo, kann ich dir auch keine besonderen Schwierigkeiten erklären. Das Riff ist leicht zu spielen, vielleicht nur beim Rhythmus etwas aufpassen, die Akzente liegen alle auf leichten Zählzeiten (Off Beats).
Das Solo ist kurz und bündig, die Schwierigkeit liegt gleich im ersten Takt: Dort gibt's zwei Hammer Ons hintereinander in der Sechzehntelgruppe, dann kommen drei Achteltriolen. Also aufgepaßt beim Rhythmus.
Der Rest ist eine Frage von guter Intonation bei den Bendings.

Sound

Als Rhythmusgitarre tut's jede Western-Gitarre oder auch Konzertgitarre.
Die Riffs und das Solo bekommst du mit jeder E-Gitarre hin. Am besten benutzt du den Bridge Pick Up und stellst einen gut verzerrten Sound am Verstärker ein.

Gitarrennotation

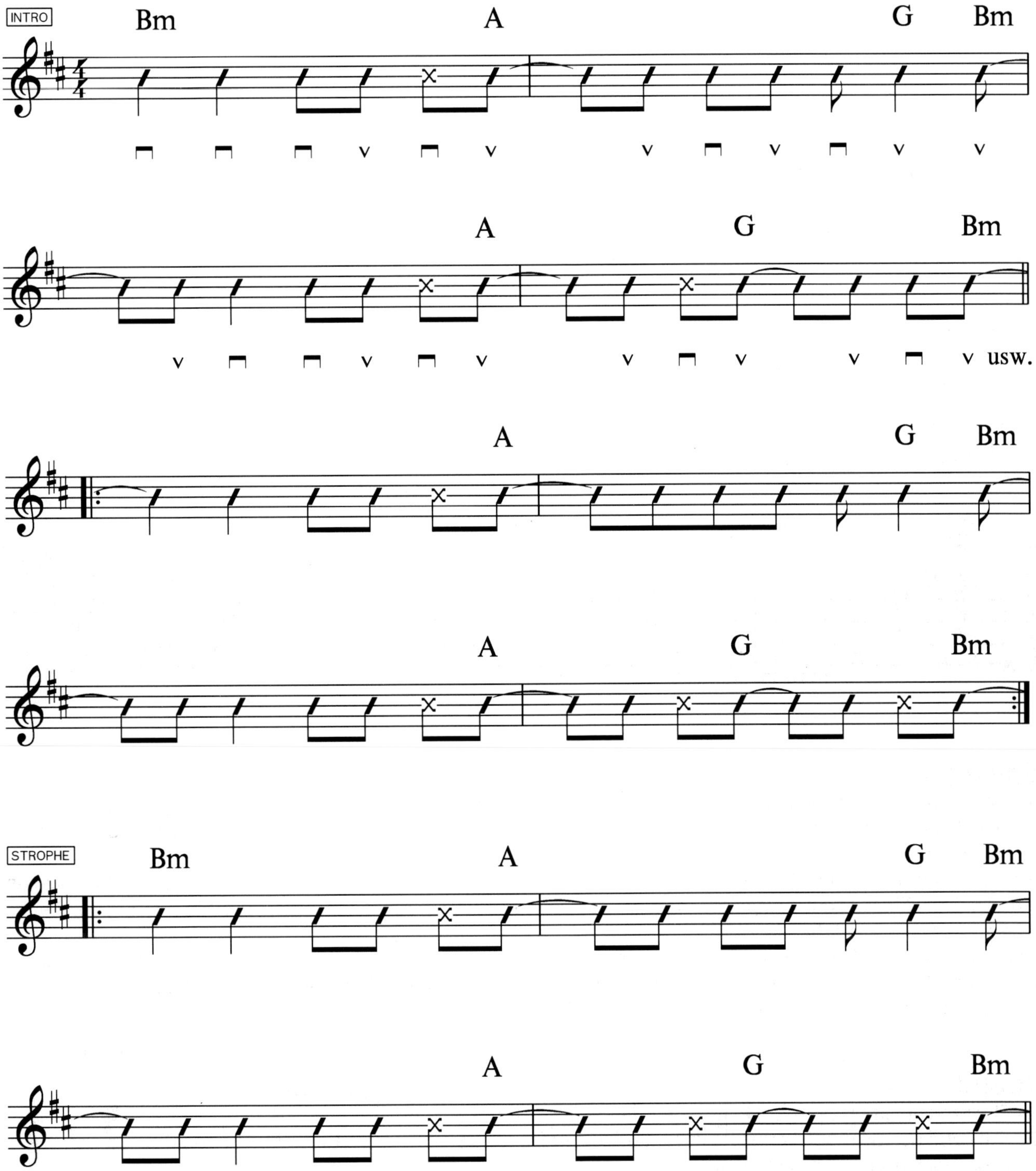

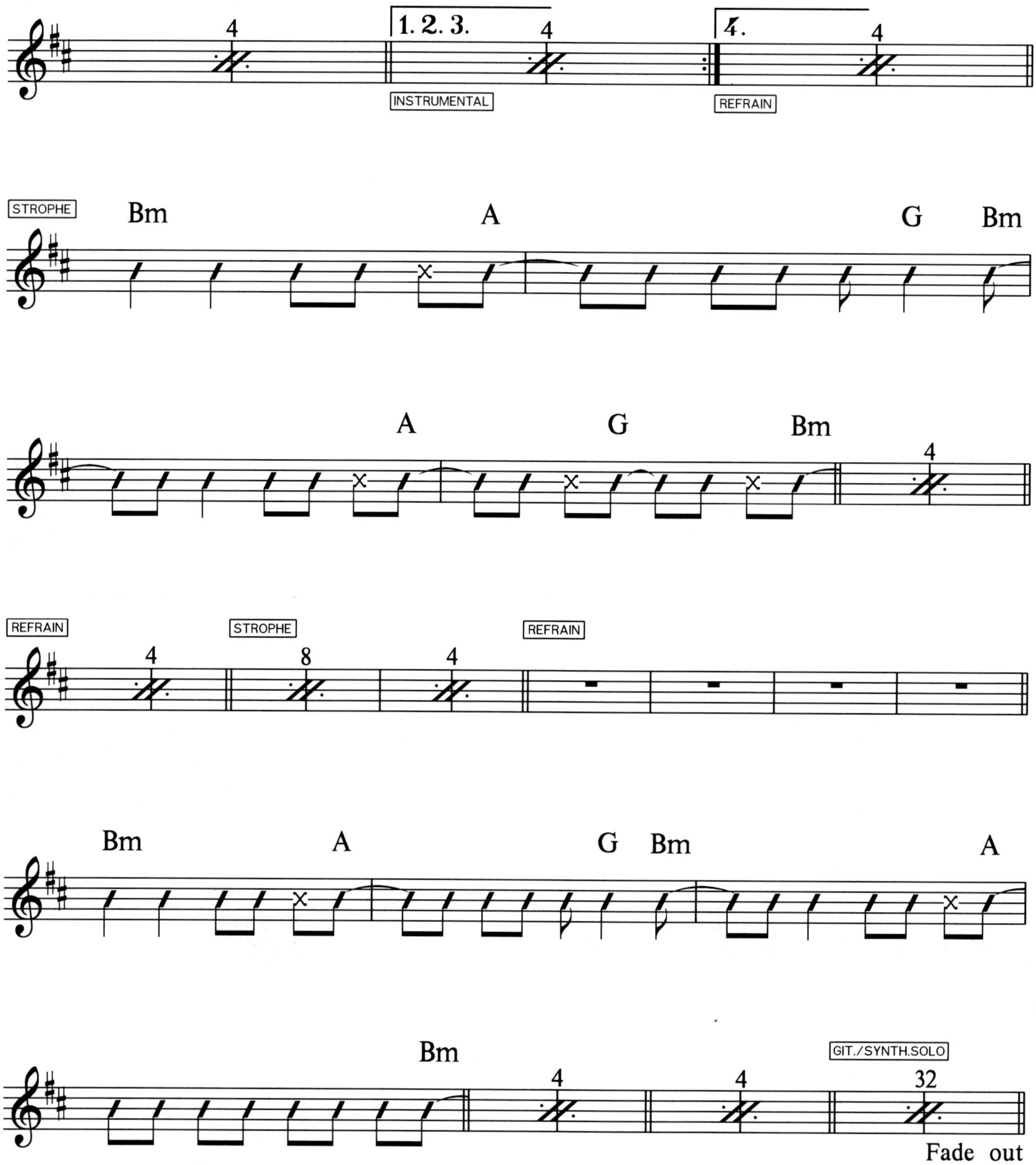
4
1. 2. 3.
4
INSTRUMENTAL
4.
4
REFRAIN
STROPHE
Bm
A
G
Bm
A
G
Bm
4
REFRAIN
4
STROPHE
8
4
REFRAIN
Bm
A
G
Bm
A
Bm
4
4
GIT./SYNTH.SOLO
32
Fade out

E-Gitarre

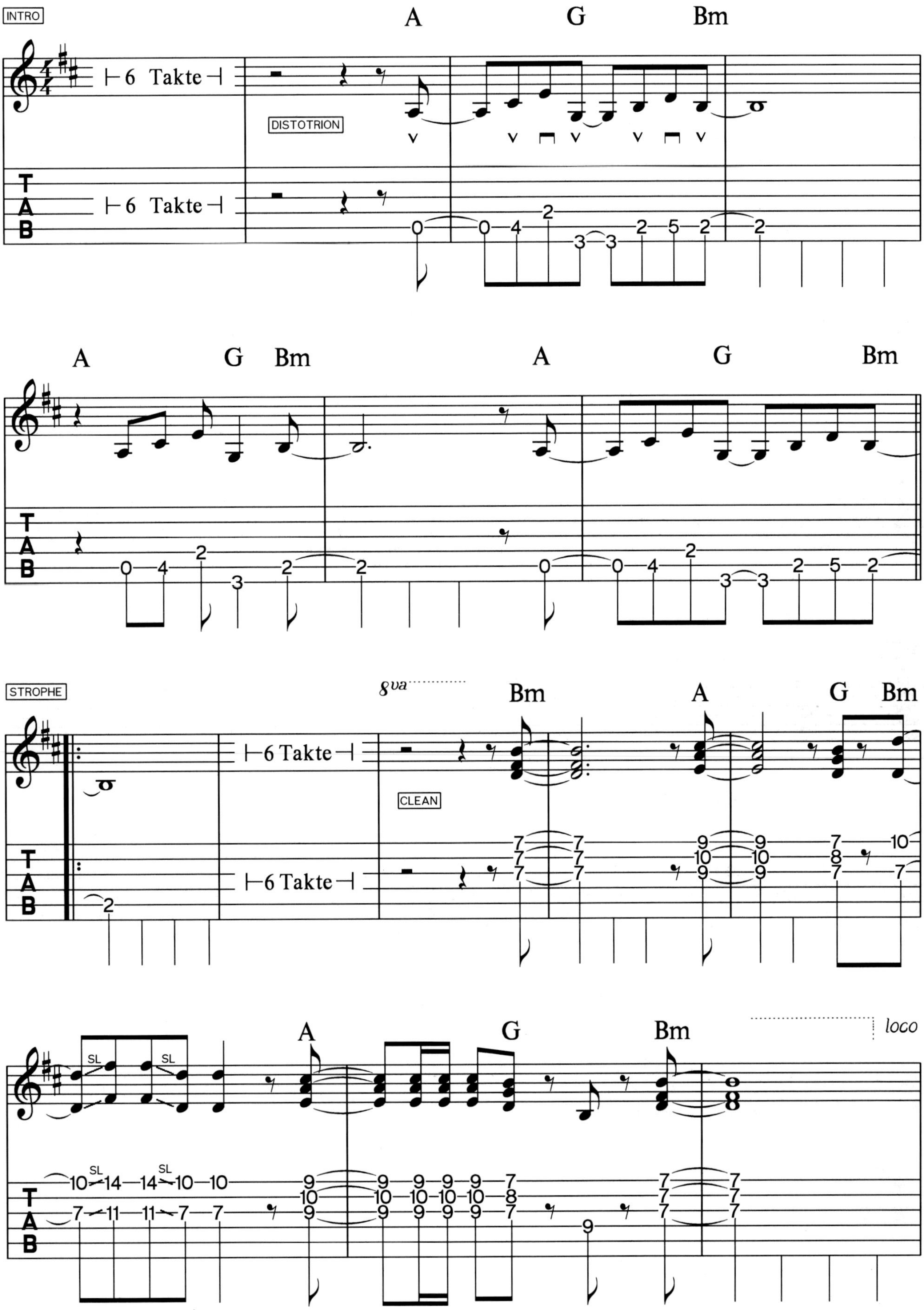
INTRO
A
G
Bm
6 Takte
DISTOTRION
A
G
Bm
A
G
Bm
STROPHE
8va
Bm
A
G
Bm
6 Takte
CLEAN
SL
SL
A
G
Bm
loco

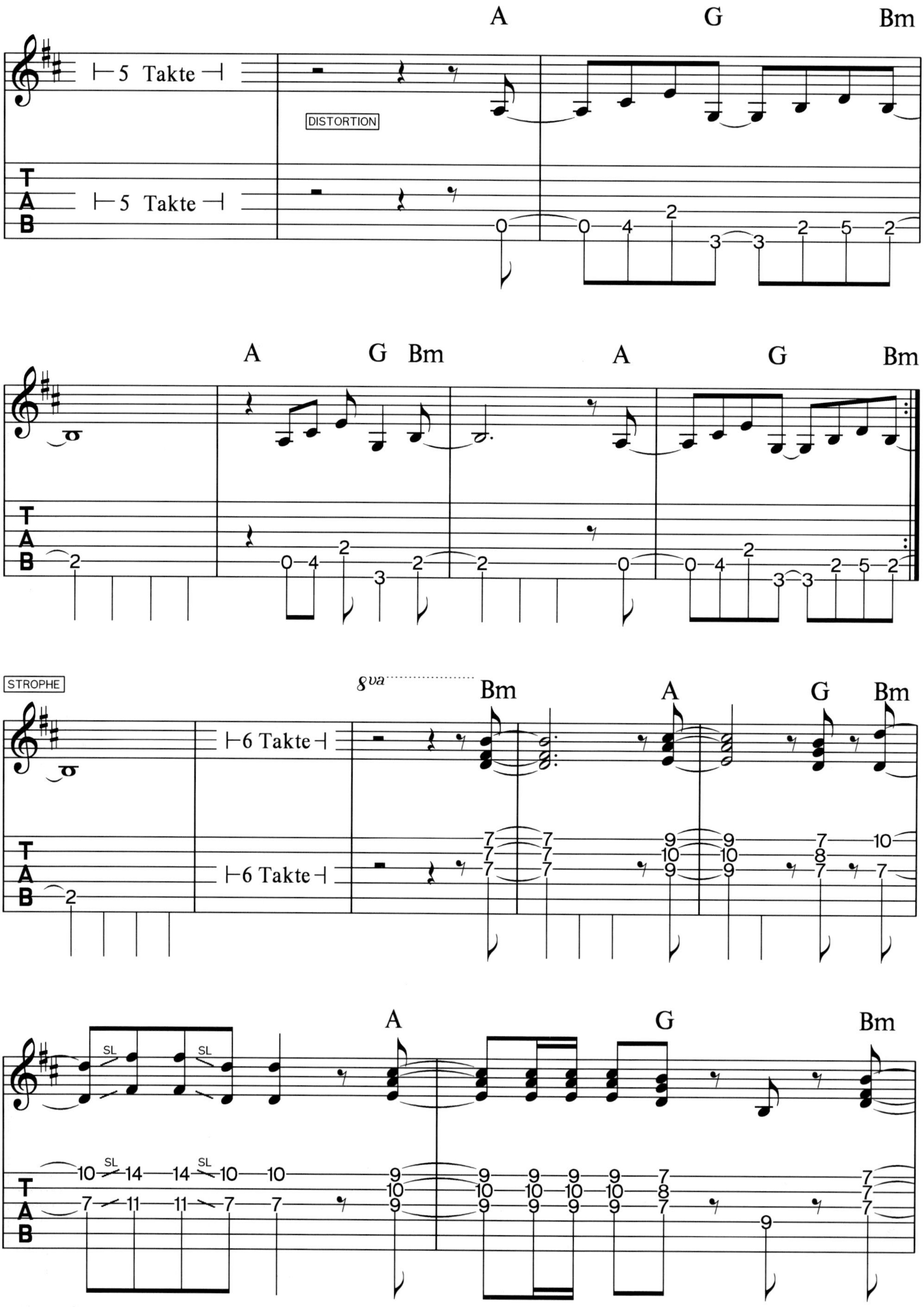
A
G
Bm
5 Takte
DISTORTION
TAB
5 Takte
A
G
Bm
A
G
Bm
STROPHE
8va
Bm
A
G
Bm
6 Takte
6 Takte
SL
SL
A
G
Bm

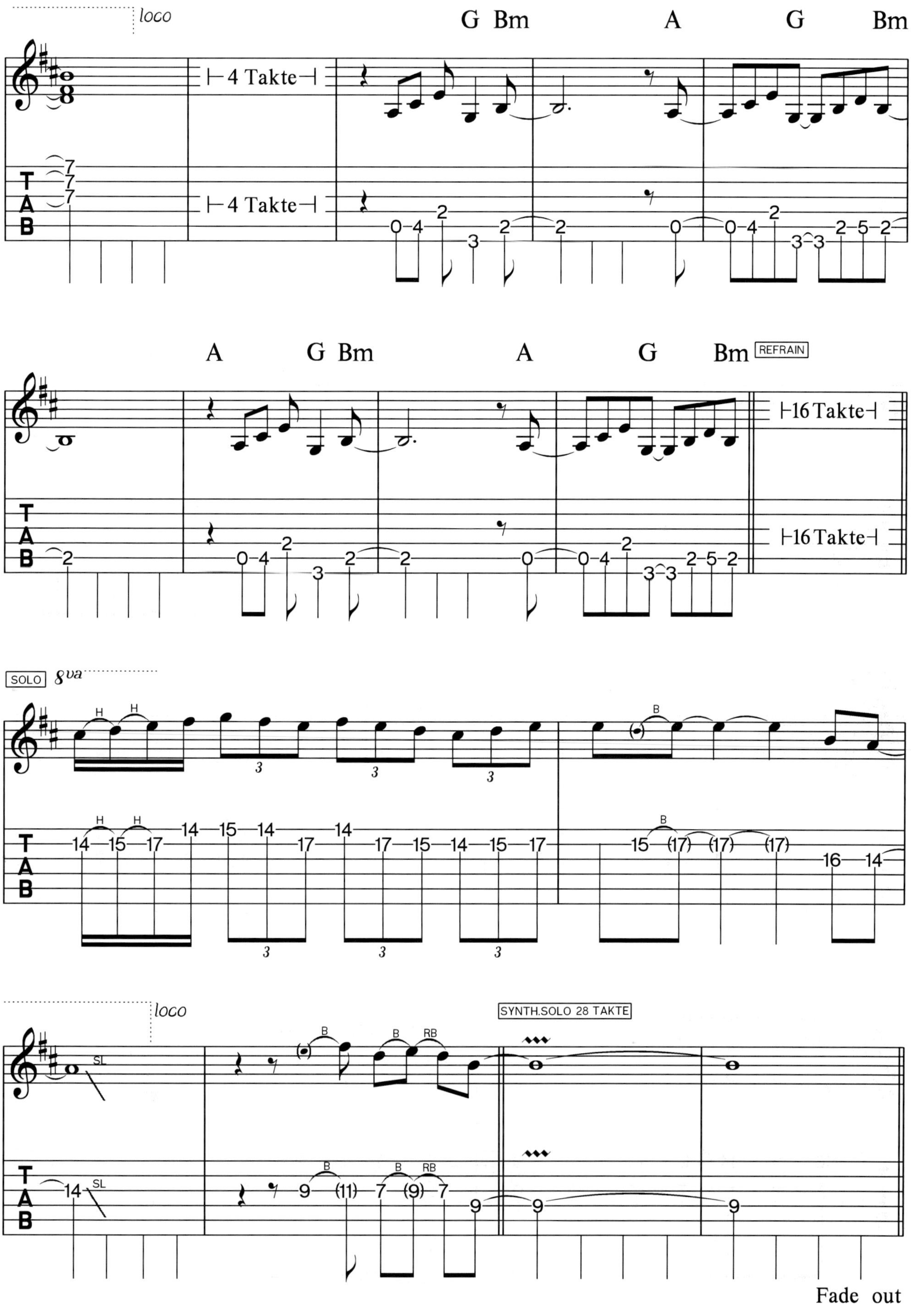
loco
G Bm
A
G
Bm
4 Takte
A
G Bm
A
G
Bm
REFRAIN
16 Takte
SOLO
8va
H
B
loco
SL
RB
SYNTH.SOLO 28 TAKTE
Fade out

Simon & Garfunkel

El condor pasa

Die erste Single des Duos kam nach einigen Anlaufschwierigkeiten 1965 auf den Markt und wurde gleich ein Nr. 1-Hit in den USA. Der lyrische Akustik-Folkrock der beiden fand sofort ein großes Echo. Weiter ging es mit Hits: "Mrs. Robinson", "The boxer", "Bridge over troubled water", "Cecilia" und "El condor pasa"; in Deutschland Nr. 1 in den Charts.
Ein richtiges Duo waren die beiden eigentlich nur zwischen 1965 und 1970.
Danach startete jeder für sich mit großem Erfolg eine Solokarriere, wobei Art Garfunkel sich mehr der Schauspielerei verschrieb.

LP: Bridge over troubled water, 1970

Besetzung:
Paul Simon - Gesang, Gitarre
Art Garfunkel - Gesang, Gitarre

Simon & Garfunkel

El condor pasa

(Music: daniel A. Rubles/Jorge Milcheberg; engl. Text: Paul Simon)

Leadsheet

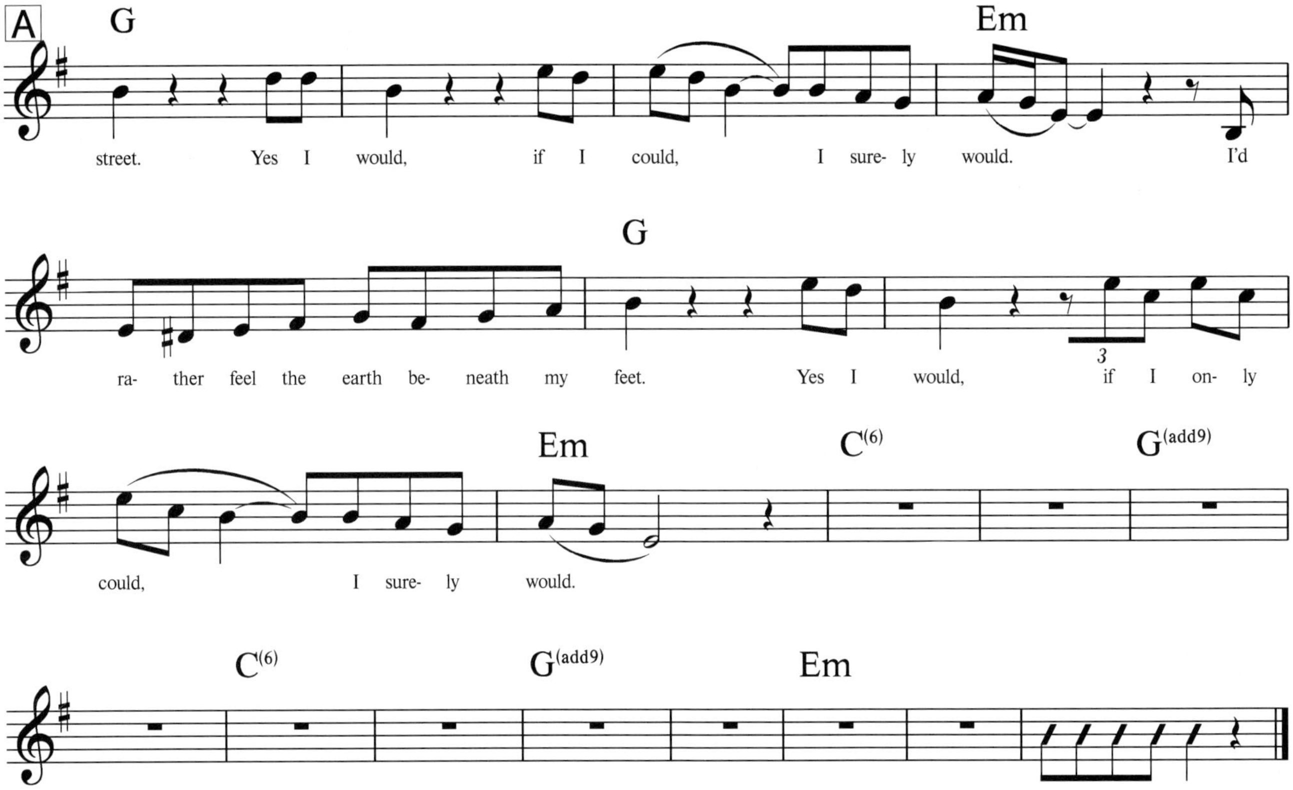

Songaufbau

A–Teil 1:

I'd rather be a sparrow than a snail.
Yes I would, if I could, I surely would, hhm.
I 'd rather be a hammer than a nail.
Yes I would, if I only could, hhm.

B–Teil:

Away, I'd rather sail away, like a swan that's here and gone.
A man gets tied up to the ground,
he gives the world its saddest sound, its saddest sound.

A–Teil 2:

I'd rather be a forest than a street.
Yes I would, if I could, I surely would.

I'd rather feel the earth beneath my feet.
Yes I would, if I only could, I surely would.

Akkorde

Hier gibt's, dem Folk sei Dank, wieder mal wenige Akkorde zu hören. Dazu noch welche der einfachen Sorte. Einzig übenswert ist wohl die Intro mit ihren zwei Akkorden im 12. Bund, am besten diese Akkordwechsel für sich allein üben.

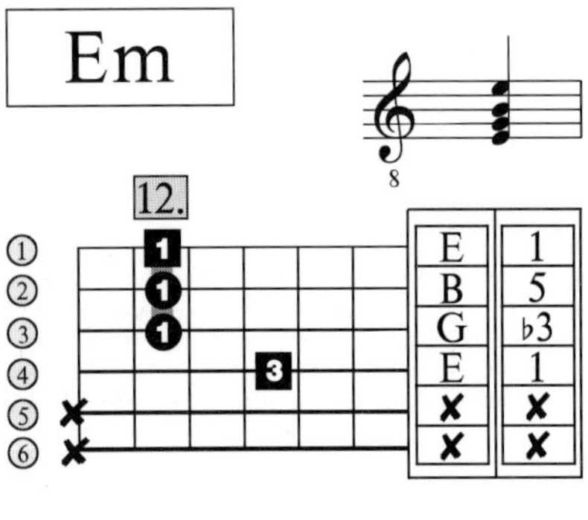

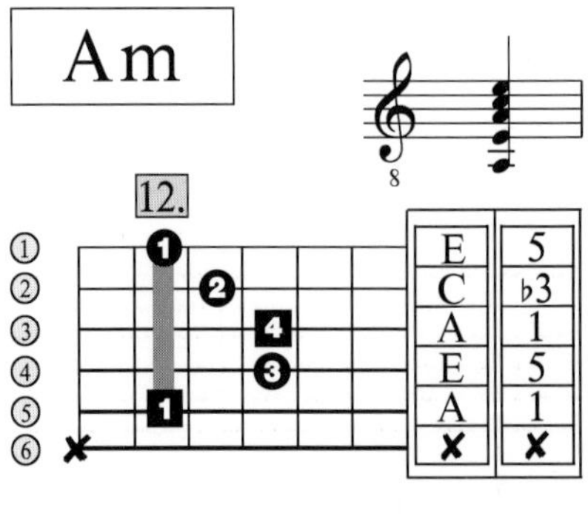

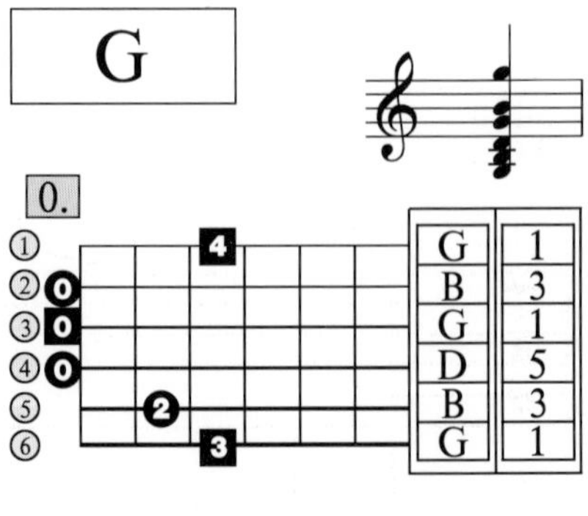

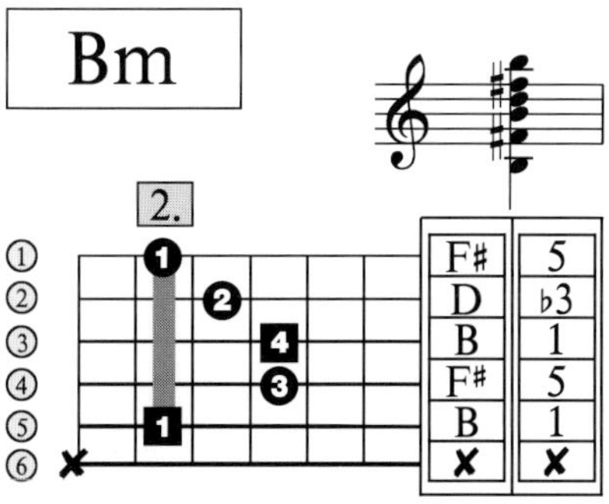

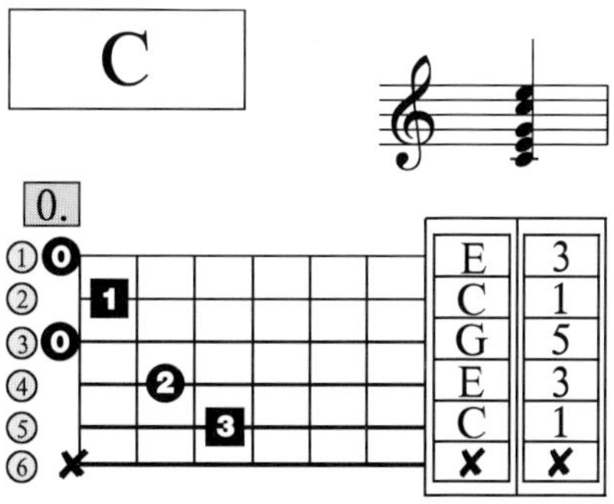

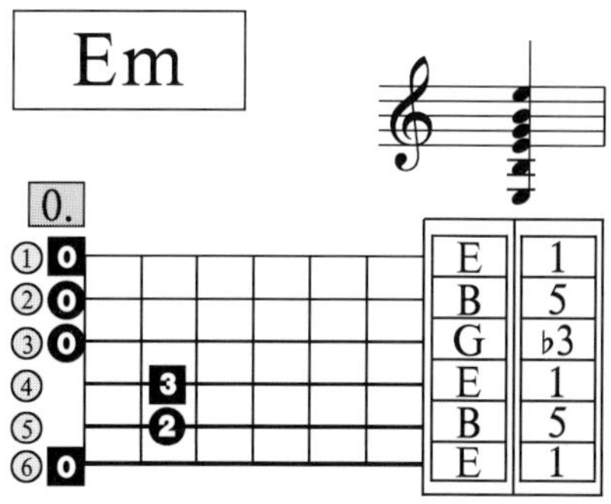

Spieltips

Die Intro spielst du am besten mandolinenartig mit schnellen Ab-, und Aufschlägen. Rhythmisch bist du dort relativ frei.

Die Intromelodie habe ich dir extra noch einmal aufgeschrieben, auch die ist relativ frei im Rhythmus.

Ab Teil A ist der Rhythmus konstant, und bleibt den ganzen Song über, mit Ausnahme eines kleinen Fills und dem Schluß.

Für die Akkorde habe ich die einfacheren, tiefer klingenden Versionen mit Leersaiten ausgewählt. Die eignen sich genausogut, der Song bleibt immer noch derselbe.

Sound

Schon wieder ein Song mit einer Western-Gitarre oder einer Konzertgitarre. Ist ja schließlich auch Folk.

Gitarrenintro

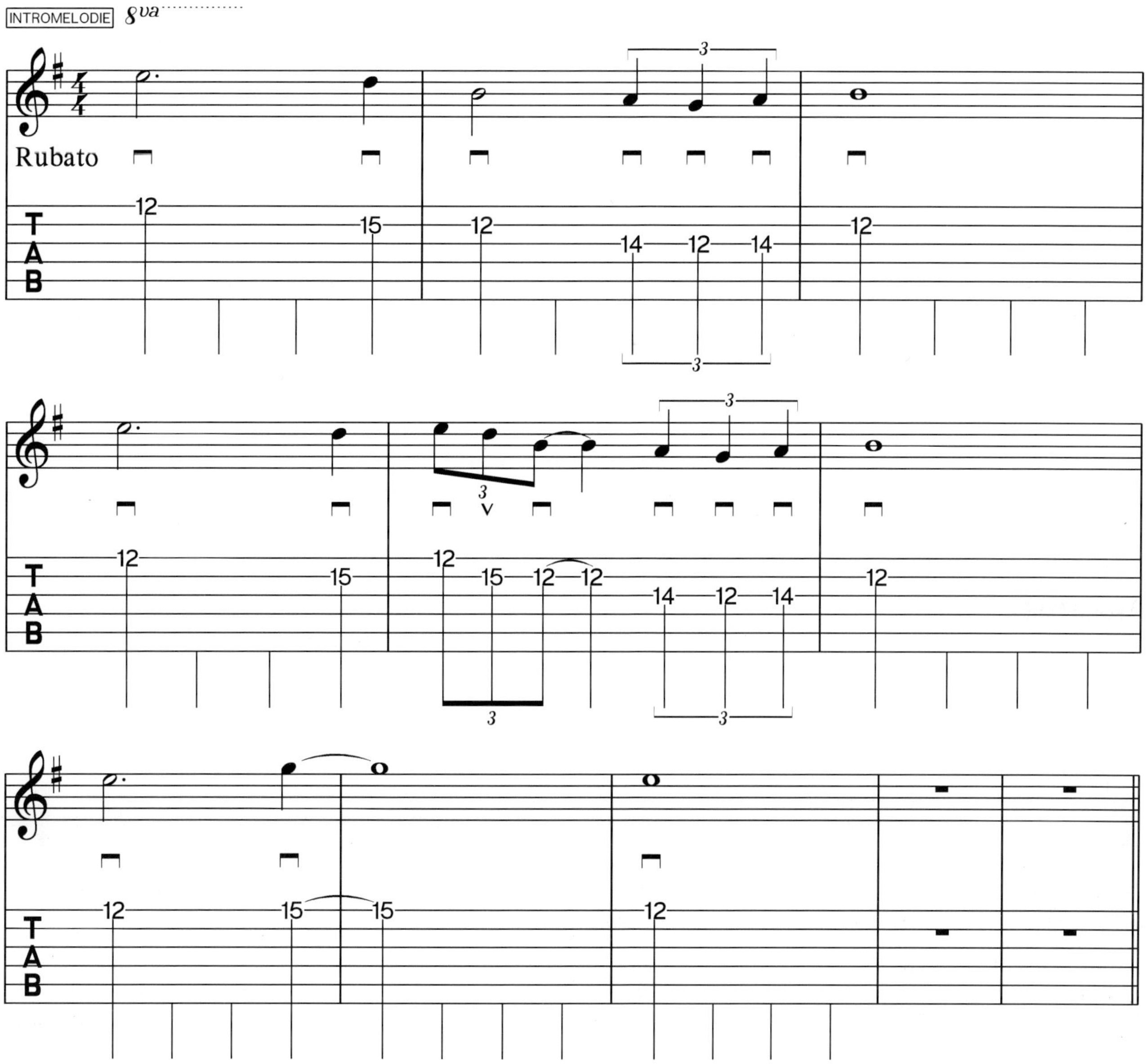

Gitarrennotation

Schlußmelodie

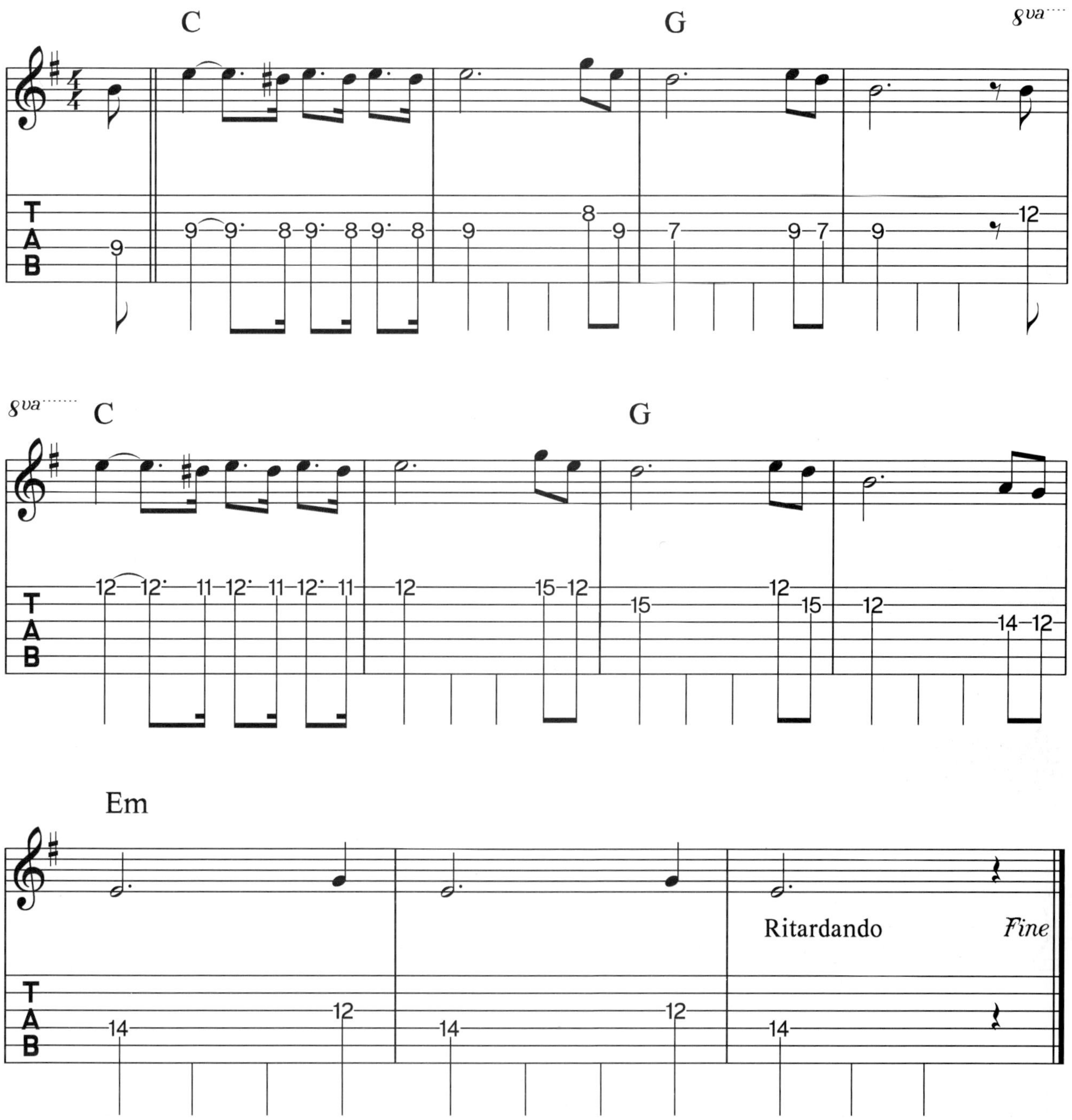

Bangles
Following

1982 brachten die Bangles ein Mini-Album mit 5 Songs heraus. Es war zwar kein kommerzieller Erfolg, brachte der Band aber einen Plattenvertrag mit CBS (heute Sony). In dieser Zeit gab's auch den ersten Personalwechsel: Für Annette Zilinskas kommt 1983 Michael Steele, bis dahin Leadsängerin der Runaways.
Mit dem ersten Album bei CBS kamen sie immerhin auf Platz 80 der US-Charts. Mit "Manic monday", einer Komposition von Prince, kam der erste Top Ten-Hit. Im gleichen Jahr schoben sie dann mit "Walk like an Egyptian" einen echten Nr. 1-Hit nach. Ein echter Ohrwurm, den es sogar in einer deutschen Version gab. Danach gab es hitmäßig erst einmal eine Pause, bis sie 1989 mit "Eternal Flame" wieder einen Mega-Hit in den USA und England landeten. Das war der Höhepunkt der Band. Bald darauf, 1990, löste sich die Band wegen "unüberwindbarer Schwierigkeiten" auf.
Susanna Hoffs machte ab 1991 als Solistin weiter und arbeitet nebenbei als Schauspielerin.

LP: Greatest Hits, 1990

Besetzung:

Susanna Hoffs	-	Gesang, Gitarre
Debbi Peterson	-	Schlagzeug, Gesang
Vicki Peterson	-	Gitarre, Gesang
Annette Zilinskas	-	Bass, Gesang
Michael Steele	-	Bass, Gesang

Bangles

Following

Leadsheet

A
E
Why do you look for me?
D
Bm
G♯/C♯
C♯9sus4
Why do your eyes fol- low me the way they do?
INTRO
4 Takte
A
STROPHE
F♯m
You hold me re- spon- sable, yes, so I stand ac- cused,
F♯m
'cause in all the troub- le af- ter High
Bm
E
Esus4
E
School be- tween him and you.
D.S. al
B
F♯m
G♯m
Why do you call me?
A
Why do you look for me?
D
Bm
G♯/C♯
EXTRO
Why do your eyes fol- low me the way they do?
Fade

Songaufbau

Strophe 1:

You think I'm crazy of something,
I was following you around.
You say I'm a hopeless case,
a running obsession into the ground.
You call me a loser,
you call me a shadow and fool.
Look over your shoulder
and you say I'm haunting you.

Refrain:

Why do you call me?
Why do look for me?
Why do your eyes follow me
the way they do?

Strophe 2:

You hold me responsable,
yes, so I stand accused,
'cause in all the trouble after High School–
between him and you.
You call me a loser,
you call me a shadow and fool.
But I was a good girl,
yeah, 'til you taught me
what it means to be true.

2x Refrain

Akkorde
Akkorde gibt's diesmal keine, der ganze Song ist in Notation und Tabulatur ausgeschrieben.

Spieltips
Erst einmal ist dieser schöne, lyrische Song mit nur einer Gitarre und natürlich mit Gesang aufgenommen worden. Die Gitarre ist im Folk-Picking gezupft, also mit Daumen, Zeigefinger und Mittelfinger. Soweit so gut. Nun kommt der Trick: Du brauchst ein Kapodaster und machst es im zweiten Bund fest. Mit diesem Tip ersparst du dir den Weg, den ich gegangen bin. In fingerbrecherischen Versuchen habe ich mich durch den Song gekämpft, um dann am Ende festzustellen, daß da wohl ein Kapodaster mit im Spiel war. Besser, du machst es gleich vorher, dann geht alles nochmal so leicht.
Der Song ist ein Shuffle, hör' einmal genau hin. Dort, wo kein Folk-Picking angesagt ist, spielst du die Akkorde einfach mit dem Mittelfinger oder mit dem Daumen.
Bis zur Extro ist der Song eigentlich gut zu spielen, zumal mit Kapodaster.
Zum Schluß kommt's dann ein bißchen dicke: Flageoletts, und künstliche noch dazu.
Bei Flageoletts legst du den Finger über dem betreffenden Bund (siehe Tabulatur) auf die Saite, ohne sie niederzudrücken und schlägst normal an.
Bei künstlichen Flageoletts ist das etwas schwieriger: Hier greifst du A^{maj7} im 4. Bund. Dann legst du den Zeigefinger auf die hohe e-Saite eine Oktave höher (16.Bund), genau über den Bund. Zuletzt zupfst du mit dem Mittelfinger die Saite an. So machst du es mit den darauffolgenden Saiten auch: immer 12 Bünde (1 Oktave) höher als der gegriffene Ton. Schon kannst du künstliche Flageoletts spielen.
Wenn dir das alles zu kompliziert ist, spiel die Flageoletts einfach als normale Töne eine Oktave tiefer, das geht auch.

Sound
Das Original ist mit einer Western-Gitarre eingespielt worden, du kannst aber auch genausogut eine Konzertgitarre nehmen.
Nicht vergessen, Kapodaster im zweiten Bund festmachen und nochmal nachstimmen.

Gitarrennotation

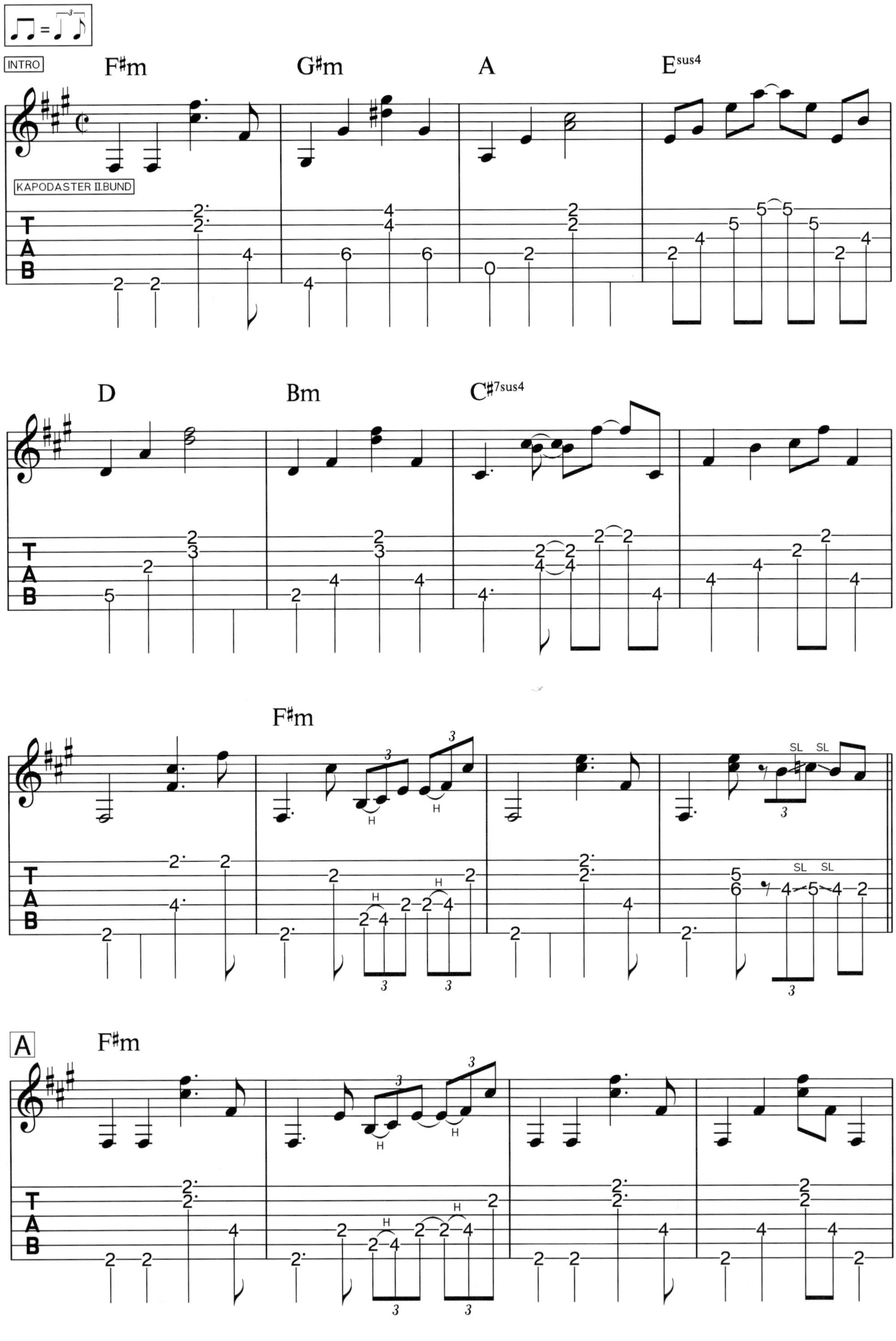

Bm
E
Esus4 E
F#m
H
P
Bsus4
Bm
E
Esus4 E
B
F#m
G#m
A
E
T
A
B

D
Bm
G♯m/C♯
C♯9sus4
C♯9
F♯m
A
F♯m
Bm
E
Esus4
E
D.S. al Coda

B
F♯m
G♯m
A
E
D
Bm
C♯7sus4
EXTRO
F♯m
F♯m

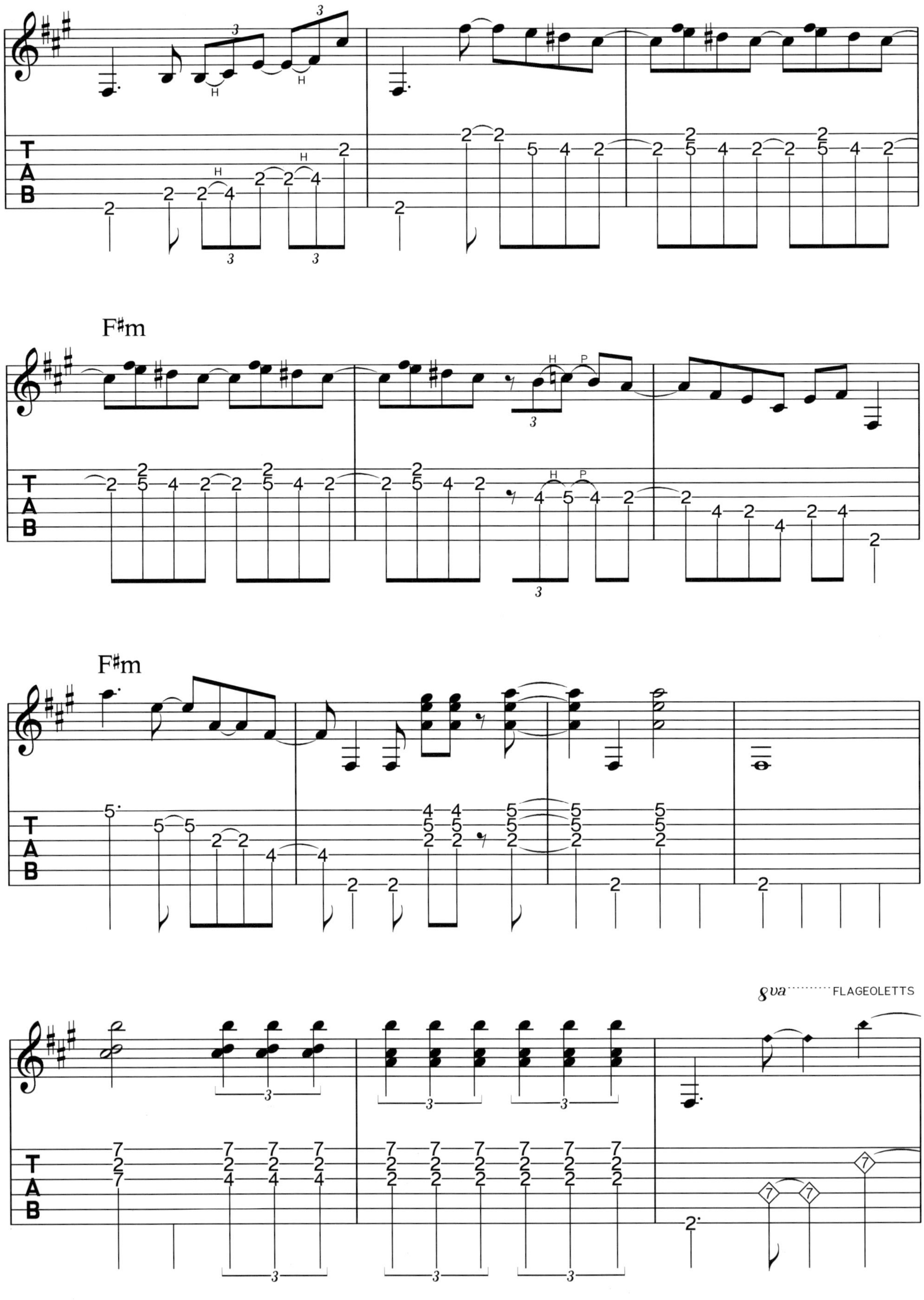
F♯m
F♯m
8va FLAGEOLETTS

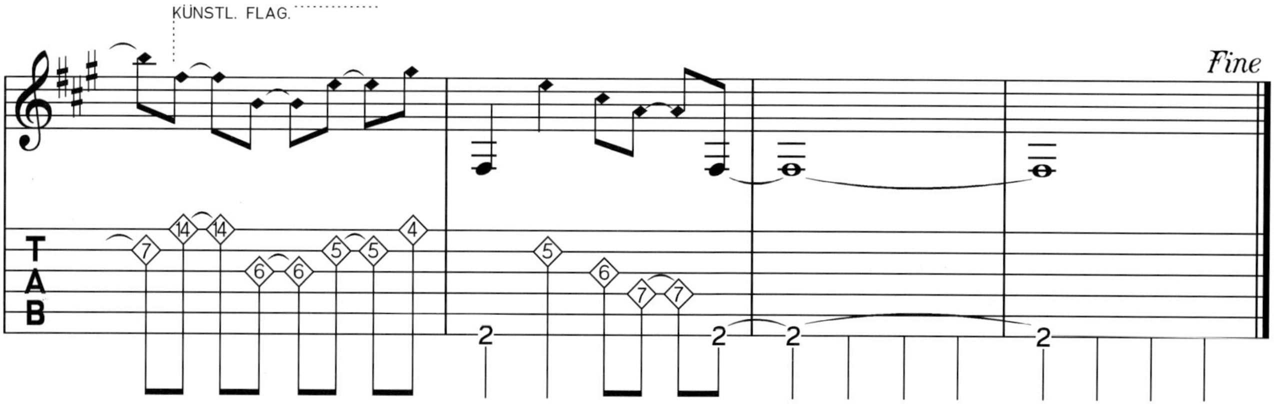
KÜNSTL. FLAG.
Fine
T
A
B

The Hollies

He ain't heavy, he's my brother

LP: The very best of The Hollies, 1992

Besetzung (incl. personellen Veränderungen):

Harold Allan Clarke	-	Gesang
Mikael Rickfors	-	Gesang
Graham Nash	-	Gitarre, Gesang
Tony Hicks	-	Gitarre, Gesang
Eric Haydock	-	Bass
Bobby Elliott	-	Schlagzeug
Bernie Calvert	-	Bass, Keyboards
Terry Sylvester	-	Gitarre, Gesang
Ray Stiles	-	Bass
Alan Coates	-	Gitarre, Gesang
Alan Parker	-	Keyboards

Die Ursprünge der "Hollies" gehen zurück bis zum Jahre 1961. 1963 sah sie EMI-Produzent Ron Richards bei einem Live-Auftritt in Liverpool. Das war der Anfang ihrer großen Karriere.
Von da an produzierten sie jede Menge Welthits, darunter auch unser "He ain't heavy, he's my brother".
An der großen Besetzungsliste ist zu erkennen, daß die Bandmitglieder immer wieder wechselten, Graham Nash z. B. ging 1968 in die USA und wurde Teil der legendären "Crosby, Stills, Nash & Young".
Durch die Verwendung von "He ain't heavy, he's my brother" für ein TV-Jingle einer Bierbrauerei kam dieser Song noch einmal auf Platz 1 der britischen Charts.
Danach erschienen einige "Best of"-Alben, u. a. unser obengenanntes. Die "Hollies" existieren tatsächlich heute noch und schwimmen mit auf der beliebten Oldie-Welle.

The Hollies

He ain't heavy, he's my brother

Leadsheet

Songaufbau

Strophe 1:

The road is long with many a winding turn
that leads us to who knows where, who knows where.
But I'm strong, strong enough to carry him.

Refrain:

He ain't heavy, he's my brother.

Strophe 2:

So on we go, his welfare is my concern,
no burden is he to bear, we'll get there.
For I know he would not encumber me.

Refrain:

Bridge:

If I'm laden at all, I'm laden with sadness
that ev'ryone's heart isn't
filled with the gladness of love for one another.

Strophe 3:

It's a long, long road from which there is no return,
while we're on the way to there, why not share.
And the load doesn't weigh me down at all.

Refrain:

Akkorde

Okay, ich gebe es zu, das sind eine Menge Akkorde. Auch ein paar nicht ganz leichte oder für dich neue Akkorde dürften dabei sein, trotzdem lohnt sich der Aufwand, ist nämlich ein klasse Song.
Die meisten Akkorde kennst du sicher schon, neu sind für dich vielleicht D#O7, **D/C** und **C/B.** Die letzten beiden sind nur Abwandlungen von dir bekannten Durakkorden, diesmal mit anderen Basstönen (Slash Chords). Der D#O7-Akkord ist nach einiger Übung leicht zu greifen. Am besten aus dem Song heraus zwei Takte isoliert üben, in denen der Akkord vorkommt.

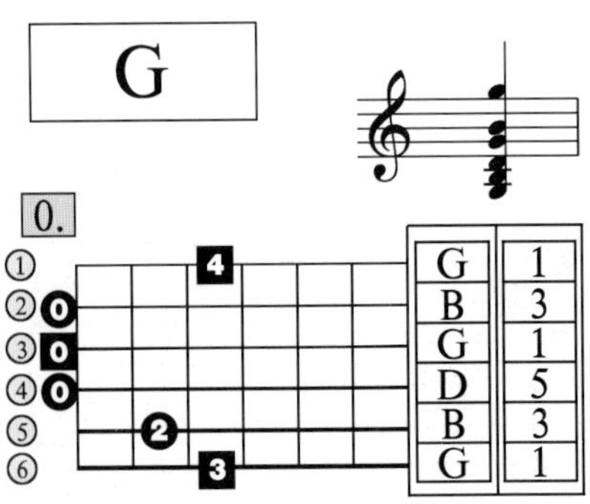

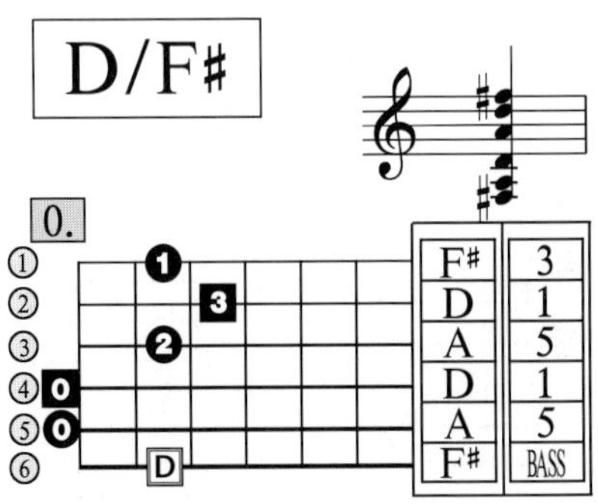

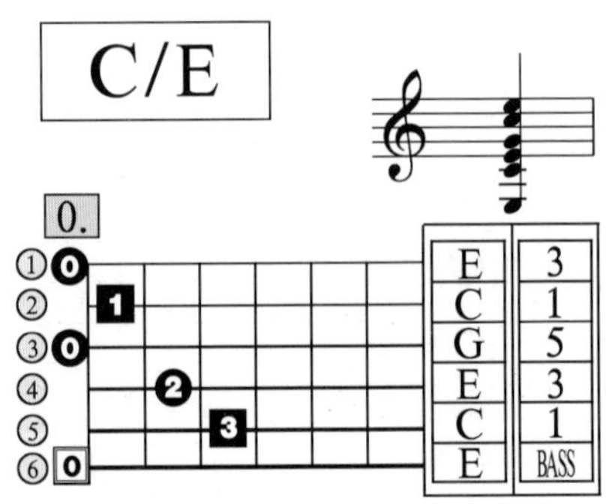

D

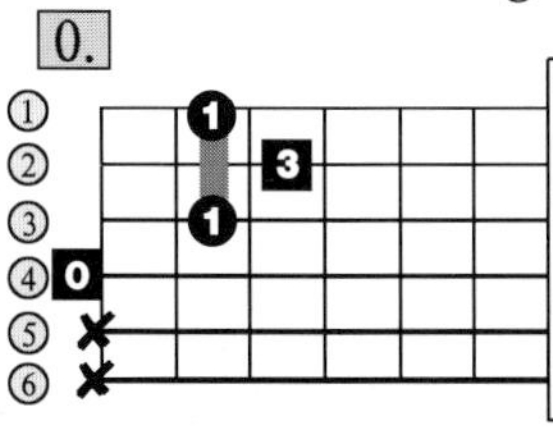

F♯	3
D	1
A	5
D	1
✗	✗
✗	✗

Am

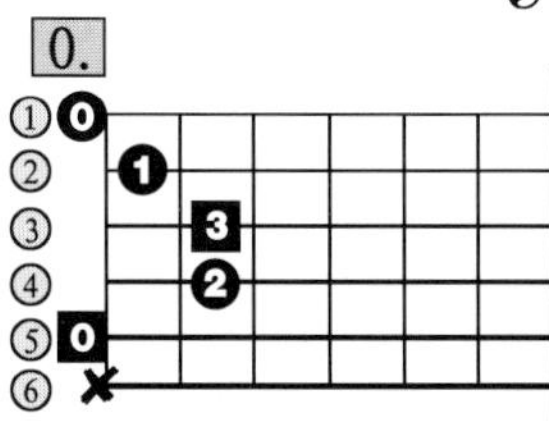

E	5
C	♭3
A	1
E	5
A	1
✗	✗

D♯o7

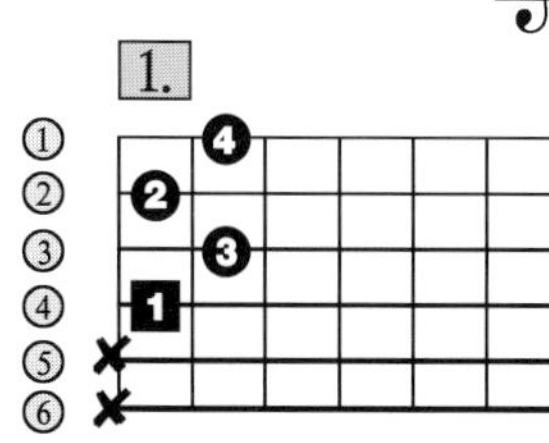

F♯	♭3
C	♭♭7
A	♭5
D♯	1
✗	✗
✗	✗

Em

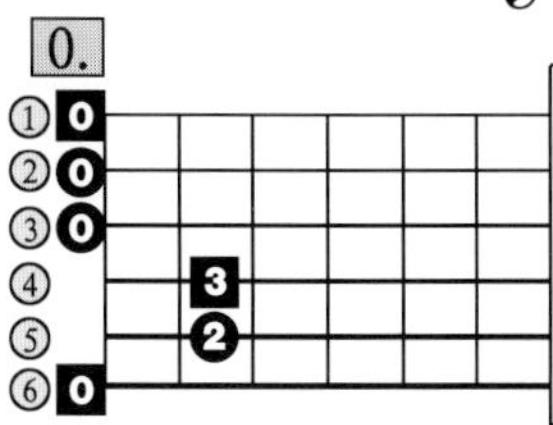

E	1
B	5
G	♭3
E	1
B	5
E	1

F

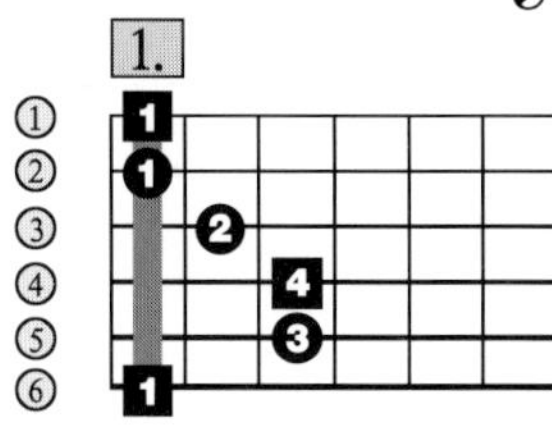

F	1
C	5
A	3
F	1
C	5
F	1

C/D

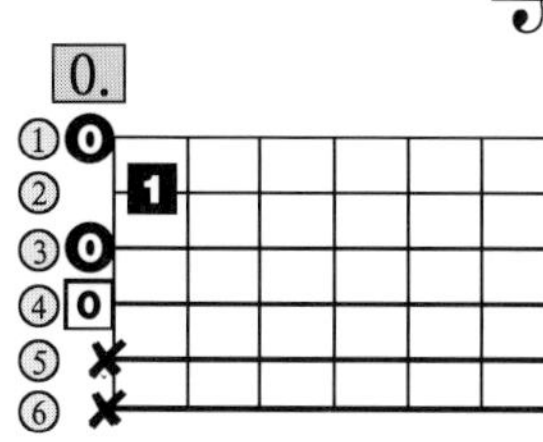

E	3
C	1
G	5
D	BASS
✗	✗
✗	✗

E♭

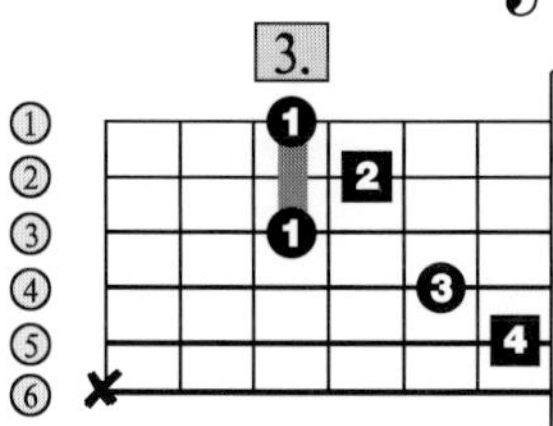

G	3
E♭	1
B♭	5
G	3
E♭	1
✗	✗

G/B

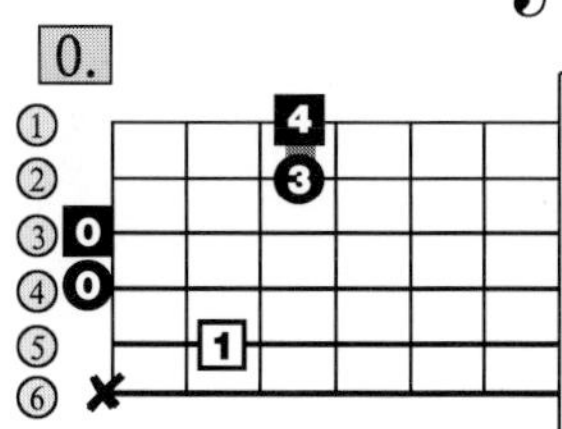

G	1
D	5
G	1
D	5
B	BASS
✗	✗

D/C

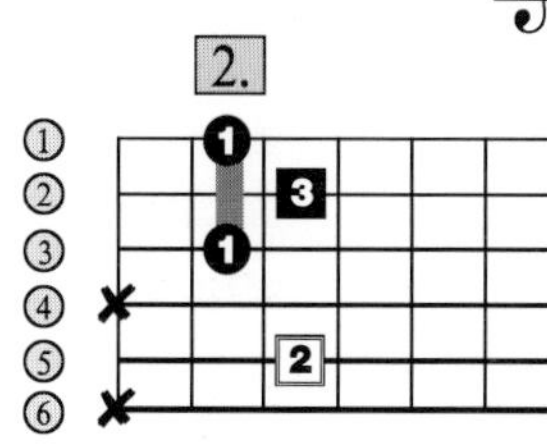

F♯	3
D	1
A	5
✗	✗
C	BASS
✗	✗

Bm

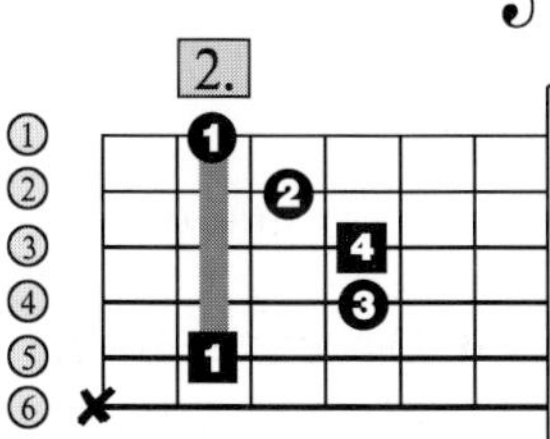

F♯	5
D	♭3
B	1
F♯	5
B	1
✗	✗

Dm

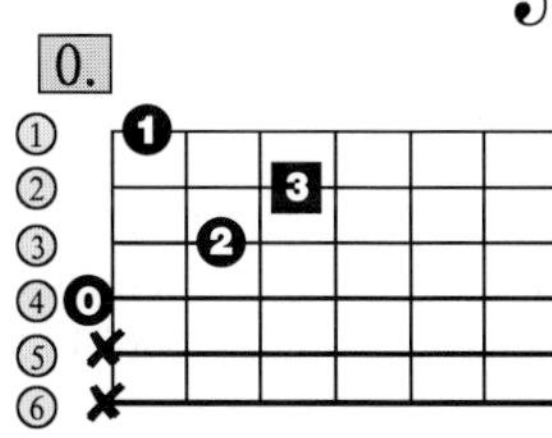

F	♭3
D	1
A	5
D	1
✗	✗
✗	✗

Cmaj7

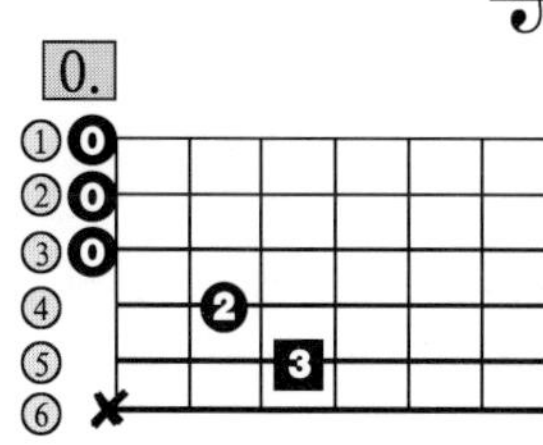

E	3
B	maj7
G	5
E	3
C	1
✗	✗

B7

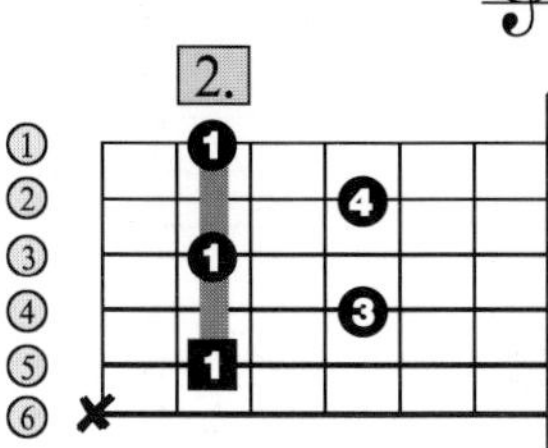

F♯	5
D♯	3
A	♭7
F♯	5
B	1
✗	✗

C

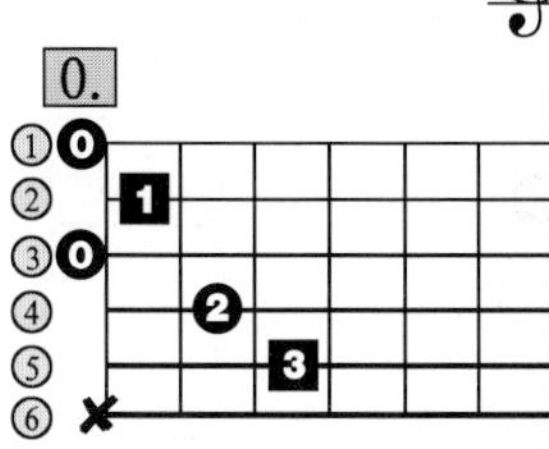

E	3
C	1
G	5
E	3
C	1
✗	✗

C/B

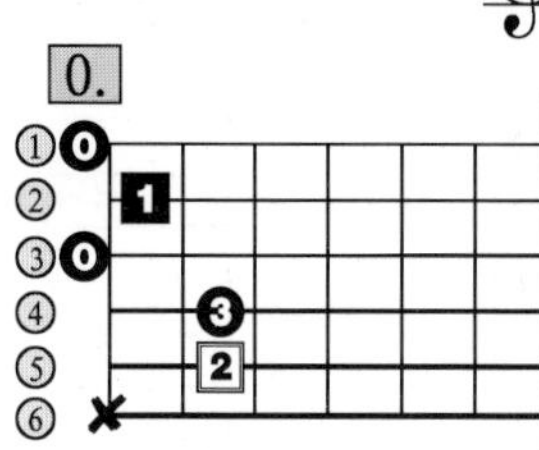

E	3
C	1
G	5
E	3
B	BASS
✗	✗

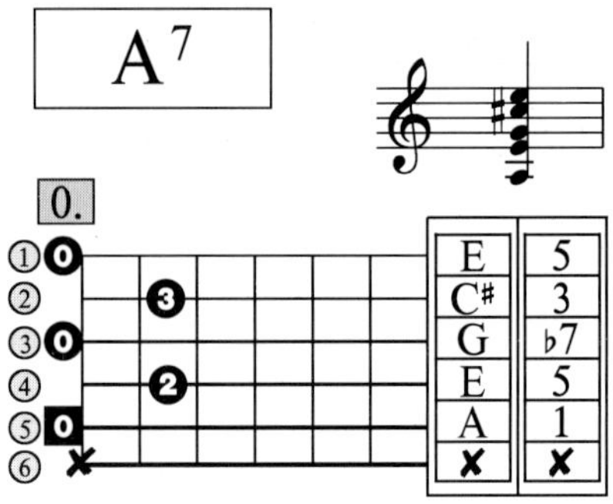

Spieltips

Im Original kommt keine Gitarre vor, daher habe ich dir eine Version für Acoustic-Gitarre geschrieben, die sehr gut allein spielbar ist, ohne daß der Song darunter leidet. Ich habe einen einfachen Rhythmus gewählt, der sich so ziemlich durch den ganzen Song zieht.
Dadurch kannst du dich auf die Akkorde und deren Wechsel konzentrieren.
Da der Song ein langsames Tempo hat, sind die Wechsel auch nicht so schwer. Am besten oft mit dem Original mitspielen, dann sitzt er ziemlich schnell.

Sound

Das Arrangement ist für Acoustic-Gitarre geschrieben, daher die Western-Gitarre oder Konzertgitarre genommen, und ran an den Song.

Gitarrennotation

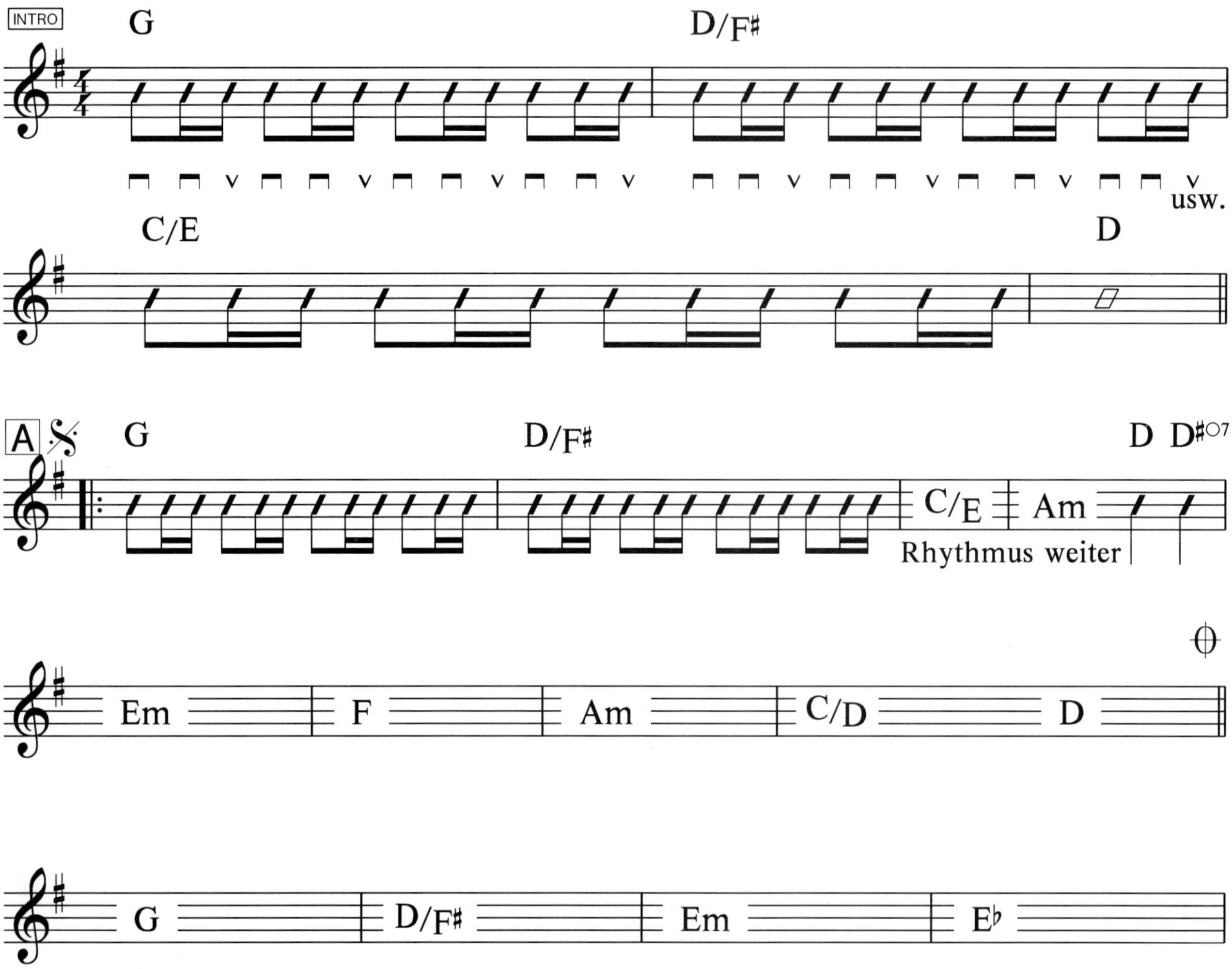

1.
2.
G
Am
C/D
G
Am
C/D
Am
G/B
B
C
D/C
C
D/C
Bm
Dm
Cmaj7
B7
Em
G
D
D.S. al Coda
C
C/B
A7
C/D
D/F♯
G
Em
E♭
G
Am
C/D
langsamer
a Tempo
EXTRO
MUNDHARMONIKA
D
D♯○7
G
D/F♯
C/E
Am
Em
F
Am
C/D
GESANG
G
D/F♯
Em
C/D
G
D/F♯
C/E
D
Repeat and fade

Faith No More

I'm easy

Maxi-CD, 1993

Besetzung:

Mike Patton	-	Gesang
Jim Martin	-	Gitarre
Bill Gould	-	Bass
Roddy Bottum	-	Keyboards
Mike Bordin	-	Schlagzeug
Chuck Mosely	-	Gesang

Dieses Hard-Rock-Quintett aus San Francisco existiert schon seit 1980.
1985 erschien ihre erste LP, bereits nach der zweiten, einer Mischung aus Rap und Heavy Rock, warfen sie ihren Sänger Chuck Mosely raus und ersetzten ihn durch Mike Patton.
Mit der dritten LP stellte sich dann der Erfolg ein, darauf war die erste Hit-Single "Epic" zu finden. 1992 schoben sie den Hit "Midlife crisis" und 1993 schließlich unser "I'm easy" nach; eine Coverversion des gleichnamigen Lionel Richie-Songs.

Faith No More

I'm easy

Leadsheet

Songaufbau

Strophe

Know it sounds funny, but I just can't stand the pain,
girl, I'm leaving you tomorrow.
Seems to me, girl, you know I've done all I can.
You see, I begged, stole and I borrowed, yeah, ooh.

Refrain:

That's why I'm easy, I'm easy like Sunday morning.
That's why I'm easy, I'm easy like Sunday morning.

Bridge:

I wanna be high, so high.
I wanna be free to know the things I do are right.
I wanna be free, just me, aah.

Akkorde

Die Akkordmenge ist bei diesem Song noch vertretbar, wie ich finde.

Die Tonart A♭-Dur riecht allerdings streng nach vielen Barré-Akkorden, und so ist es dann auch. Trotzdem sind die Barré-Akkorde, vom Kraftaufwand der linken Hand mal abgesehen, nicht schwer und auch nicht besonders exotisch. Vielleicht ist der E♭^{9sus4} neu für dich, aber genau der ist kinderleicht zu greifen, siehe Griffdiagramme.

A♭

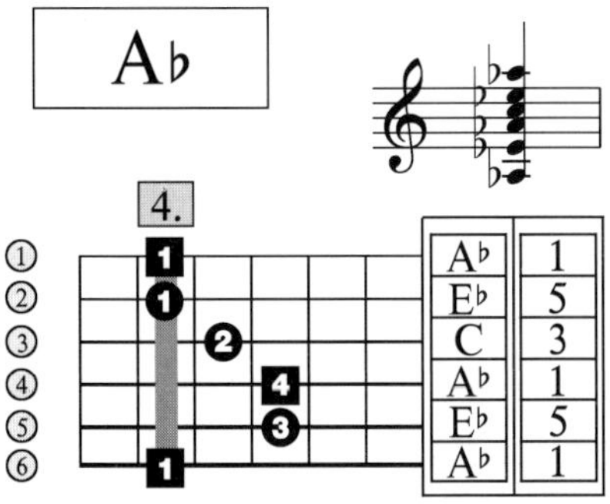

A♭	1
E♭	5
C	3
A♭	1
E♭	5
A♭	1

Cm

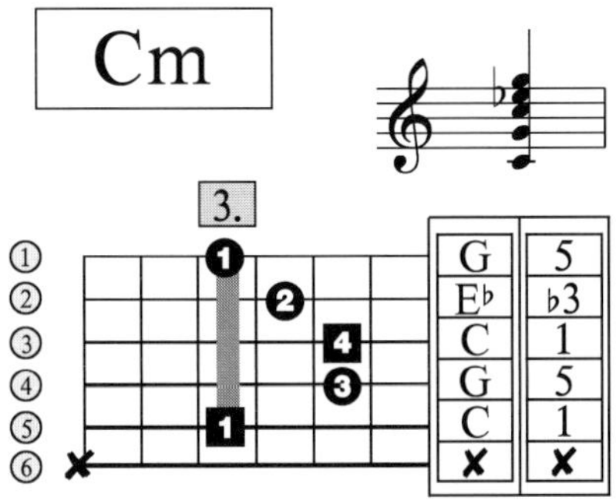

G	5
E♭	♭3
C	1
G	5
C	1
✗	✗

B♭m

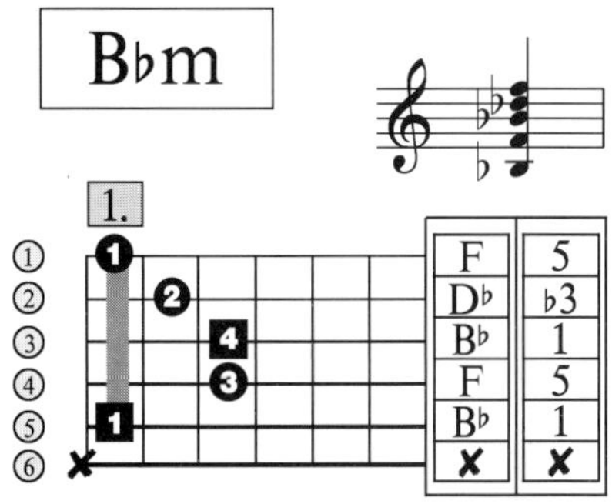

F	5
D♭	♭3
B♭	1
F	5
B♭	1
✗	✗

E♭^{7}

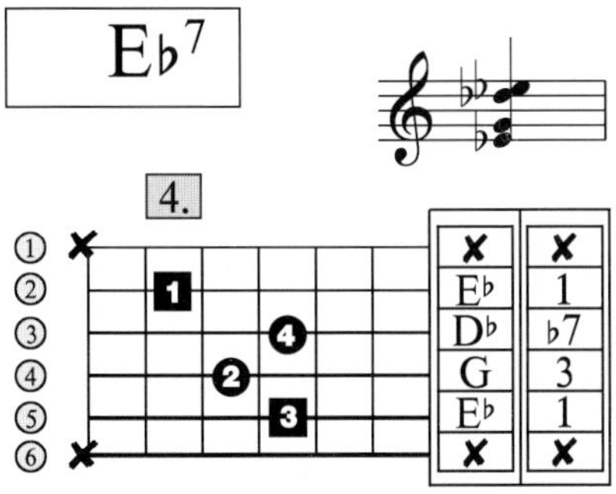

✗	✗
E♭	1
D♭	♭7
G	3
E♭	1
✗	✗

E♭^{9sus4}

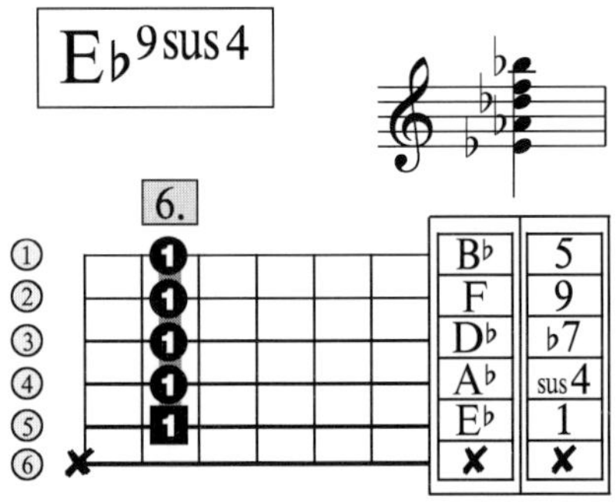

B♭	5
F	9
D♭	♭7
A♭	sus4
E♭	1
✗	✗

G♭

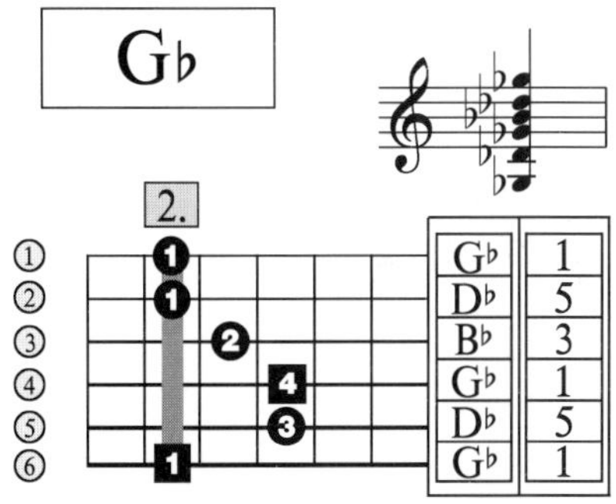

G♭	1
D♭	5
B♭	3
G♭	1
D♭	5
G♭	1

Fm

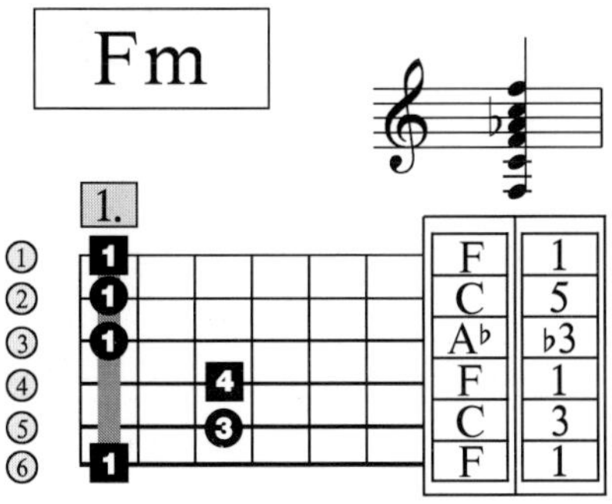

F	1
C	5
A♭	♭3
F	1
C	3
F	1

E♭m

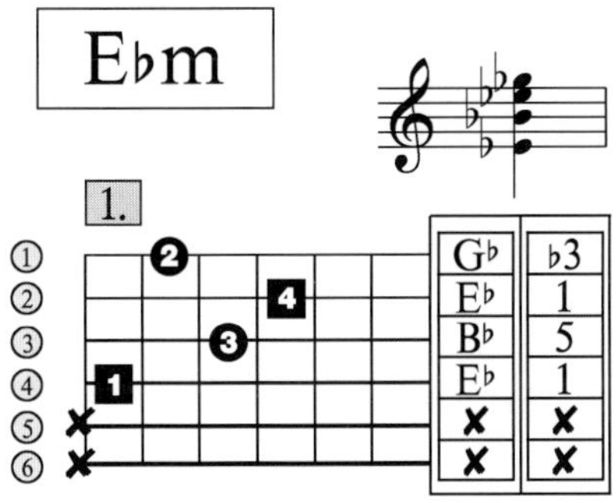

G♭	♭3
E♭	1
B♭	5
E♭	1
✗	✗
✗	✗

B

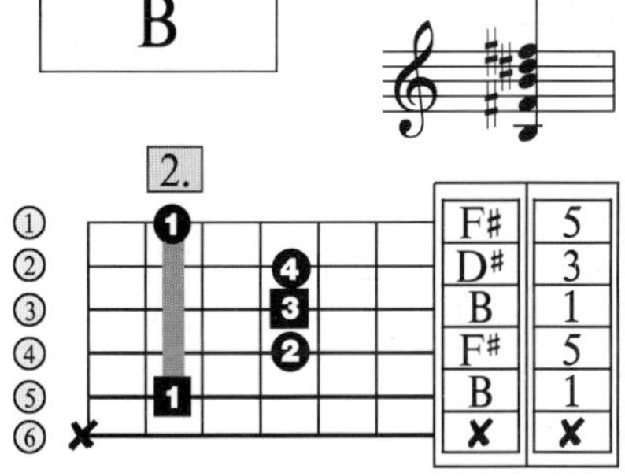

F♯	5
D♯	3
B	1
F♯	5
B	1
✗	✗

D♭

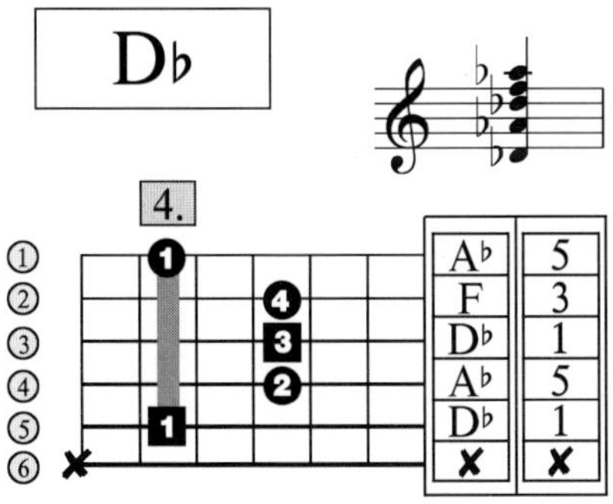

A♭	5
F	3
D♭	1
A♭	5
D♭	1
✗	✗

Spieltips

Wieder mal ein Song, der im Original ohne Gitarre ist. Ich habe ein Gitarren-Arrangement geschrieben, das mit E-Gitarre oder Acoustic-Gitarre gleichermaßen spielbar ist. Den Rhythmus habe ich grob vom Piano übernommen und trotzdem versucht, einfach zu halten. Wichtig ist der Groove, wieder mal ein Halftime-Shuffle, als Alla Breve notiert (quasi als 2/2). Du mußt also doppelt so schnell lesen wie gewohnt, dafür sind die rhythmischen Werte nicht so klein. Das Solo hat einen hohen Wiedererkennungswert, allein durch die Melodie, die markanten, schnellen Slides und rhythmischen Verschiebungen.

Die Slides sind nicht schwer, du mußt sie nur schnell und weit genug machen, so ungefähr über das halbe Griffbrett.

Die rhythmischen Verschiebungen im 8. und 9. Takt des Solos sind schon etwas "tricky", am besten mitzählen und immer wieder üben.

Sound

Der Solosound ist ziemlich stark verzerrt, eine Gitarre mit einem Humbucker in der Bridge Position ist die optimale Wahl, ansonsten tut's natürlich auch jeder andere Gitarrentyp.

Bei der Rhythmusgitarre hast du die freie Wahl, jede E-Gitarre oder Acoustic-Gitarre ist O.K. und bringt den Song gut rüber.

Gitarrennotation

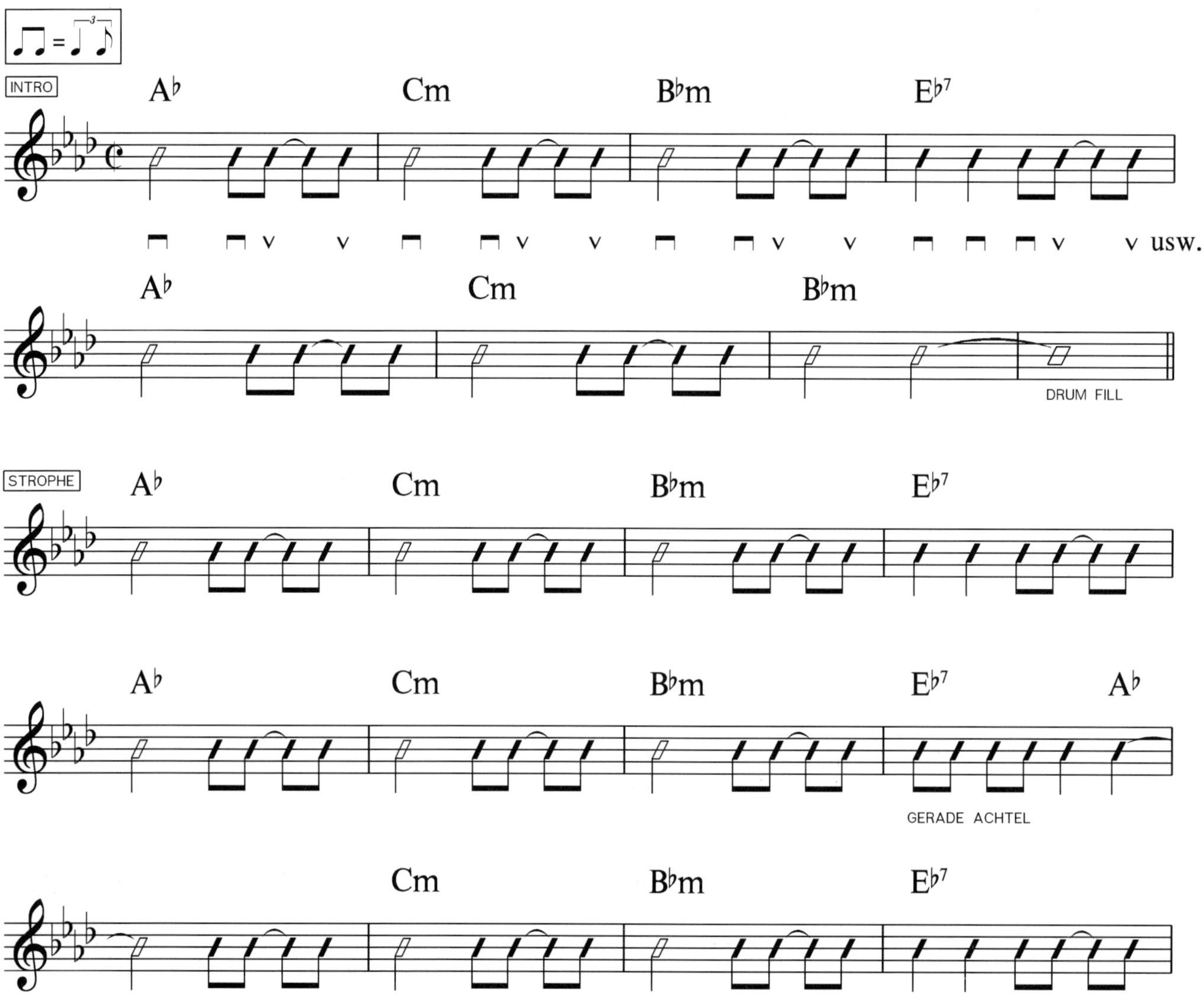

A♭ Cm B♭m E♭9sus4
REFRAIN
A♭ Cm B♭m E♭7
4 4 G♭ Fm E♭7 A♭
Fine
BRIDGE
G♭ Fm E♭m Fm 4
4 B G♭ B D♭
SOLO
A♭ Cm B♭m E♭7
A♭ Cm B♭m E♭7 A♭
GERADE ACHTEL
Cm B♭m E♭7
A♭ Cm B♭m E♭9sus4
D.S. al Fine

Gitarrensolo

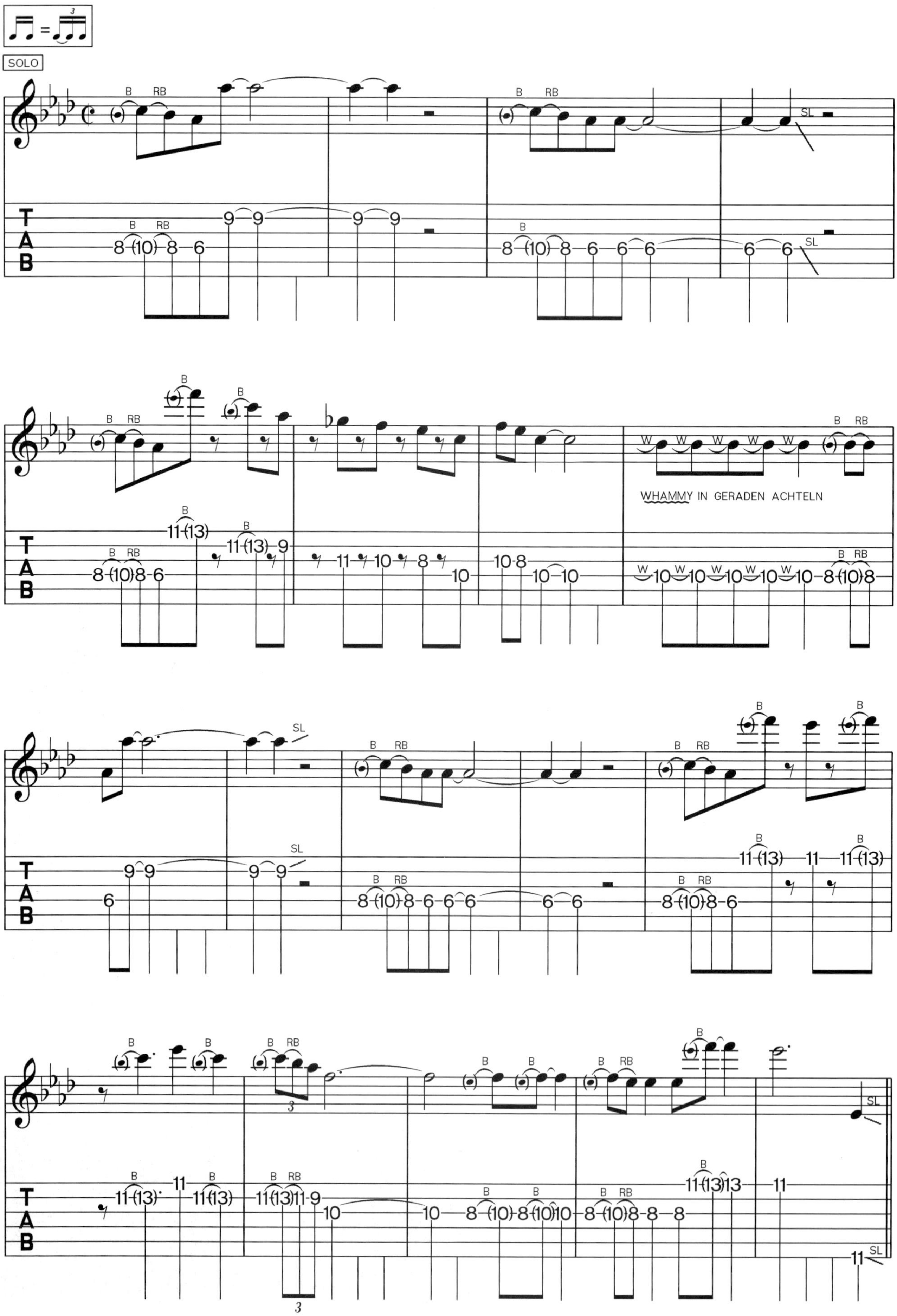

John Lennon
Imagine

LP: Imagine, 1971

Die Heirat mit Yoko Ono und die Trennung von den "Beatles" ließen Lennon ganz eigene Wege gehen. Er lebte in New York, organisierte gemeinsam mit seiner Frau Bed In's und Happenings und war deswegen ständig in der Presse.
Ende 1970 brachte er sein erstes Studioalbum heraus mit Songs wie "Mother" und "Working class hero". Ein Jahr später kam dann die LP "Imagine" mit dem gleichnamigen Titelsong, ein weltweiter Hit.
Bis 1975 gelangen ihm noch weitere Hits wie "Power to the people", "Whatever gets you thru the night" und "#9 Dream".
Dann legte Lennon erst einmal eine Kreativpause ein. 1980 schließlich kam eine gemeinsame LP mit seiner Frau: "Double fantasy" mit je sieben Songs von Yoko und ihm. Die Auskoppelung "(Just like) Starting over" wurde gleich ein Nr. 1-Hit.
Am 8.12.1980 wurde er vor seinem Appartement in New York von einem Geistesgestörten erschossen.

John Lennon

Imagine

Leadsheet

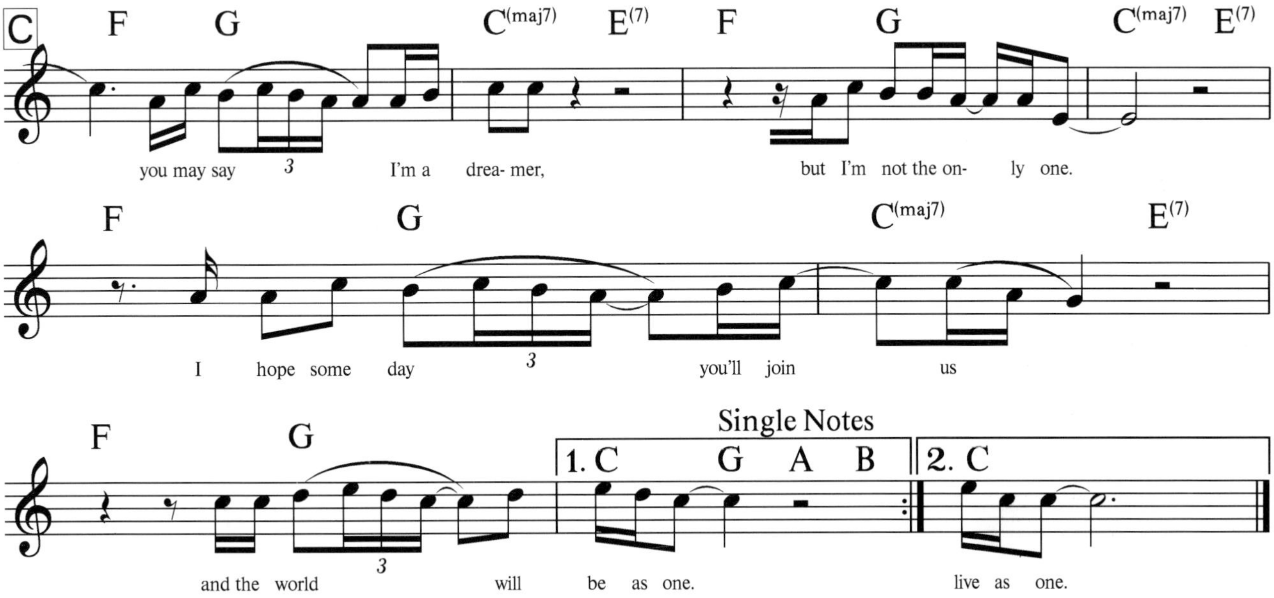

Songaufbau

Strophe 1:

Imagine there's no heaven, i's easy if you try.
No hell below us, above us only sky.
Imagine all the people living for today, ah.

Strophe 2:

Imagine there's no countries, it isn't hard to do.
Nothing to kill or die for and no religion, too.
Imagine all the people living life in peace.

Bridge 1:

You, you may say I'm a dreamer, but I'm not the only one.
I hope some day you'll join us and the world will be as one.

Strophe 3:

Imagine no possessions, I wonder if you can.
No need for greed or hunger, a brotherhood of man.
Imagine all the people, sharing all the world.

Bridge 2:

You, you may say I'm dreamer, but I'm not the only one.
I hope some day you'll join us and the world will live as one.

Akkorde

Griffdiagramme gibt's wieder mal keine, dafür habe ich dir den Song in Notation und Tabulatur ausgeschrieben.

Spieltips

Im Original ist keine Gitarre vorhanden, so habe ich für dich das Piano für Gitarre umgeschrieben. Das Ergebnis ist wirklich einfach zu spielen, der Song verliert dadurch nichts. Mit dem Daumen übernimmst du die Bassfigur der linken Klavierhand, mit Zeigefinger, Mittel- und Ringfinger die rechte Klavierhand. Die Akkorde selbst sind nicht schwer, wie du an den Akkordsymbolen sehen kannst. Greif erst einmal die Akkorde ohne Bassfiguren, um die Wechsel zu üben. Dann kannst du schließlich den kompletten Song angehen. Du wirst sehen, ist wirklich einfach zu lernen und macht Spaß.

Sound

Beim Sound hast du die Wahl, jede Gitarre deines Geschmacks tut es und wird den Song gut rüberbringen.

Gitarrennotation

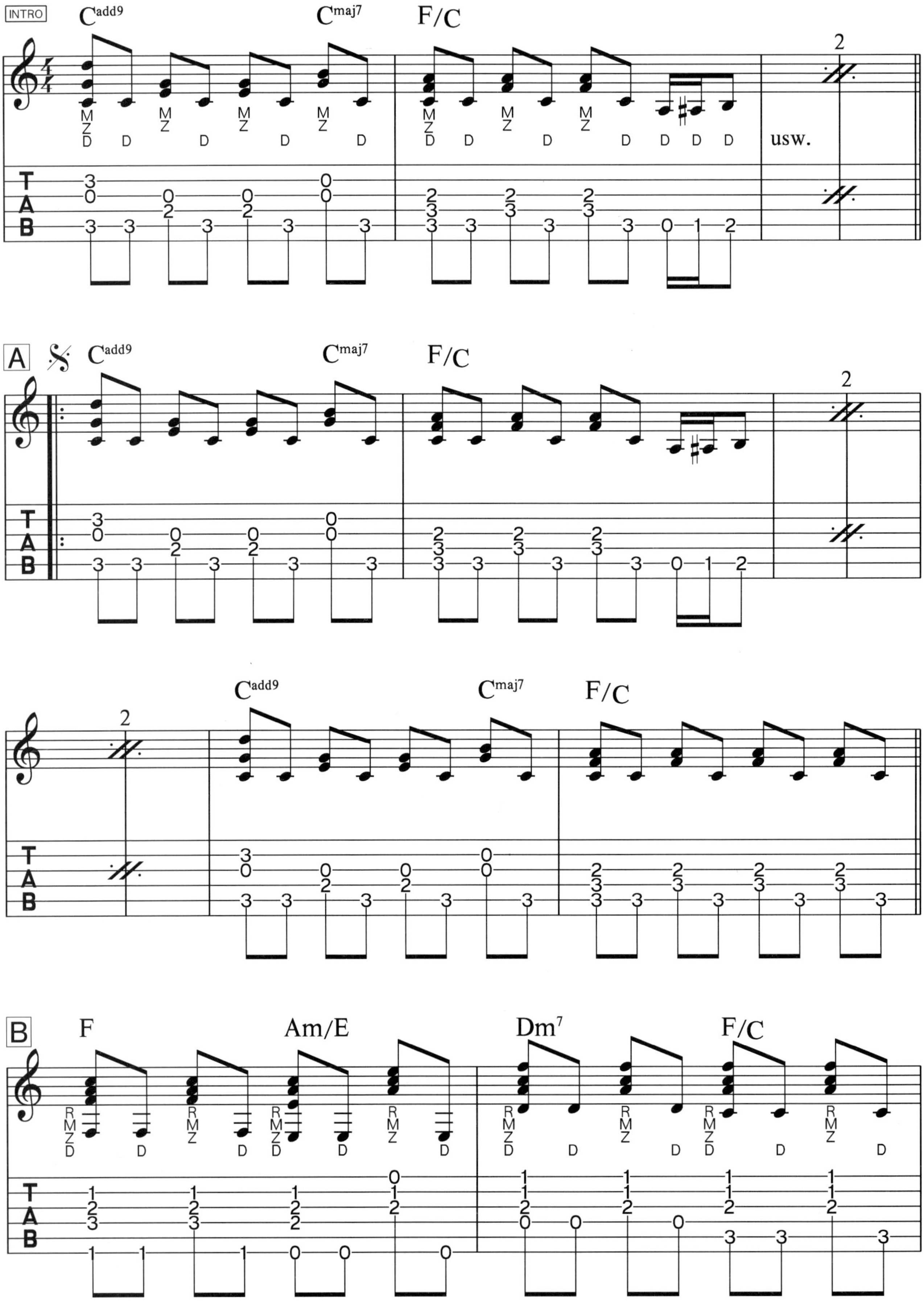

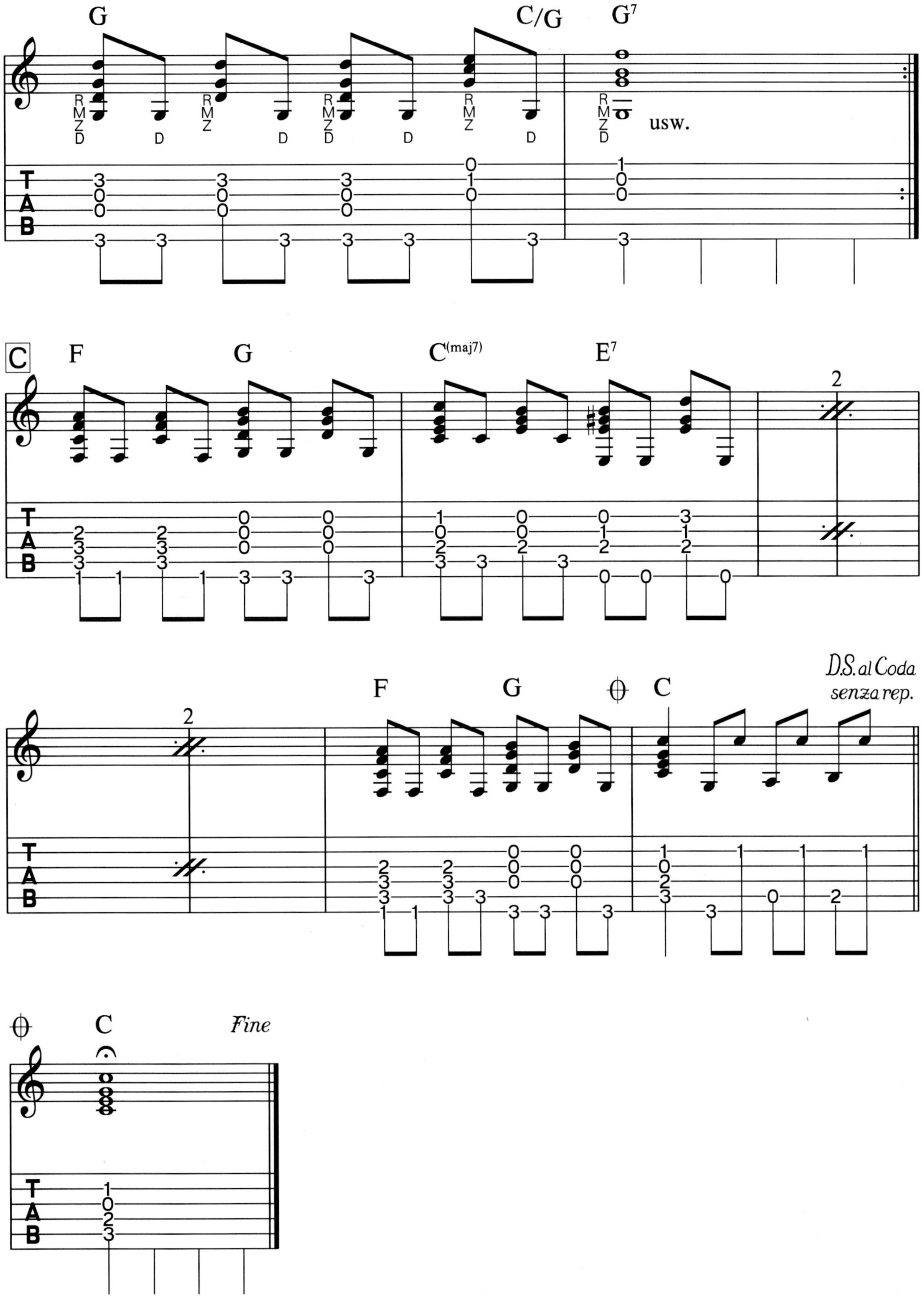
G
C/G
G7
R
M
Z
D
usw.
C
F
G
C(maj7)
E7
2
D.S. al Coda
senza rep.
Fine

Elvis Presley

In the ghetto

LP: Elvis, The Collection - Volume 4, 1984

Besetzung:

Elvis Presley	-	Gesang
Reggie Young	-	Gitarre
Tommy Cogbill	-	Gitarre
Mike Leech	-	Bass
Gene Chrisman	-	Schlagzeug

sowie jede Menge Chorsängerinnen, Streicher und Bläser

Was soll man bloß über Elvis schreiben, das füllt ja ganze Bibliotheken. Trotzdem versuche ich mal, das Wichtigste kurz rüberzubringen.
Seine Karriere begann eigentlich am 5.7.1954. An diesem Tag machte er mit seinen Kumpels Scotty Moore und Bill Black die erste Plattenaufnahme. Drei Jahre später war er der erfolgreichste Showstar aller Zeiten. In dieser Zeit wurde er zum Inbegriff des Rock'n Roll, die Hoffnung der einen und der Alptraum der anderen Generation.
1956 verkaufte sein Manager Colonel Tom Parker ihn für 40.000 Dollar von der kleinen Plattenfirma Sun Records an den Plattenriesen RCA. Erst dann kam der endgültige Durchbruch.
Sein Manager war allerdings auch dafür verantwortlich, daß Elvis zum Kuschelbär mutierte, in platten Filmen schauspielerte und zur wandelnden Litfaßsäule wurde.
Seine erste große Hit-Ära war zwischen 1956 und 1962. Nach 1963 hatte er eine ziemliche Durststrecke, die mit kurzen Unterbrechungen bis 1969 dauerte. Dann war er aber wieder ganz oben dabei. "In the Ghetto", "Suspicious Minds" und "Don't cry Daddy" waren Mega-Hits.
Alles in allem war er wohl der erfolgreichste Interpret aller Zeiten. Er hatte insgesamt 95 LPs in den US-Charts. Noch nach seinem Tod 1977 und bis heute wurden und werden in seinem Namen unglaubliche Geldsummen verdient.
Elvis Presley war eben der "King of Rock'n'Roll".

Elvis Presley

In the ghetto

Leadsheet

E D A
you and me, are we too blind to see or
D C#m Bm
do we simp- ly turn our head and look the o- ther
E A
way. Well, the world turns, and a
C#m D E
hun- gry lit- tle boy, with a run- ny nose, plays in the streets as the cold wind blows in the
A
ghet- to. And his hun- ger burns, so he
C#m D E
starts to roam the streets at night, and he learns how to steel, and he learns how to fight in the
A
ghet- to. And
E D A
then one night in des- pe- ra- tion, a young man breaks a- way. He
D C#m Bm
buys a gun, steels a car, tries to run, but he don't get far. And his

Songaufbau

A–Teil 1:

As the snow flies, on a cold and grey Chicago mornin'
a poor little baby child is born in the ghetto.
And his mama cries, 'cause if there's one thing she doesn't need
is another hungry mouth to feed in the ghetto.

B–Teil 1:

People don't you understand, the child needs a helping hand
or he'll grow to be an angry young man someday.
Take a look at you and me, are we too blind to see
or do we simply turn our head and look the other way.

A–Teil 2:

Well, the world turns, and a hungry little boy,
with a runny nose, plays in the streets as the cold wind blows in the ghetto.
And his hunger burns, so he starts to roam the streets at night,
and he learns how to steel, and he learns how to fight in the ghetto.

B–Teil 2:

And then one night in desperation, a young man breaks away.
He buys a gun, steels a car, tries to run, but he don't get far.
And his mama cries, as a crowd gathers 'round an angry young man
face down in the street with a gun in his hand in the ghetto.

A–Teil 3:

And as her young man dies, on a cold and grey Chicago mornin'
another little baby child is born in the ghetto.
And his mama cries.

Akkorde

Fast der ganze Song ist in Notation und Tabulatur ausgeschrieben, der Rest setzt sich aus Akkorden zusammen, die du sicher kennst, mit **C#m** und **Bm** sind auch nur zwei Barrégriffe dabei. Alle weiteren Griffe sind offene Akkorde, also mit Leersaiten gespielt.

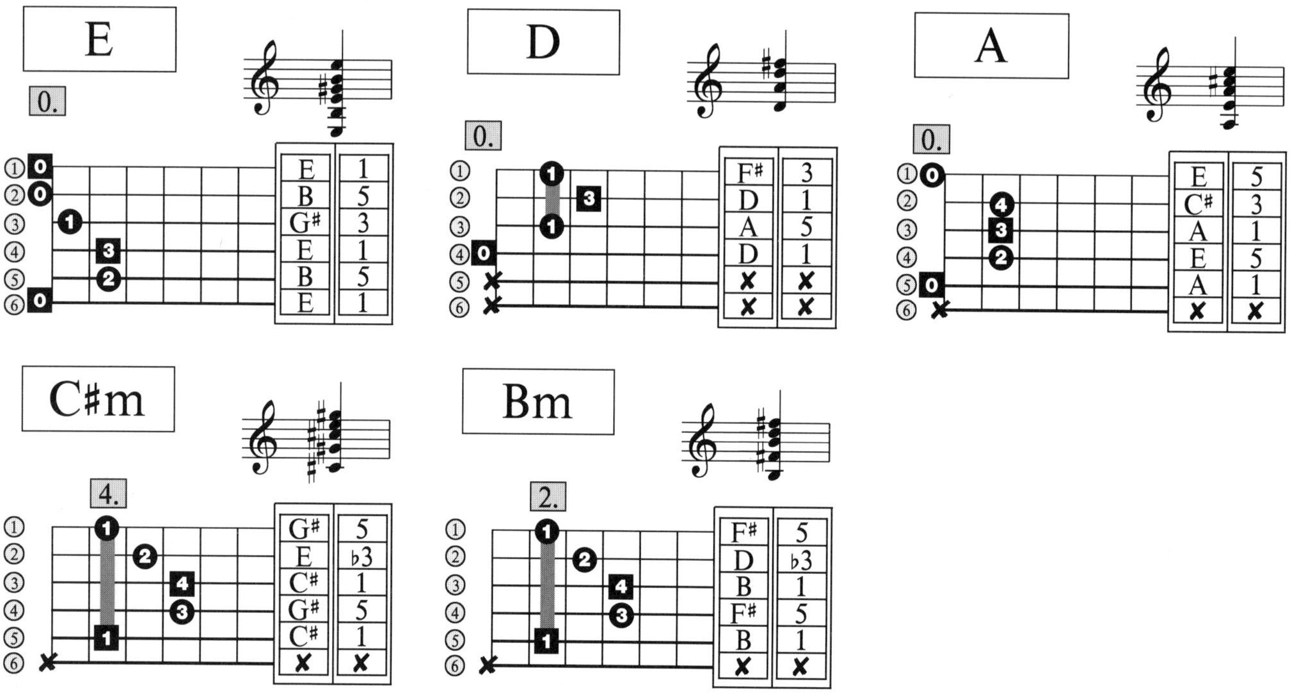

Spieltips

Zuerst einmal vorweg: Der Originalsong ist in **Bb**-Dur. Um es dir einfacher zu machen, habe ich den Song einen Halbton nach unten transponiert, also nach **A**-Dur. Jetzt ist alles viel leichter zu spielen, der Song selbst bleibt ansonsten komplett wie im Original erhalten.

Bis auf den B-Teil spielst du alles mit Folk-Picking, also mit Daumen, Zeigefinger und Mittelfinger, den B-Teil schrammelst du einfach mit dem Mittelfinger oder dem Daumen.

Das bekannte und markante Intro-Riff zieht sich durch den ganzen Song. Hör es dir gut an, und übe es erst mal langsam, damit du die Hammer ons und Pull offs hinbekommst. Hast du dieses Riff im Sack, ist der Rest halb so schwer, leichte Arpeggien in Achteln und, wie gesagt, Akkordspiel.

Sound

Wie im Original auch, nimmst du deine Western-Gitarre oder auch Konzertgitarre und spielst einfach.

Gitarrennotation

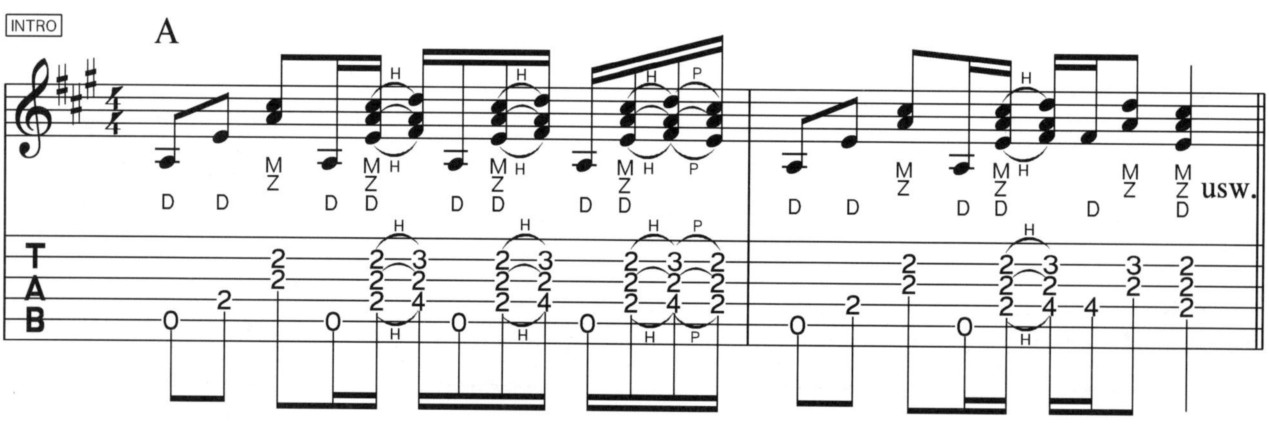

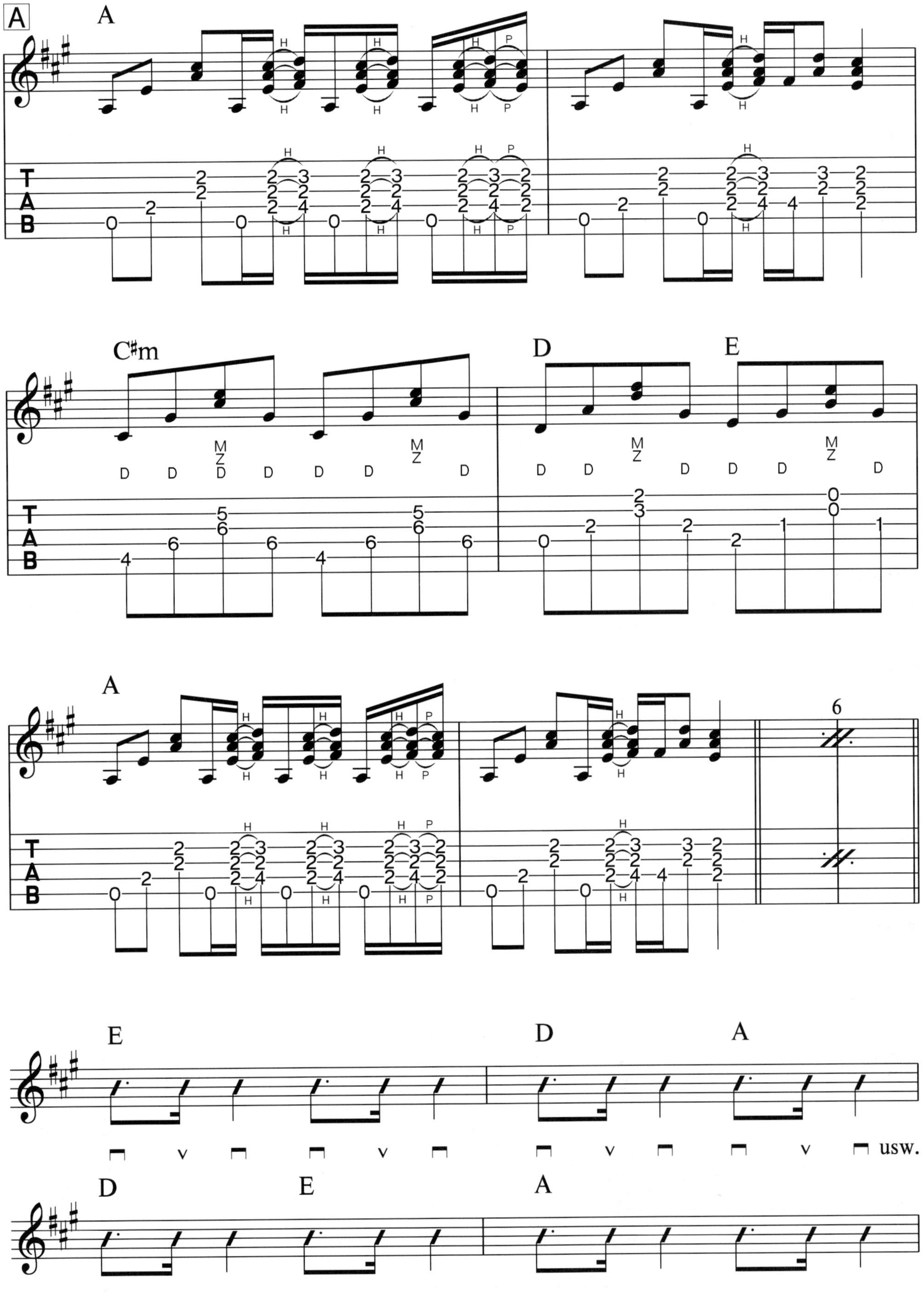
A
A
C♯m
D
E
A
6
E
D
A
usw.
D
E
A

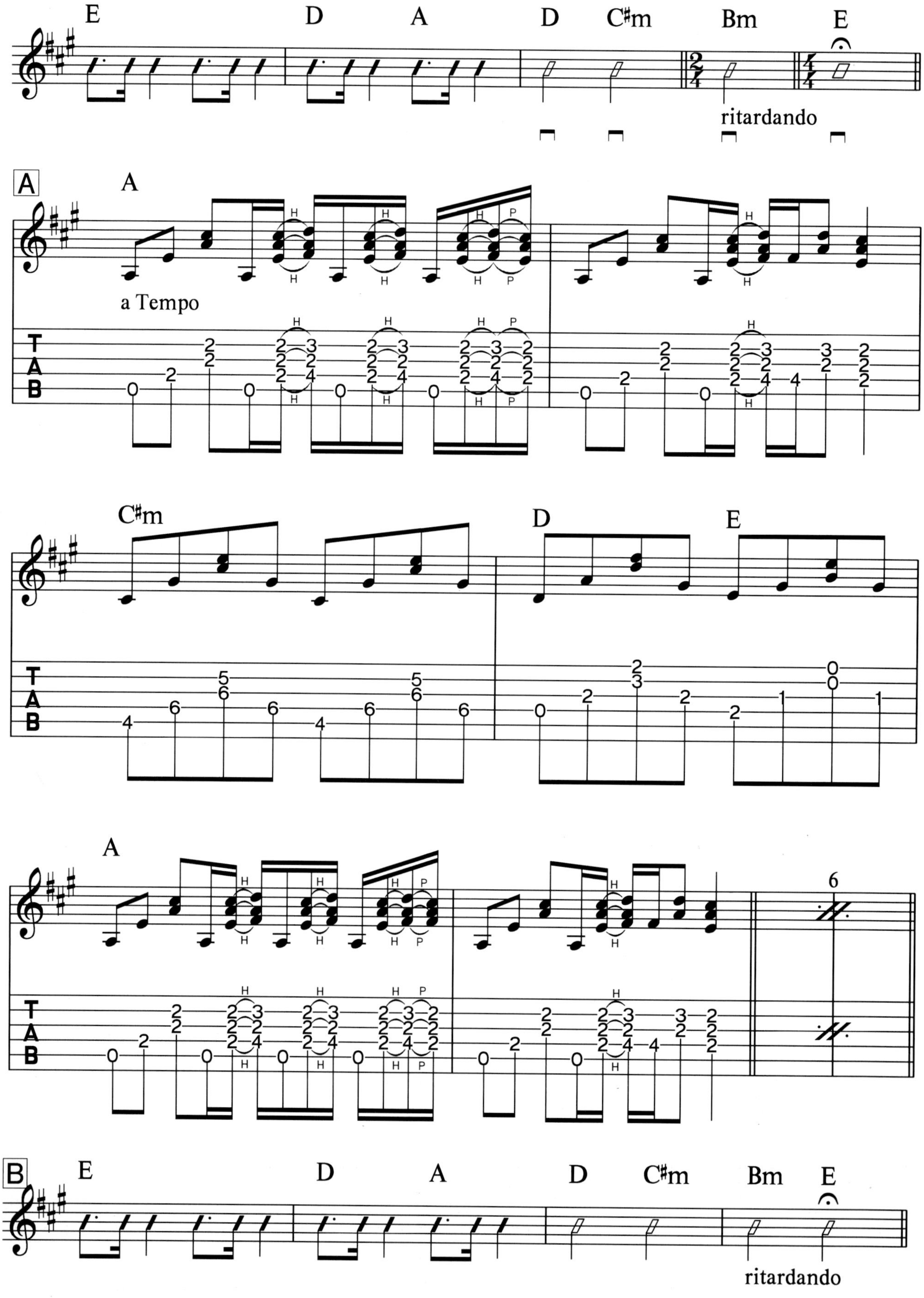
E
D
A
D
C♯m
Bm
E
ritardando
A
A
a Tempo
C♯m
D
E
A
6
B
E
D
A
D
C♯m
Bm
E
ritardando

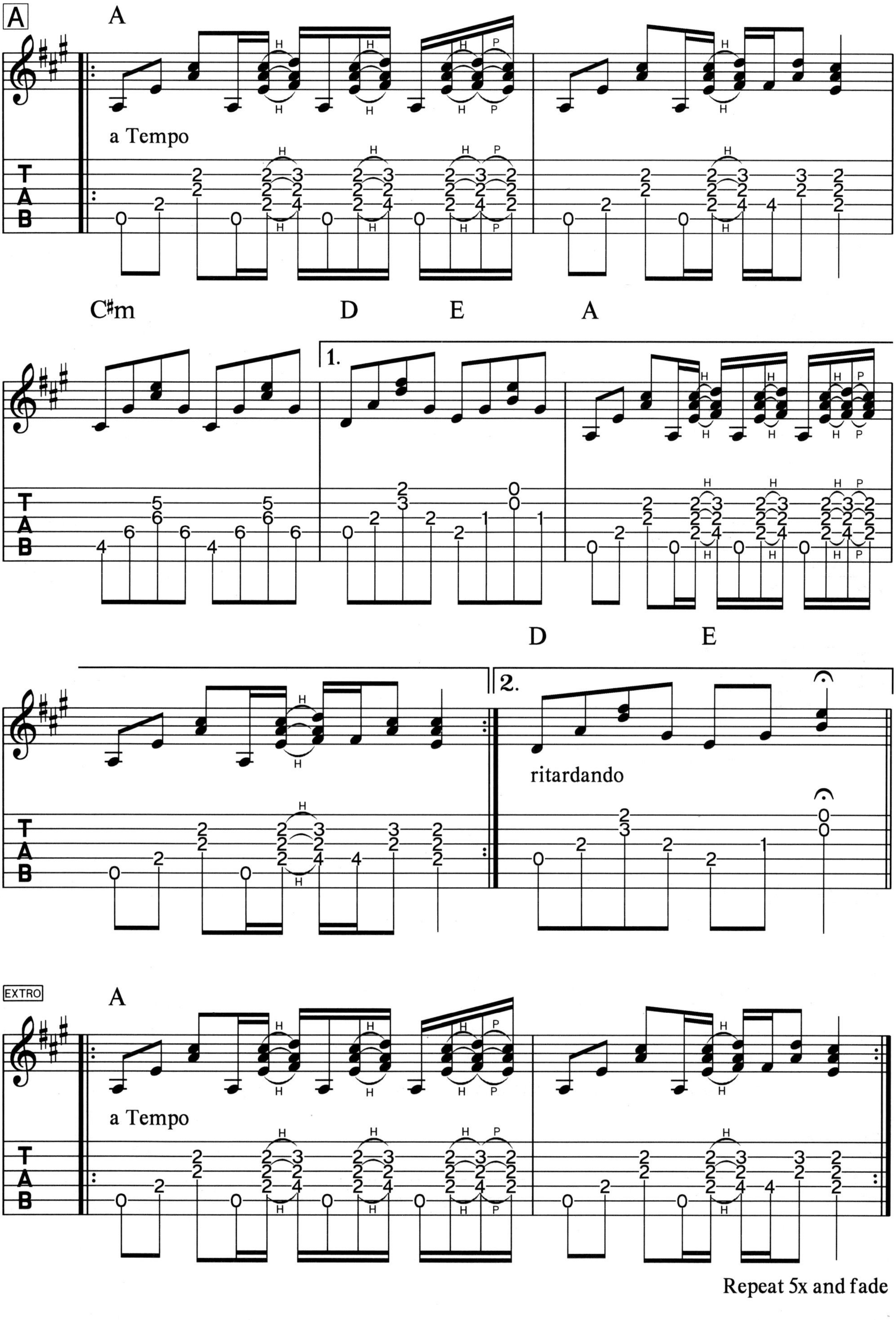
A
A
a Tempo
C♯m
D
E
A
1.
D
E
2.
ritardando
EXTRO
A
a Tempo
Repeat 5x and fade

Tom Petty & the Heartbreakers

Into the great wide open

Besetzung:		
Tom Petty	-	Gesang, Gitarre
Mike Campbell	-	Gitarre
Benmont Tench	-	Keyboards
Ron Blair	-	Bass
Stan Lynch	-	Schlagzeug
Howard Epstein	-	Bass

Der am 20.10.1953 geborene Tom Petty ist schon seit 1968 im Musikbusiness.
Nach mehreren Bands brachte er seine Debut-LP mit den "Heartbreakers" 1976 heraus, mit sehr mäßigem Erfolg. Erst Ende 1977 hatten sie mit "Breakdown" eine erste Chartnotierung auf Platz 40. Später kamen einige Top Ten-Hits hinzu. Ab 1989 erscheinen die Platten nur noch als "Tom Petty". Mit "Free Falling" hatte er Ende 1989 nochmals einen Top Ten-Hit.
Parallel läuft seit 1988 auch noch die Band "Travellin' Wilburys", bei der Leute wie George Harrison, Bob Dylan, Roy Orbison und Jeff Lynne mitspielen.

Tom Petty & the Heartbreakers

Into the great wide open

Leadsheet

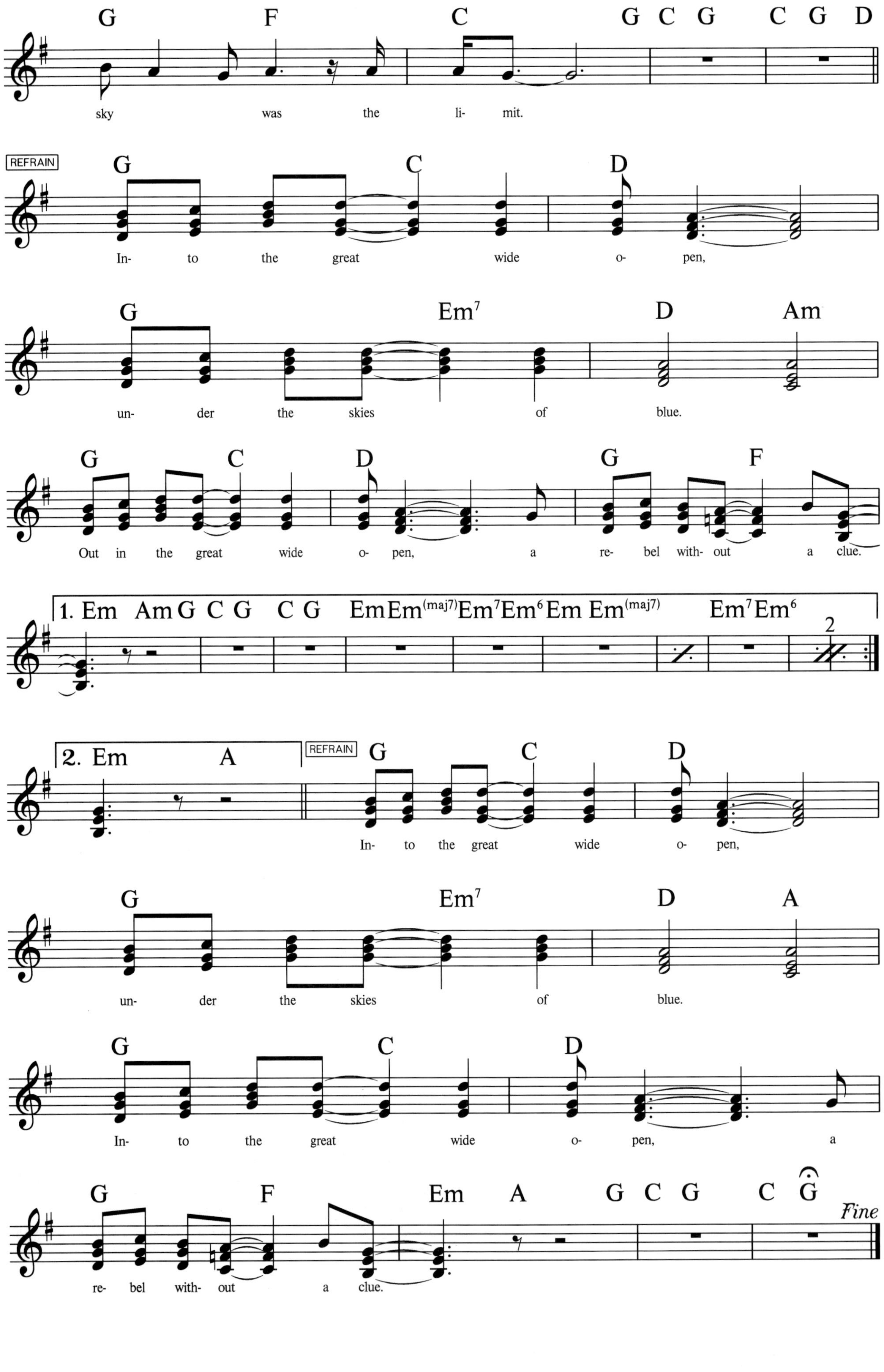
G F C G C G C G D
sky was the li- mit.
REFRAIN
G C D
In- to the great wide o- pen,
G Em7 D Am
un- der the skies of blue.
G C D G F
Out in the great wide o- pen, a re- bel with- out a clue.
1. Em Am G C G C G Em Em(maj7) Em7 Em6 Em Em(maj7) Em7 Em6
2
2. Em A
REFRAIN
G C D
In- to the great wide o- pen,
G Em7 D A
un- der the skies of blue.
G C D
In- to the great wide o- pen, a
G F Em A G C G C G
Fine
re- bel with- out a clue.

Songaufbau

Strophe 1:

Eddie waited 'til he finished High School,
he went to Hollywood, got a tattoo.
He met a girl out there with a tattoo, too.
The future was wide open.
They moved into a place they both could afford,
he found a nightclub he could work at the door.
She had a guitar and she taught him some chords.
The sky was the limit.

Refrain:

Into the great wide open, under the skies of blue.
Out in the great wide open, a rebel without a clue.

Strophe 2:

The papers said Ed always played from the heart.
He got an agent and a roadie names Bart.
They made a record and it went in the charts.
The sky was the limit.
His leather jacket had chains that would jingle.
They both met movie stars, partied and mingled.
Their A and R man said, "I don't hear a single."
The future was wide open.

Refrain:

Akkorde

Da sind - neben den alten und freudig begrüßten Bekannten - wahrscheinlich noch ein paar neue dabei. Em^{maj7} gehört vielleicht dazu. Ist aber einfach: nur den 4. Finger auf die b-Saite im 4. Bund; der Rest wie Em. $F\#m^{7b5}$ sieht hier aus wie Am mit dem Ton F# im Bass, auch nicht schwer.

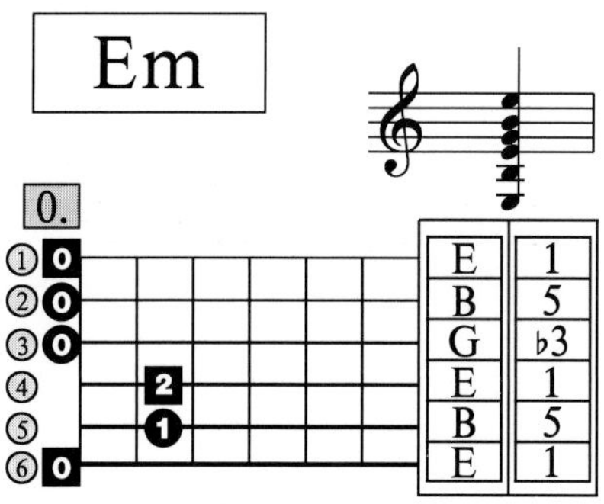

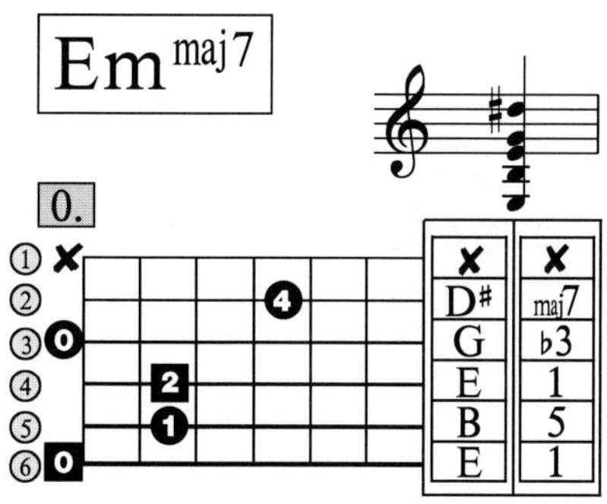

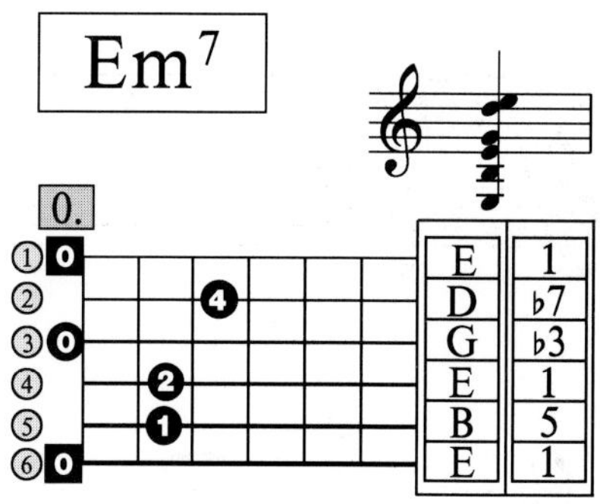

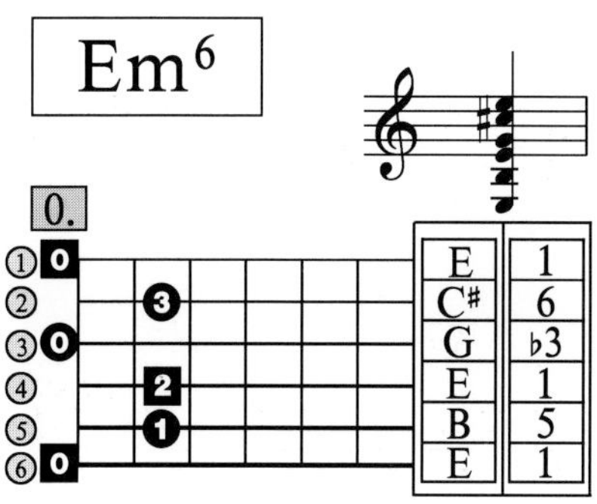

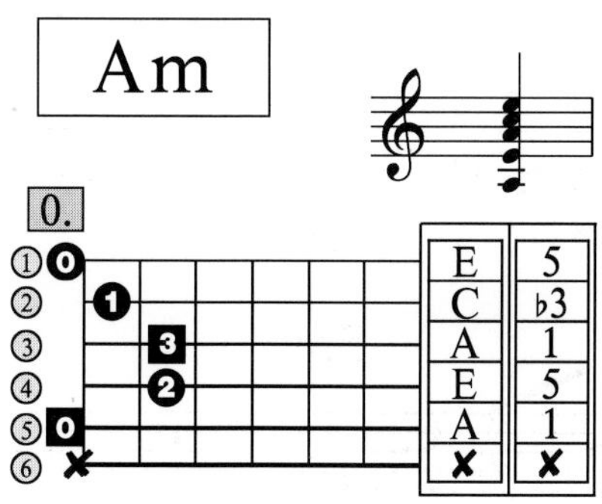

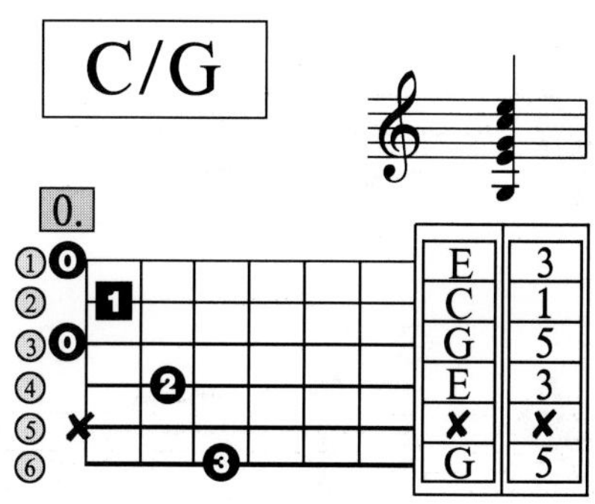

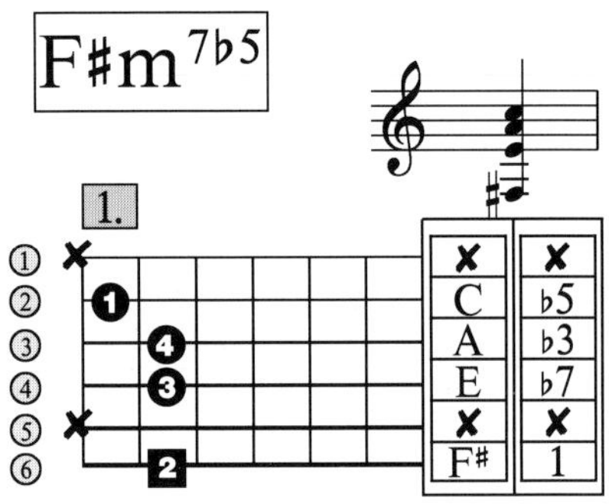

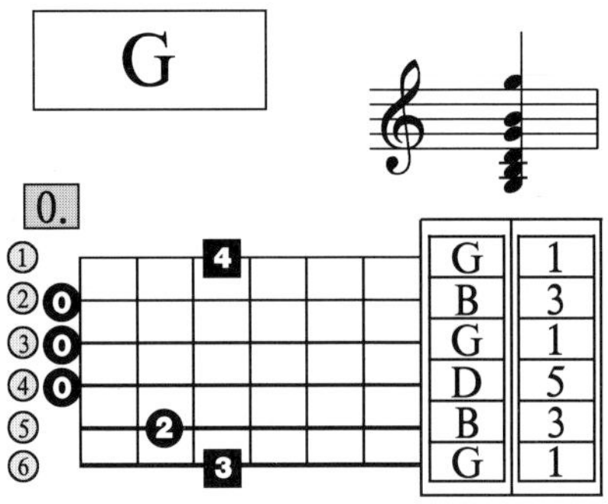

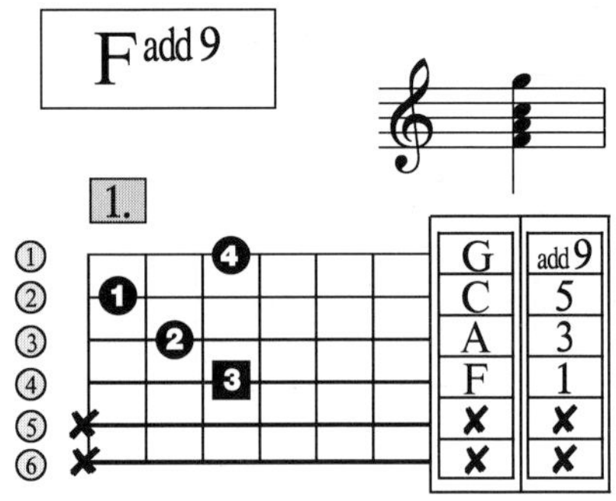

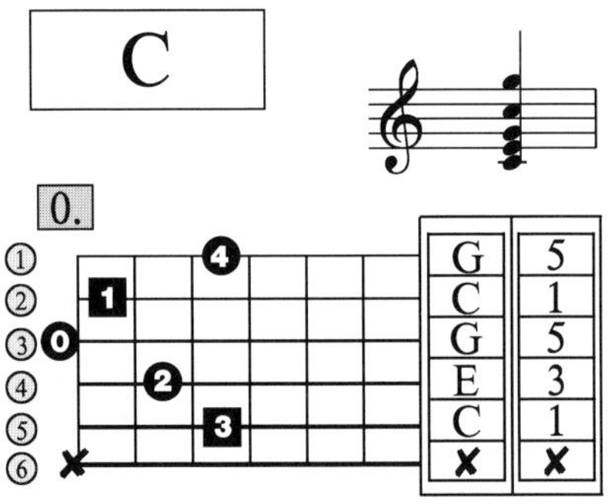

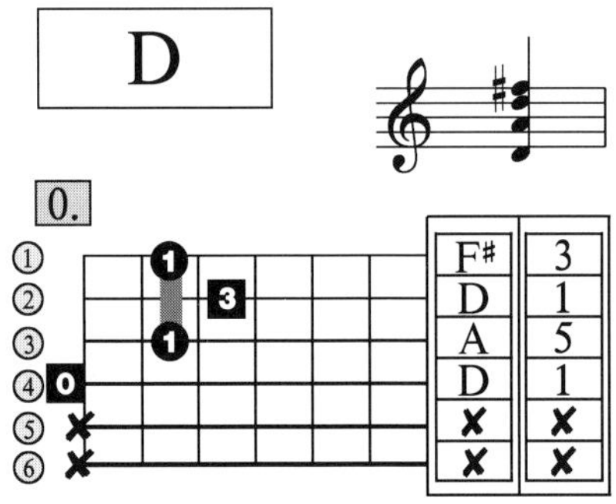

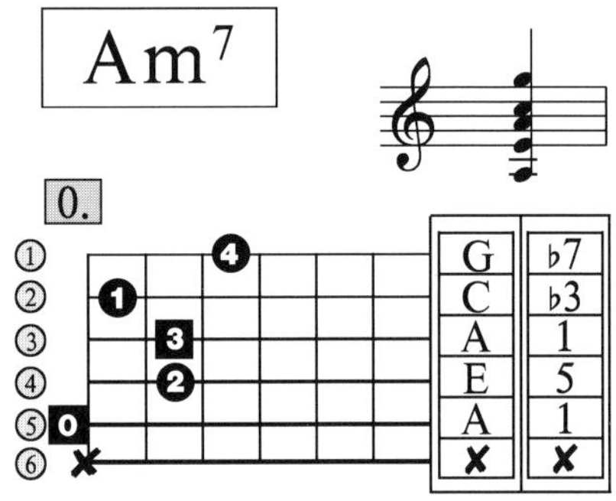

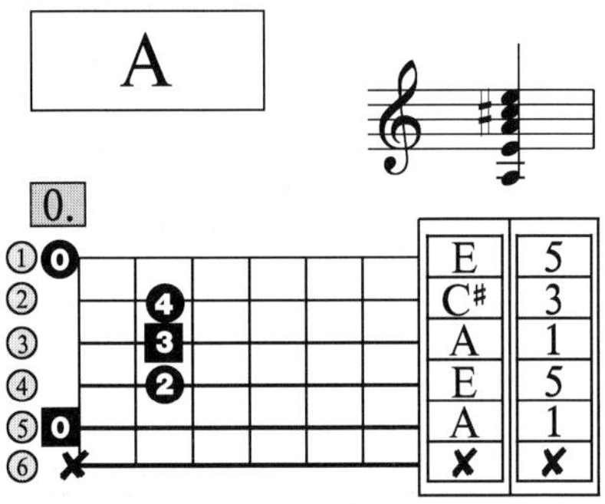

Spieltips

Den Hauptpart übernimmt eine Acoustic-Gitarre, die den Rhythmus spielt. Damit und mit dem Gesang kannst du den Song auch gut allein spielen.
Es sind zwar nicht wenig Akkorde, aber das Tempo ist gemächlich und der Rhythmus einfach bis sehr einfach. Als Vorlage habe ich übrigens eine Live-Aufnahme mit echtem Schluß gewählt.
Dann gibt's da noch eine sparsam eingesetzte Slide-Gitarre im Intro, habe ich dir aufgeschrieben. Die folgende Intro kannst du genauso oder frei spielen.
Ebenfalls notiert habe ich die Arpeggien im 2. Vers und den Refrains.

Sound

Für die Rhythmusgitarre nimmst du am besten eine Western-Gitarre. Für die Slides und Arpeggien kommt eine E-Gitarre mit Single Coil Pick Up in der Bridge-Position und ein mittelmäßig angezerrter Ton am Verstärker dicht ans Original heran.

Gitarrennotation

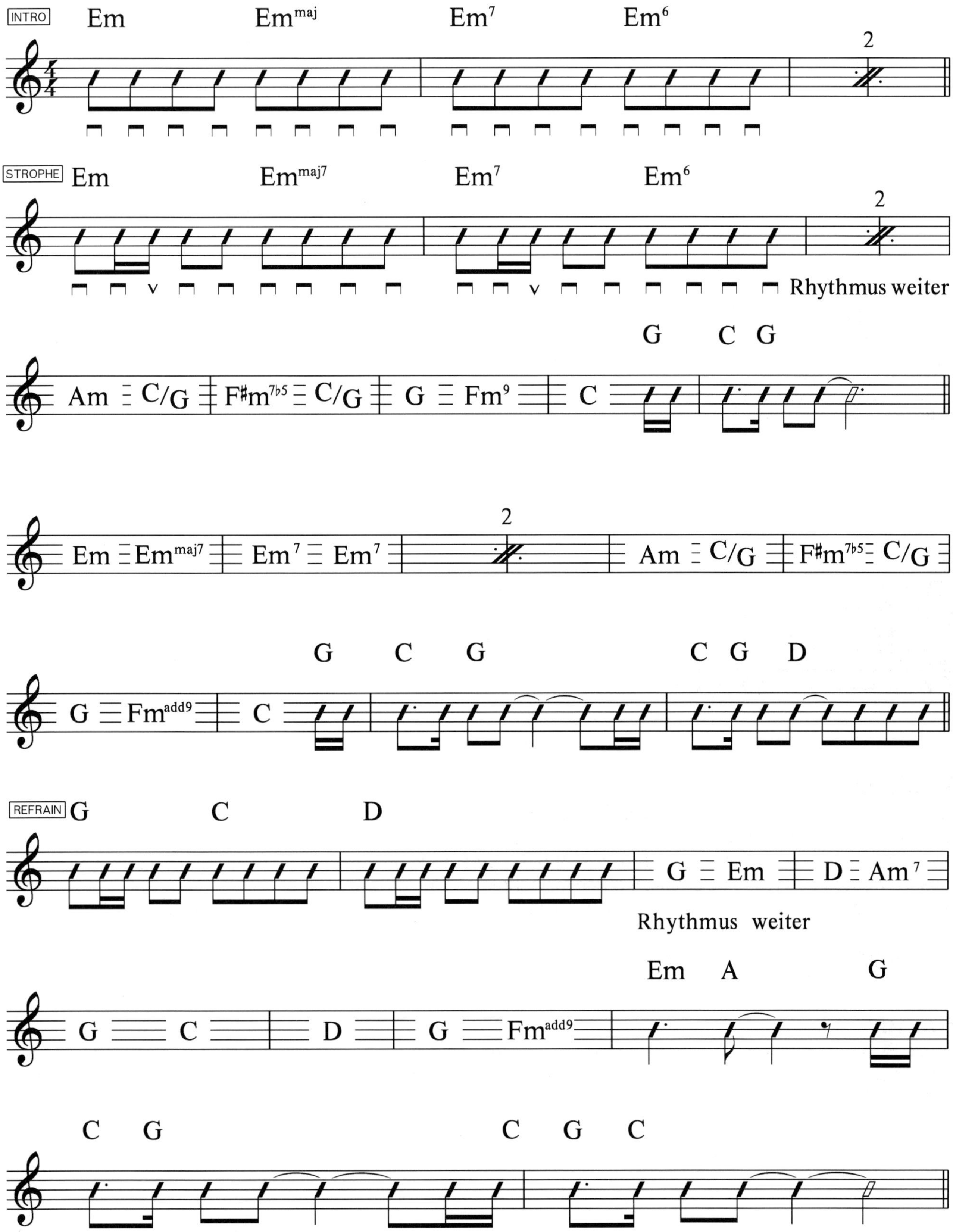

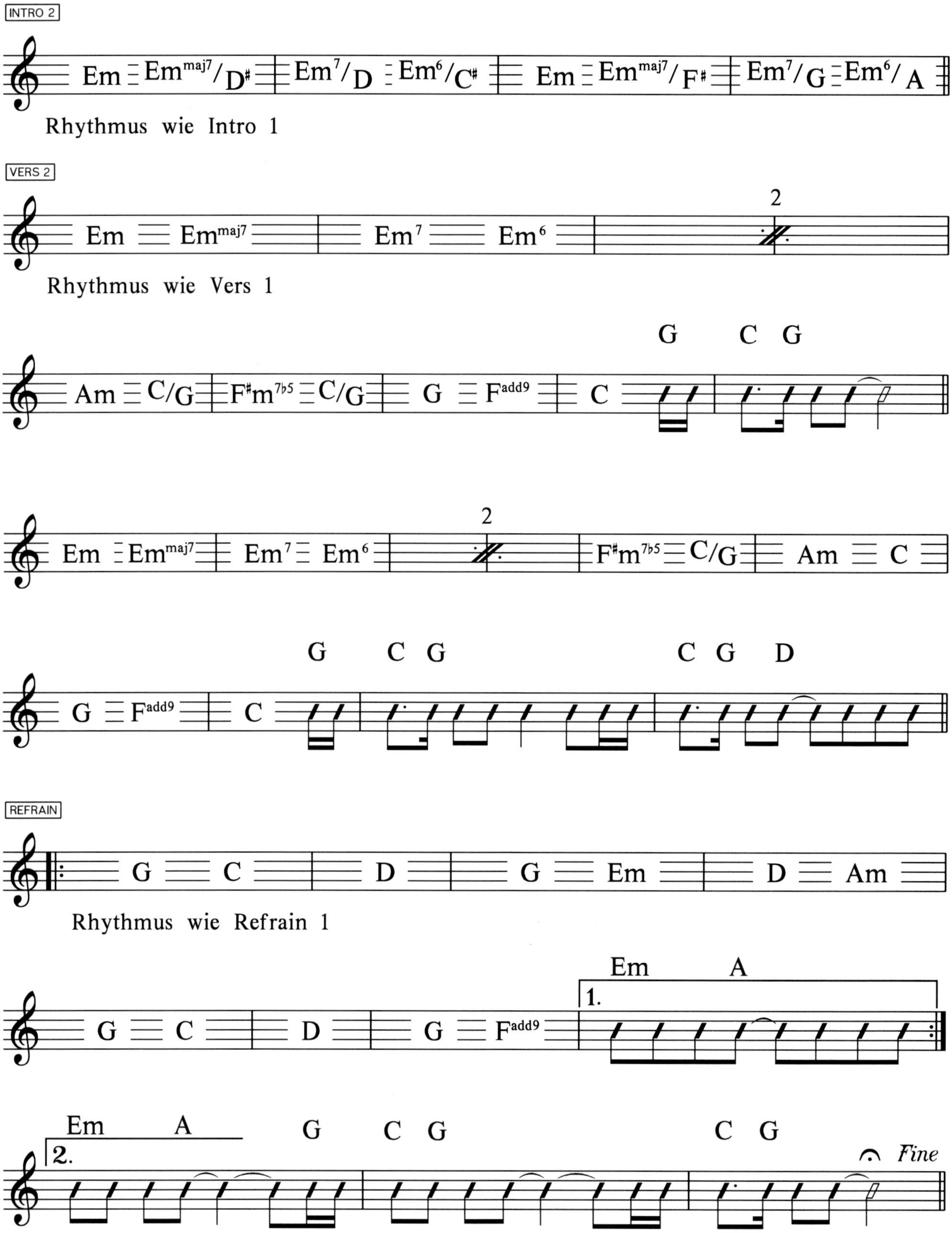
INTRO 2
Em Emmaj7/D# Em7/D Em6/C# Em Emmaj7/F# Em7/G Em6/A
Rhythmus wie Intro 1
VERS 2
Em Emmaj7 Em7 Em6 2
Rhythmus wie Vers 1
Am C/G F#m7b5 C/G G Fadd9 C G C G
Em Emmaj7 Em7 Em6 2 F#m7b5 C/G Am C
G Fadd9 C G C G C G D
REFRAIN
G C D G Em D Am
Rhythmus wie Refrain 1
G C D G Fadd9 Em A 1.
Em A 2. G C G C G
Fine

Slide-Gitarre

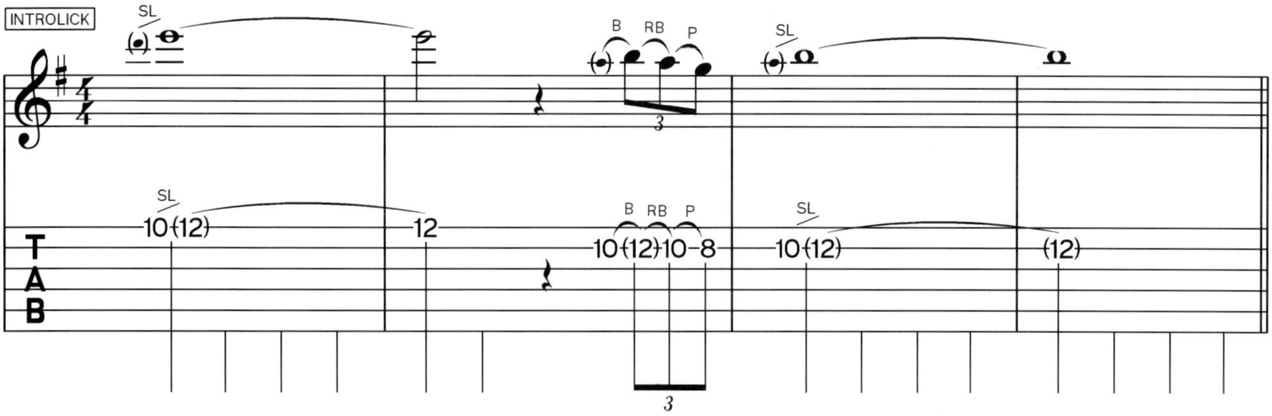

Strophenwiederholung

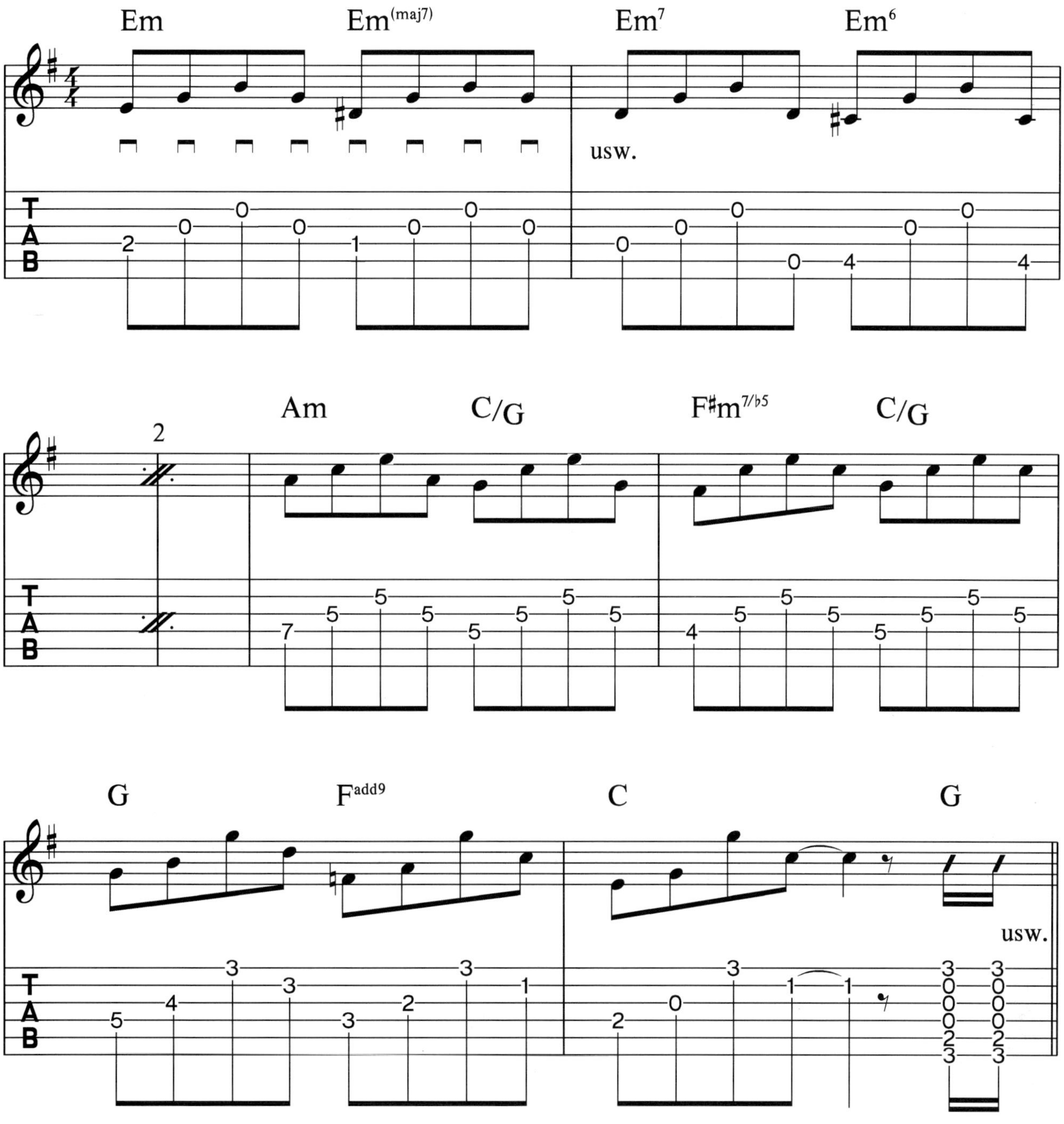

Refrainwiederholung

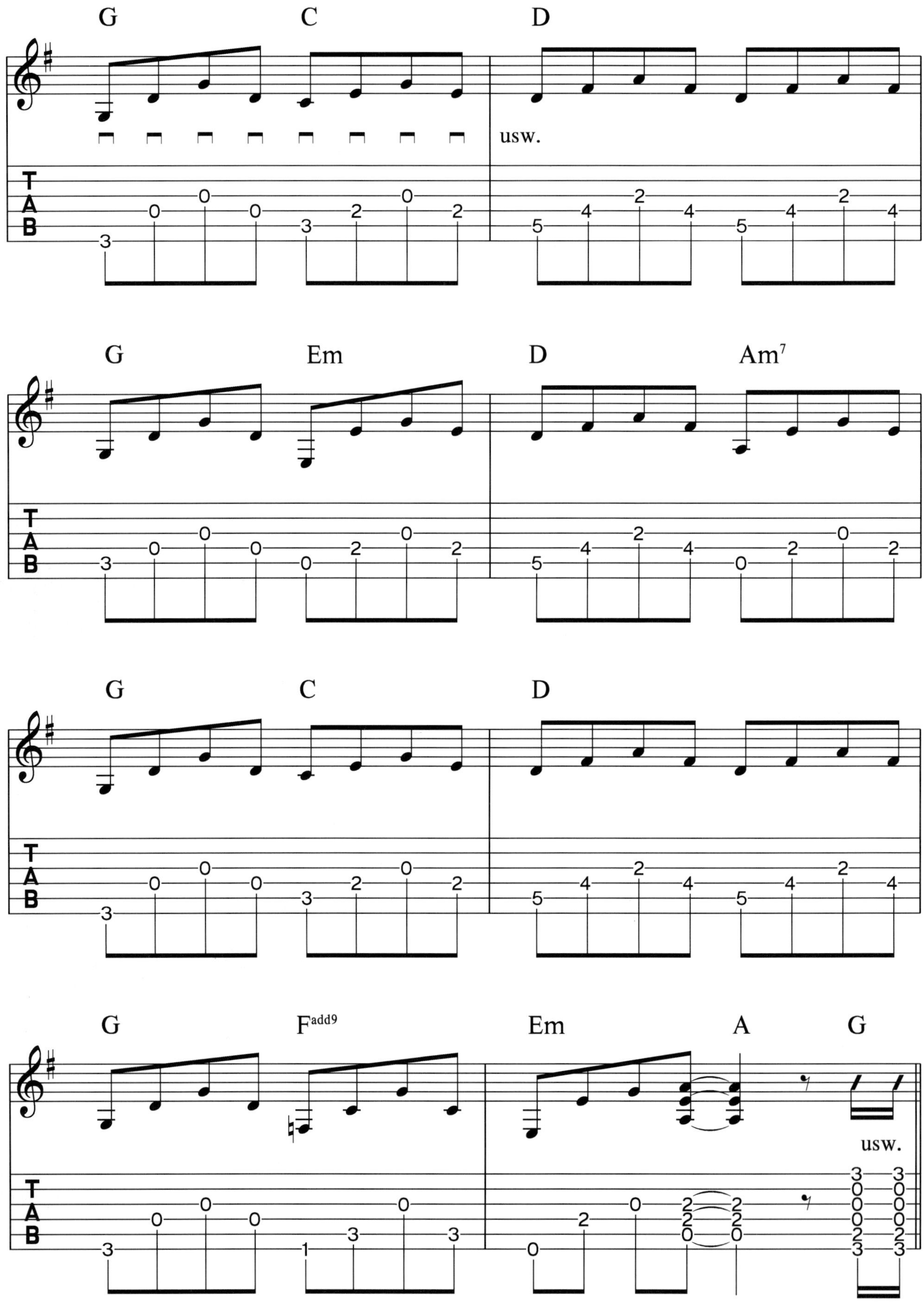

Joshua Kadison
Jessie

Joshua Kadison schreibt Songs seit seiner Jugend und ist darin inzwischen sehr erfolgreich. Seine musikalischen Wurzeln liegen in den frühen Veröffentlichungen von Cole Porter, "Rogers & Hart" und Gershwin. Obwohl er mit sieben Jahren Geige und ein Jahr später auch Trompete spielen lernte, galt seine wahre Liebe dem Klavier.
Nach dem Tod seiner Mutter brach er die High School ab und reiste ziellos durch die USA, hörte Country-Music und endete letztlich in Nashville, wo er begann, neben Songs von Tom Waits, Leon Russell, Hank Williams und Bob Dylan auch seine Songs zu spielen, die aufgrund seiner auf den Reisen gewonnenen Lebenserfahrung ihren eigenen Stil haben.
Ironischerweise hat er nur ein Instrument gewählt, das er schlecht transportieren kann. "Manchmal fühle ich mich an das Klavier gefesselt", gibt er zu. "Ich wünschte, ich könnte ein Troubadour sein und meine Gitarre überall mit hinnehmen, aber ich bin kein besonders guter Gitarrist."

LP: Painted Desert Serenade, 1993

Besetzung:

Joshua Kadison	-	Vocal, Piano
Rod Argent	-	Keyboards
Peter van Hooke	-	Drums, Percussion
Mark Cresswell	-	Guitar
Frank Ricotti	-	Congas, Percussion
Martin Ditcham	-	Percussion

Joshua Kadison

Jessie

Leadsheet

D Cadd9 D Cadd9 D D/C D
REFRAIN
G Cadd9 G Cadd9 C
Jes- sie, paint your pic- tures 'bout how it's gon- na be. By
G Cadd9 C D Em D/F♯
now I should know bet- ter, your dreams are nev- er free. But
G Cadd9 G Cadd9 C
tell me all a- bout our lit- tle trai- ler by the sea.
G C D Em D/F♯
Jes- sie, you can al- ways sell a- ny dream to me. Oh
G Cadd9 D
Jes- sie, you can al- ways sell a- ny dream to
INSTR.
G D/F♯ Am7 Cadd9 D7sus4 G D/F♯ Am7 Cadd9 D7sus4
1.
me. She
INSTR.
G Cadd9 G Cadd9
2.
me.
G Cadd9 D Em D/F♯ G Cadd9 D
Jes- sie, you can al- ways sell an- y dream to
G D/F♯ G D/F♯ Am7 Cadd9 G D/F♯ Am7 Cadd9 D7sus4
me. I me.
Repeat and fade

Songaufbau

Strophe 1: G Am7 Cadd9 G Gsus4

From a phone booth in Vegas, Jessie calls at 5 a.m.
to tell how she's tired of all of them.
She says: "Baby, I've been thinking 'bout a trailer by the sea,
we could go to Mexico, you, the cat and me.
We'll drink tequila and look for seashells.
Now, doesn't that sound sweet ?"
Jessie, you always do this ev'rytime I get back on my feet.

Refrain:

Jessie, paint your pictures 'bout how it's gonna be.
By now I should know better, your dreams are never free.
But tell me all about our little trailer by the sea.
Jessie, you can always sell any dream to me.
Oh Jessie, you can always sell any dream to me.

Strophe 2:

She asks me how the cat's been. I say: "Moses, he's just fine,
but he used to think about you, all the time.
We fin'ly took your pictures down off the wall.
Jessie, how do you always seem to know just when to call ?"
She sings, "Get yourself together. Bring Mose and drive real fast."
And I listen to her promise. I swear to God this time it's gonna last.

Refrain:

Bridge:

I love you in the sunshine.
Lay you down in the warm white sand.
And who knows, maybe this time things'll turn out just the way you planned.

Refrain:

Akkorde

Der Song riecht zwar nach etwas schwierigen Akkorden, das ist aber gar nicht so. Abgesehen von den vielleicht ungewohnten Formen **D/F#** mit dem Daumen oder dem offenen **G**sus4 ist da nichts besonders Herausforderndes dabei. Ich habe diese Formen bewußt gewählt, weil sie sich gut miteinander verbinden lassen, die Akkordwechsel liegen dann besser in der Hand.

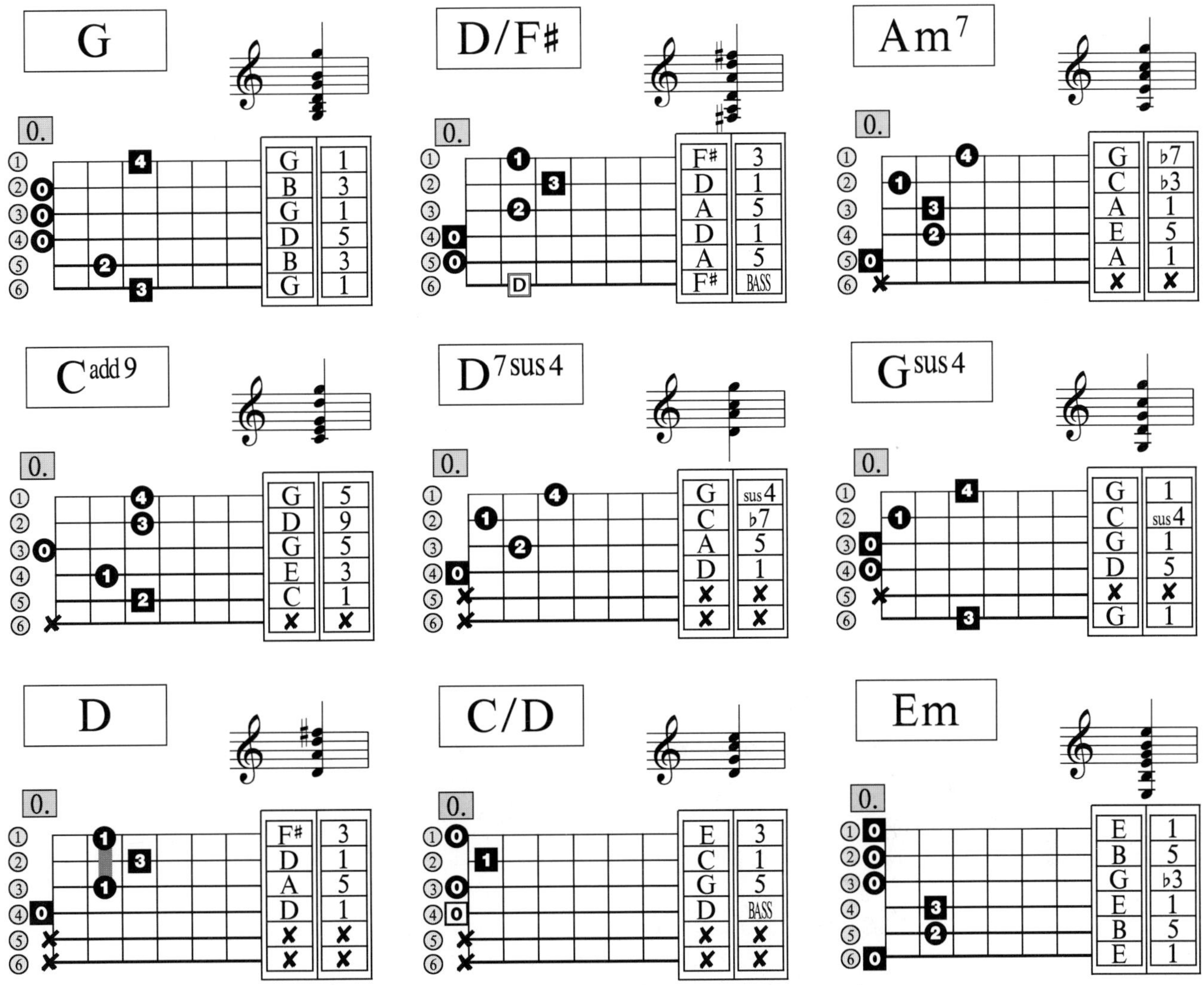

Spieltips

Im Original ist eine begleitende Acoustic-Gitarre dezent zu hören. Darauf habe ich mich bei meinem Arrangement bezogen und habe es etwas ausgebaut.

Am besten übst du erst einmal die Akkordwechsel mit einem einfachen Rhythmus, z. B. in schlichten Achteln. Dann kannst du dich dem Rhythmus widmen, der ist nämlich sehr groovy und nicht so ganz leicht zu spielen. Denke in Sechzehntel-Rastern, dann fällt es dir leichter. Das kurze E-Gitarrensolo habe ich dir extra notiert, es ist sehr dezent und zurückhaltend gespielt worden. Zum Schluß endet es in Oktaven.

Sound

Die Rhythmusgitarre klingt natürlich mit einer Western-Gitarre am besten, eine Konzertgitarre tut es aber auch. Das Solo kannst du auf jeder E-Gitarre spielen, der Verstärker sollte clean und leicht mittenbetont eingestellt sein.

Gitarrennotation

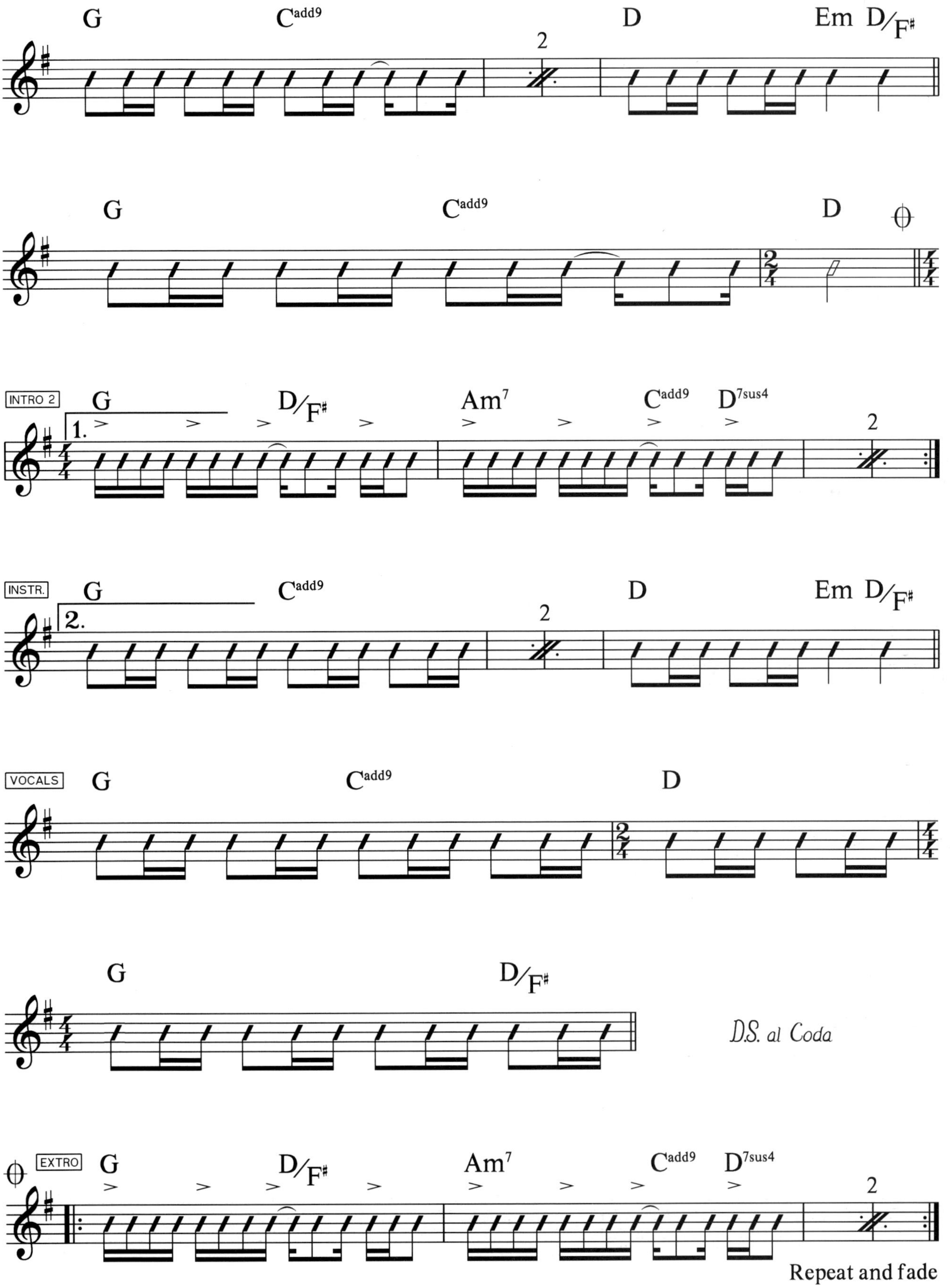
G Cadd9 D Em D/F#
G Cadd9 D
INTRO 2
G D/F# Am7 Cadd9 D7sus4
1.
INSTR.
G Cadd9 D Em D/F#
2.
VOCALS
G Cadd9 D
G D/F#
D.S. al Coda
EXTRO
G D/F# Am7 Cadd9 D7sus4
Repeat and fade

Gitarrensolo

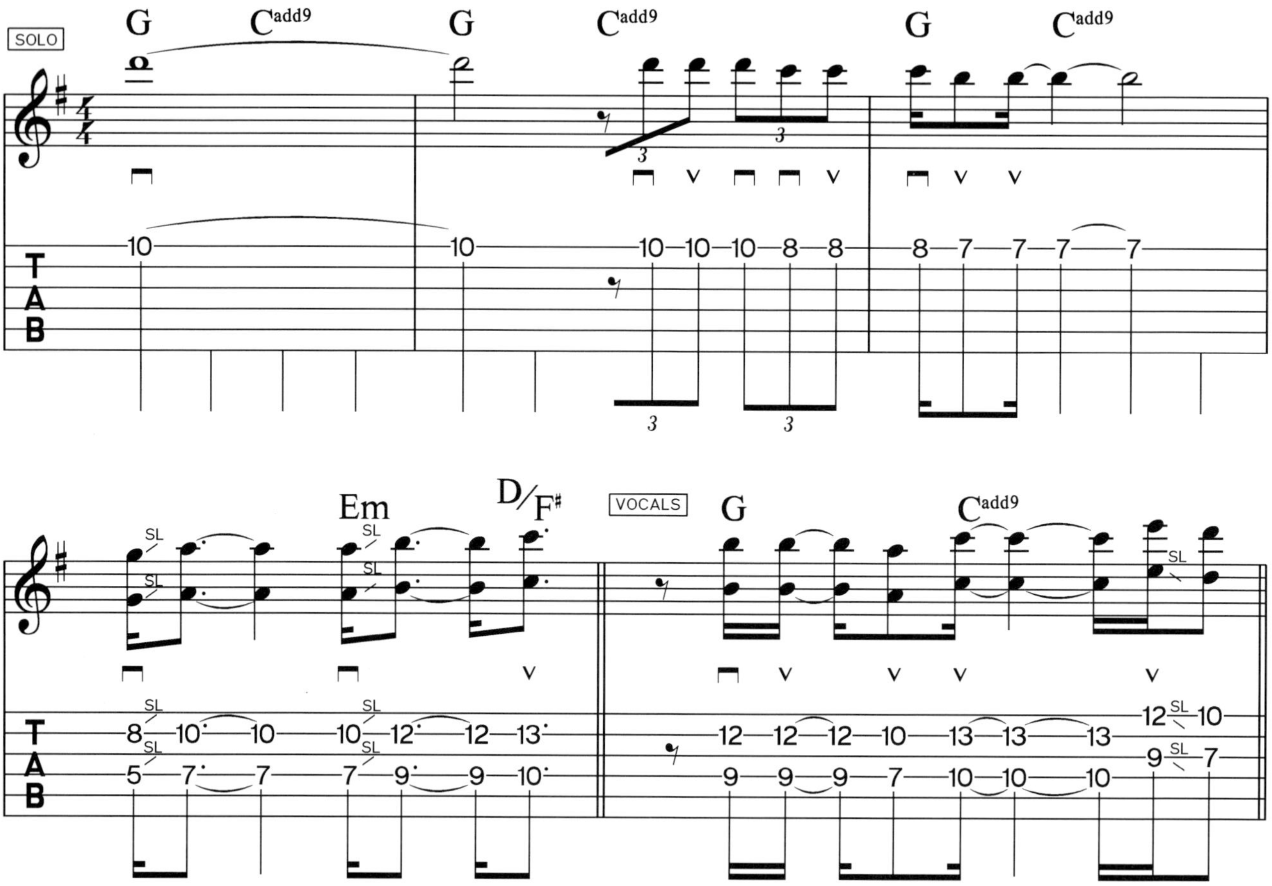

Kris Kristofferson

Me and Bobby McGee

LP: Me and Bobby McGee, 1971

Besetzung:
Kris Kristofferson - Gesang, Gitarre
sowie weitere Studiomusiker

Kris Kristofferson wurde als Sohn eines Air-Force-Generals am 22.6.1936 in Brownsville, Texas geboren.
Bevor er sich ganz der Musik widmete, durchlief er verschiedenste Stationen von Ausbildungen und Berufen.
1971 schlug sein "Me and Bobby McGee" voll in der Country-Szene ein. Es folgten Songs wie "Help me make it through the night", "For the good times" und "Sunday morning coming down". Zusätzlich startete er ab 1972 eine Karriere als Schauspieler - recht erfolgreich obendrein. Mittlerweile ist es eher ruhig um ihn geworden, vielleicht macht er auch nur eine Kreativpause.

Kris Kristofferson

Me and Bobby McGee

Leadsheet

A E7 A
Bob- by clap- pin' hands. We fin- 'ly sang up ev- 'ry song that dri- ver knew.
B REFRAIN D A
Free- dom's just an- o- ther word for no- thing left to lose,
E7 A
no- thing ain't worth no- thing, but it's free.
D A
Feel- in' good was ea- sy, Lord, when Bob- by sang the blues.
E7
And feel- in' good was good e- nough for me,
E7 A INTRO 2 B
good e- nough for me and Bob- by Mc- Gee. From the
C STROPHE B
coal mines of Ken- tuck- y to the Ca- li- for- nia sun,
B F♯
Bob- by shared the se- crets of my soul. Stand- in' right be- side me, Lord, through
F♯
ev- 'ry- thing I've done. And ev- 'ry night she kept me from the

B
cold. Then
some- where near Sa- lin- as, Lord, I
B
B7
let her slip a- way. Look- in' for the home I hope she'll
E
find. And I'd trade all of my to- mor- rows for
B
F♯
B
a sin- gle yes- ter- day. Hold- in' Bob- by's bo- dy next to mine.
D
REFRAIN
E
B
Free- dom's just an- o- ther word for no- thing left to lose,
F♯7
B
no- thin' left is all she left for me.
E
B
Feel- in' good was ea- sy, Lord, when Bob- by sang the blues.
F♯7
And, bud- dy, that was good e- nough for me,
B
Fine
good e- nough for me and Bob- by Mc- Gee.
Fade out

Songaufbau

Strophe 1:

Busted in Baton Rouge, headin for the trains.
Feelin' nearly faded as my jeans,
Bobby thumbed a diesel down just before it rained.
Took us all the way to New Orleans.
I took my harpoon out of my dirty red old bandana.
And was blowin sad while Bobby sang the blues.
With them windshield wipers slappin' time and Bobby clappin' hands.
We fin'ly sang up ev'ry song that driver knew.

Refrain 1:

Freedom's just another word for nothing left to lose,
nothing ain't worth nothing, but it's free.
Feelin' good was easy, Lord, when Bobby sang the blues.
And feelin' good was good enough for me,
good enough for me and Bobby McGee.

Strophe 2:

From the coal mines of Kentucky to the California sun,
Bobby shared the secrets of my soul.
Standin' right beside me, Lord, through ev'rything I've done.
And ev'ry night she kept me from the cold.
Then somewhere near Salinas, Lord, I let her slip away.
Lookin' for the home I hope she'll find.
And I'd trade all of my tomorrows for a single yesterday.
Holdin' Bobby's next to mine.

Refrain 2:

Freedom's just another word for nothing left to lose,
nothin' left is all she left for me.
Feelin' good was easy, Lord, when Bobby sang the blues.
And, buddy, that was good enough for me,
good enough for me and Bobby McGee.

Akkorde

Mal wieder ein Song mit wenigen Akkorden, zudem noch ziemlich einfache Griffe. Zwei Barréakkorde in der zweiten Lage sind dabei, das war's auch schon.

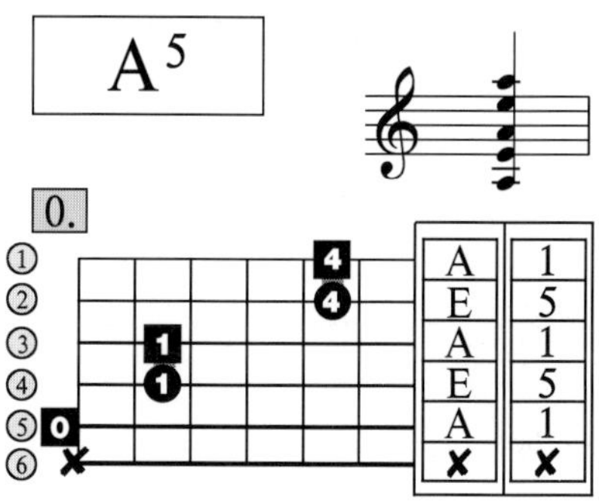

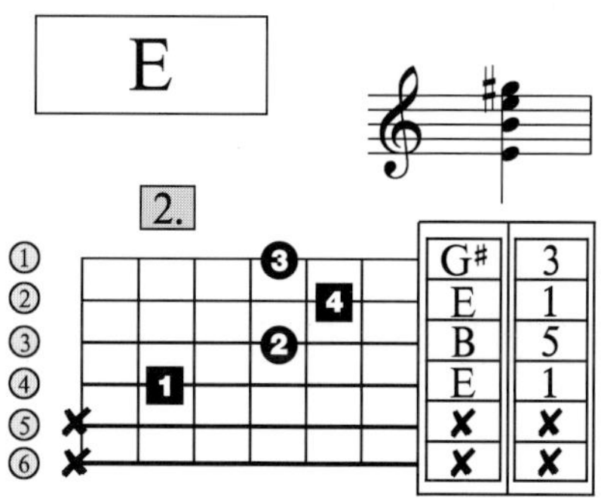

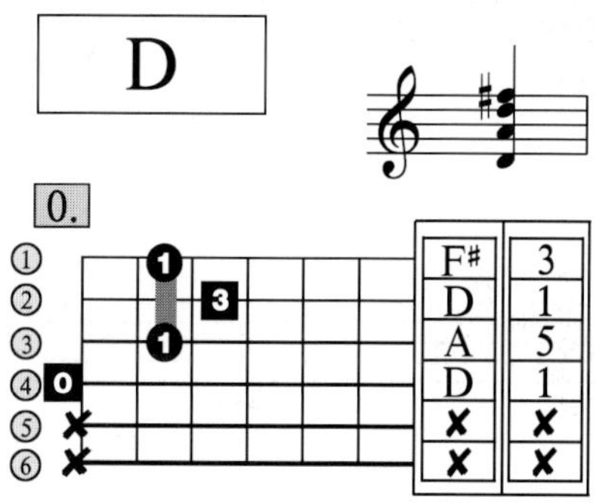

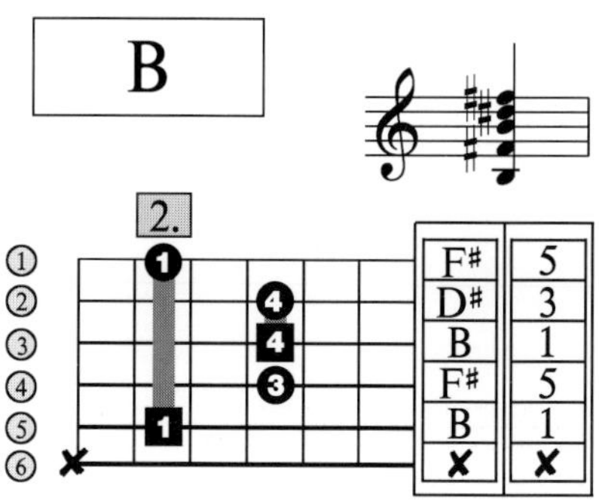

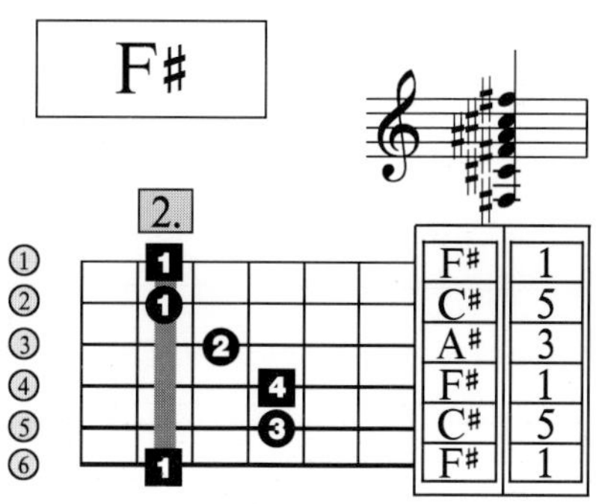

Spieltips

Ich habe dir zwei Versionen vorbereitet: eine Easy-Guitar-Version für Rhythmusgitarre und eine ausnotierte Version für Picking-Gitarre.
Die Easy-Guitar-Version hat einen ganz einfachen Rhythmus und verwendet natürlich die abgebildeten Griffdiagramme. Damit kommst du durch den ganzen Song, abgesehen von ein paar eintaktigen Aufgängen mit Viertelnoten. Achtung, der Song wird ab Intro 2 einen Ganzton höher gespielt, du siehst es an den Akkorden.
Die ausnotierte Version verwendet ein einfaches Folk-Picking-Muster mit Daumen, Zeigefinger und Mittelfinger. Es kommen genau die gleichen Griffe zum Einsatz. Wenn du die Easy-Guitar-Version draufhast, brauchst du nur noch das Picking-Muster zu lernen, dann kannst du auch die ausnotierte Version.

Sound

Das ist ganz einfach, man nehme die Western-Gitarre oder die Konzertgitarre und spielt diesen schönen, schlichten Songklassiker.

"Easy"-Gitarrennotation

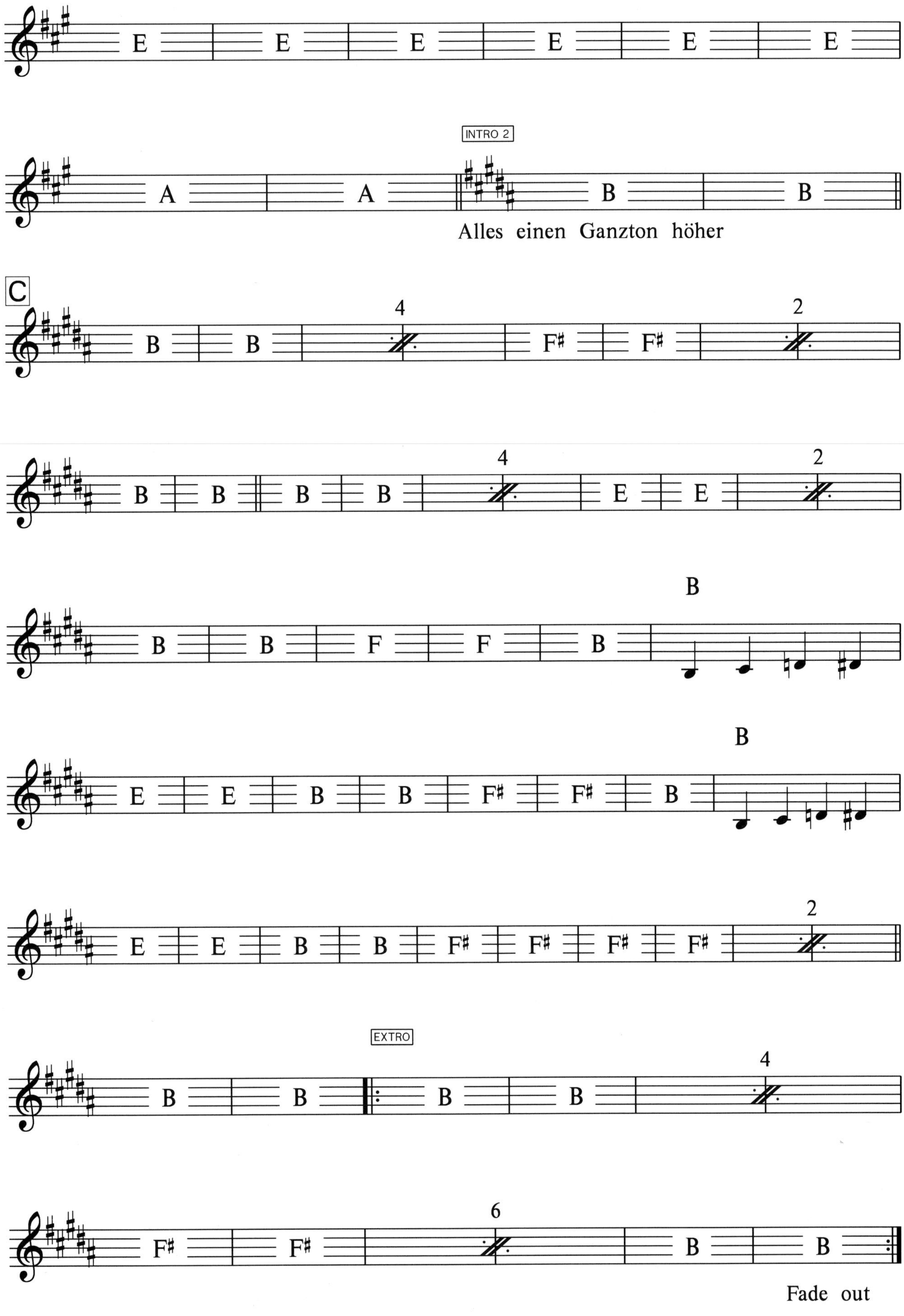
E E E E E E
A A
INTRO 2
B B
Alles einen Ganzton höher
C
B B 4 F♯ F♯ 2
B B B B 4 E E 2
B B F F B B
E E B B F♯ F♯ B B
E E B B F♯ F♯ F♯ F♯ 2
EXTRO
B B B B 4
F♯ F♯ 6 B B
Fade out

Gitarrennotation

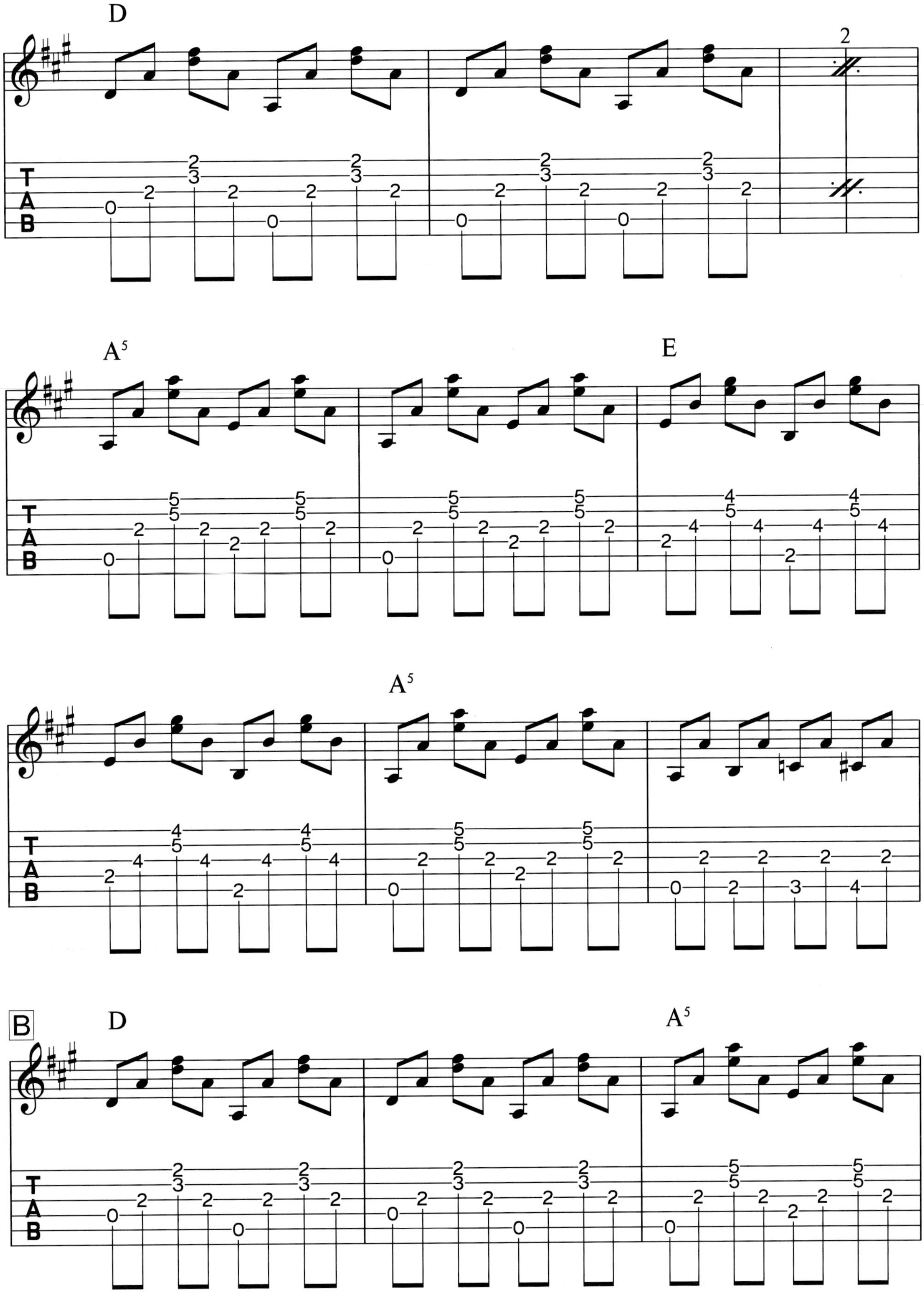
D
2
TAB
A5
E
A5
B
D
A5

E
A5
D
A5
E
4

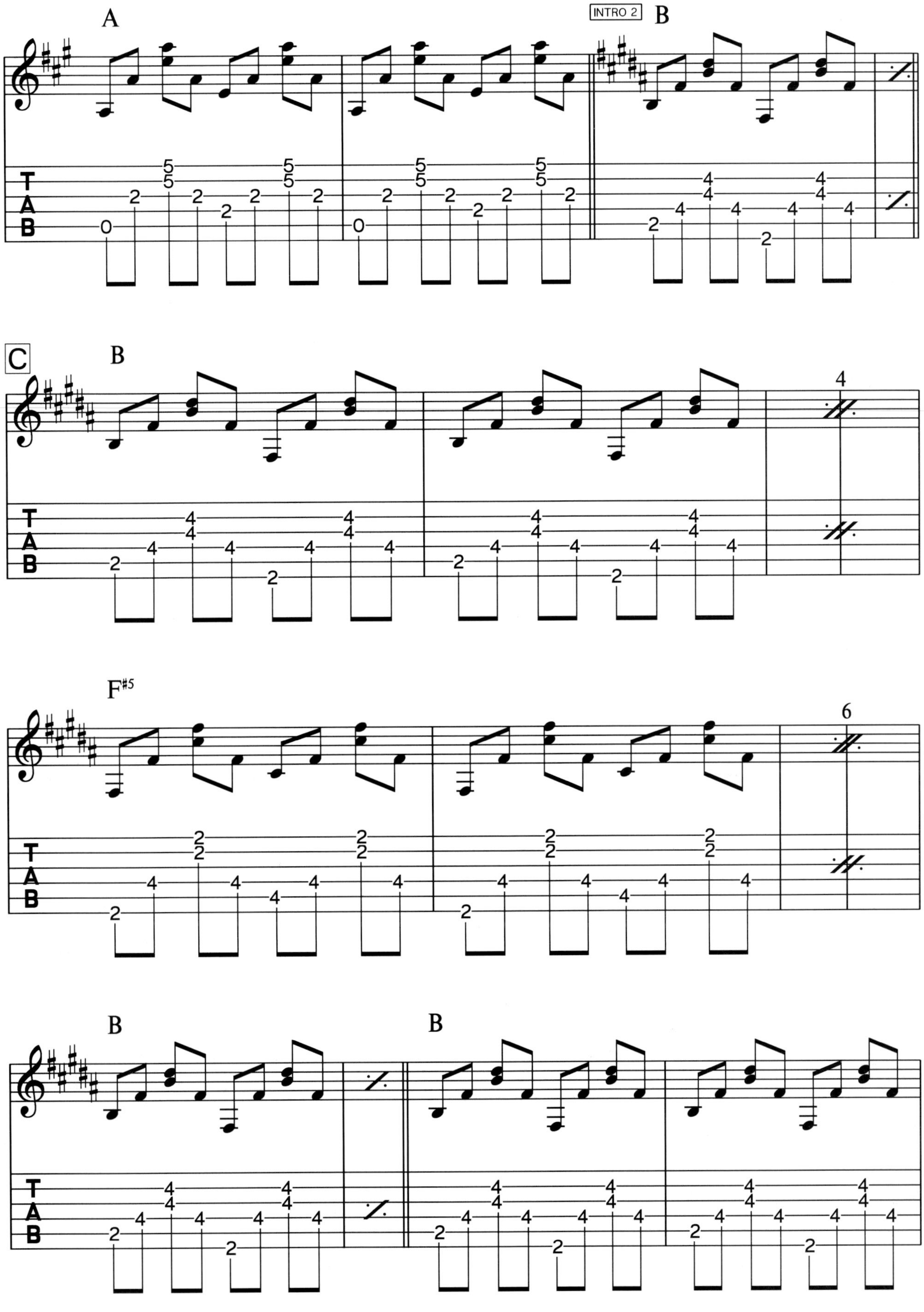
A
INTRO 2
B
C
B
4
F#5
6
B
B
TAB

4
E
2
B
F#5
B
B
E
E

B
F#5
B
B
E
B
F#5

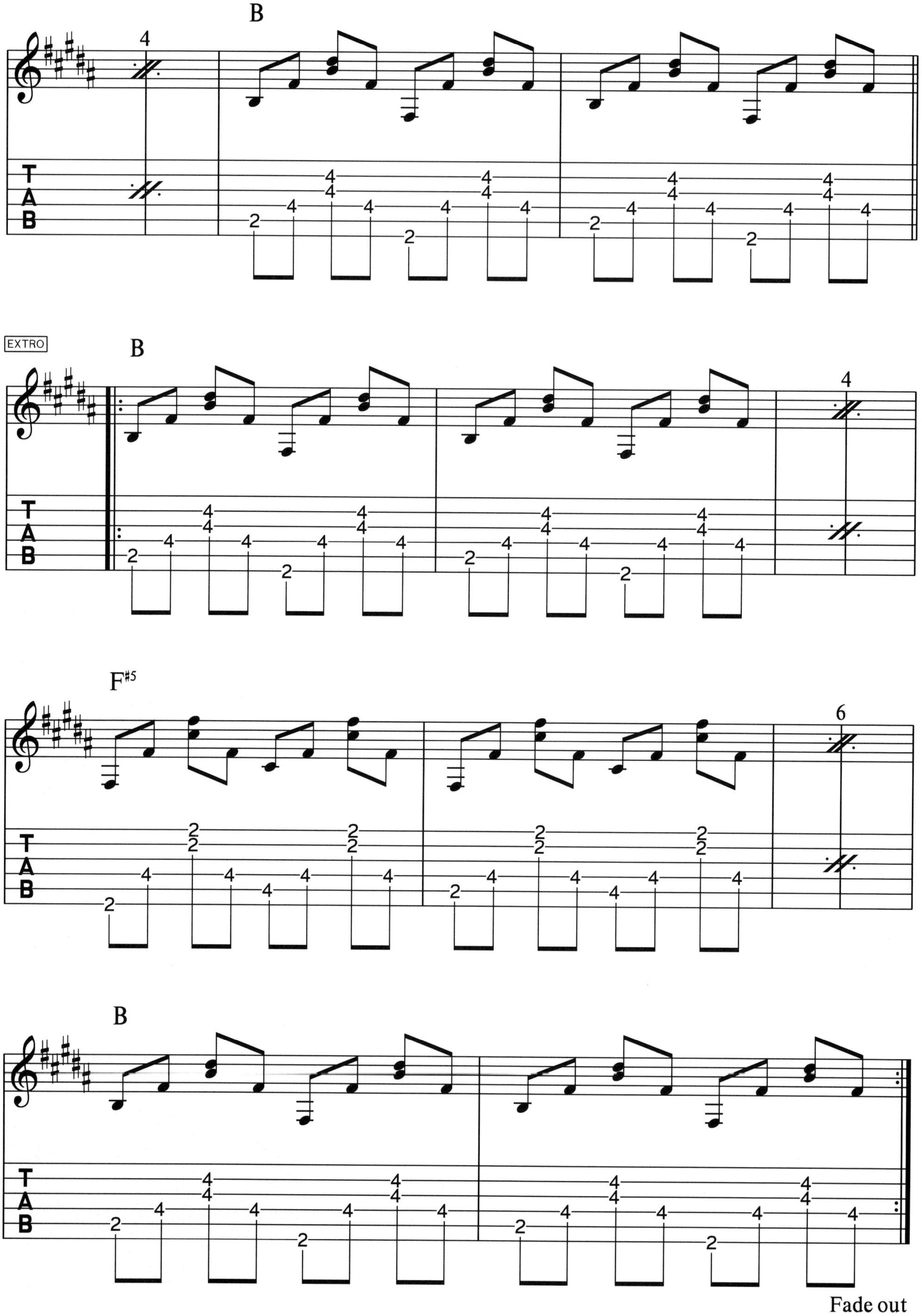
B
4
EXTRO
B
4
F#5
6
B
Fade out

Bob Marley & The Wailers
One love

LP: Legend, 1984

Besetzung:

Bob Marley	-	Gesang, Gitarre
Peter Tosh	-	Gesang, Gitarre
Bunny Wailer	-	Gesang, Percussion
Carlton Barrett	-	Schlagzeug
Aston Barrett	-	Schlagzeug

Bob Marley war die Kultfigur der Reggae-Bewegung, der populärste Reggae-Musiker schlechthin.
Platten machte er schon ab 1961, 1964 tat er sich dann mit der Band "The Wailers" zusammen.
Bei der Plattenfirma Island Records, zu der Zeit in jamaikanischer Hand, ließ dann auch der große Erfolg nicht lange auf sich warten.
1975 landete er mit "No woman no cry" seinen ersten Hit. Songs wie "Jammin'", "Is this love" und "Could you be loved" folgten - alles Hits.
Nach seinem Tode 1981 wurden noch Songs wie "Buffalo soldier", unser vorliegendes "One love", "Iron lion Zion" und noch einmal "No woman no cry" auf den vordersten Chartplätzen notiert.
In den USA genoß er eine nicht ganz so große Popularität wie in Europa, speziell in Deutschland. Seine Komposition "I shot the sheriff" z. B. wurde erst durch Eric Clapton 1974 in den USA ein Hit.

AMA VERLAG

Bob Marley & The Wailers

One love

Leadsheet

Songaufbau

Refrain:

One love, one heart.
Let's get together and feel alright.
Hear the children cryin', hear the children crying.
Saying, give thanks and praise to the Lord and I will feel alright.
Sayin', let's get together and feel alright, whoa, whoa, whoa.

Strophe 1:

Let them all pass their dirty remarks.
There is one question I'd really love to ask.
Is there a place for the hopeless sinner who has hurt all mankind
just to asave his own ? Believe me.

Refrain:

One love, what about a one heart?
One heart, what about, oh ?
Get together and feel alright.
As it was in the beginning, so shall it be in the end.
All right, praise to the Lord and I will feel alright, yeah!
Let's get together and feel alright. One more thing.

Strophe 2:

Let's get together to fight this holy Armageddion.
So when the man comes there will be no, no doom.
Have pity on those whose chances grow thinner.
There ain't no hiding place from the father of creation, saying.

Akkorde

Welch Freude, wieder ein einfacher Song mit nur vier Akkorden. Die sind auch noch einfach zu greifen, drei reine Durakkorde und ein reiner Mollakkord. Hier bedarf es, denke ich, keiner großen Erklärungen.
Wenn du willst, kannst du auch für den abgebildeten F-Dur-Akkord im 5. Bund den F-Barré im 1. Bund nehmen.

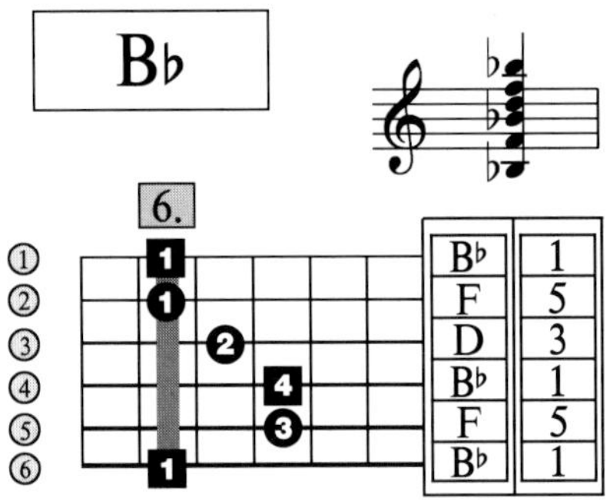

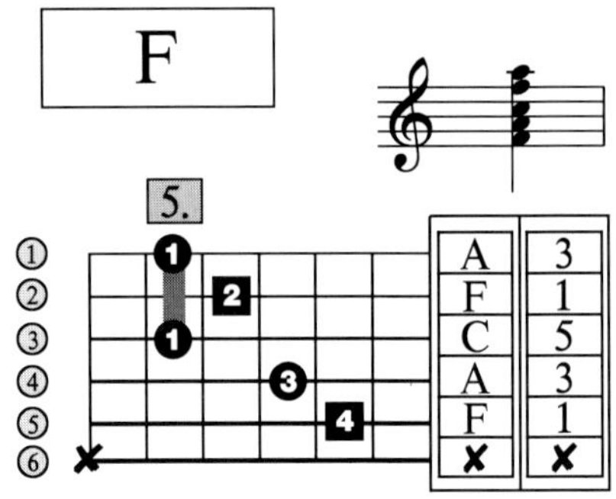

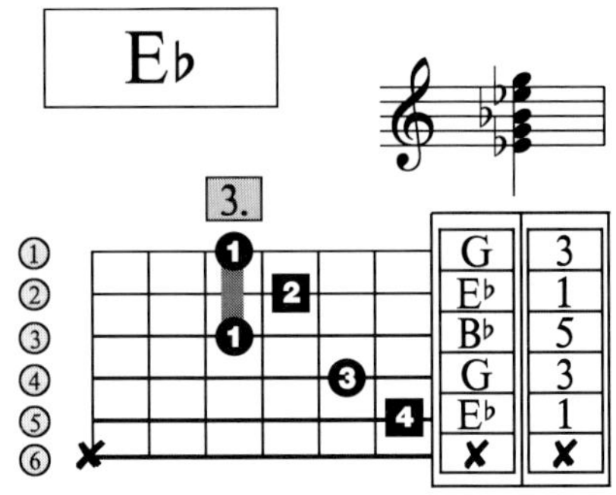

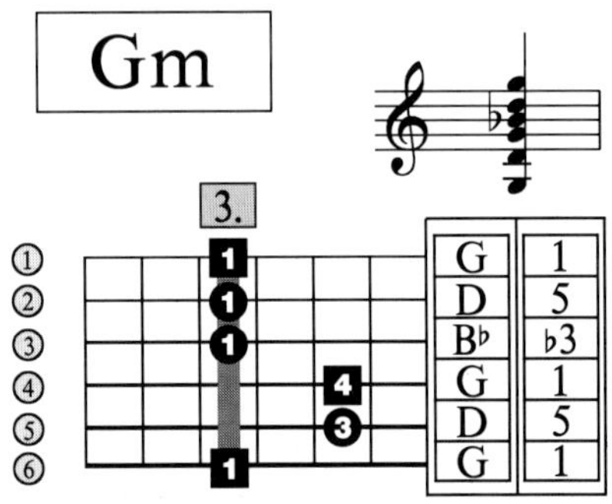

Spieltips

Wie bei "I shot the sheriff" ist auch dieser Song quasi ein schneller Halftime-Shuffle, also mit trioligem Groove. Damit hat dieser Groove ein sehr feines Grundraster, das macht ihn so federnd und swingig.
Zwei Gitarren sind zu hören. Die erste spielt den typischen, einfachen Reggae Grundrhythmus auf den unbetonten "und"-Zählzeiten. Die zweite Gitarre doppelt die Bassfigur ab, spielt also das gleiche wie der Bass, nur eine Oktave höher.

Bei Gitarre 1 achte auf kurze Notenwerte, die Akkorde also nach den Anschlägen gleich wieder abdämpfen, so klingen sie akzentuiert und prägnant.

Bei Gitarre 2 achte auf gutes Zusammenspiel mit dem Bass, schließlich spielen beide das gleiche, da sollte es schon synchron sein.
In einer Band mit nur einer Gitarre oder allein mit Gitarre solltest du dich auf Gitarre 1 beschränken, die hat die eindeutig wichtigere Funktion für den Song.

Sound

Hier tut es jede E-Gitarre und jeder Verstärker, solange das Ergebnis ein präsenter und doch leicht mittenbetonter Sound ist.
Bei der zweiten Gitarre ist der Bridge Pick Up ratsam, so klingt es schön knackig.

Gitarre 1

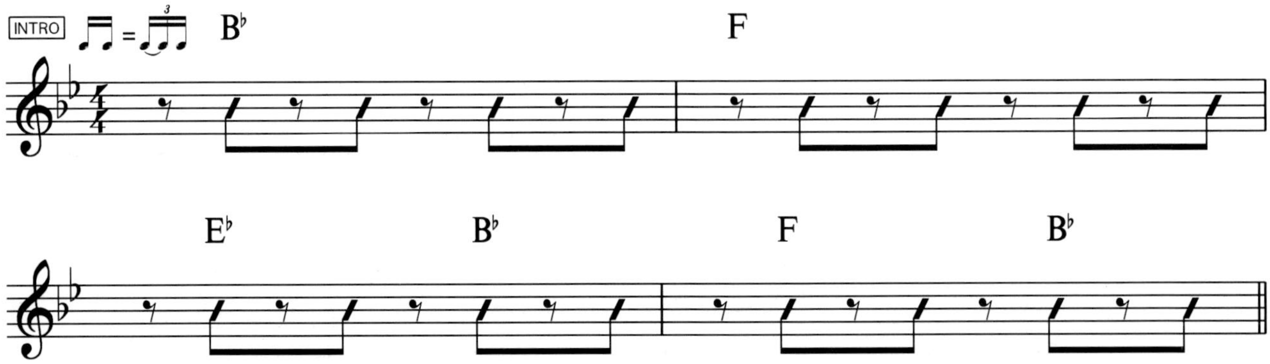

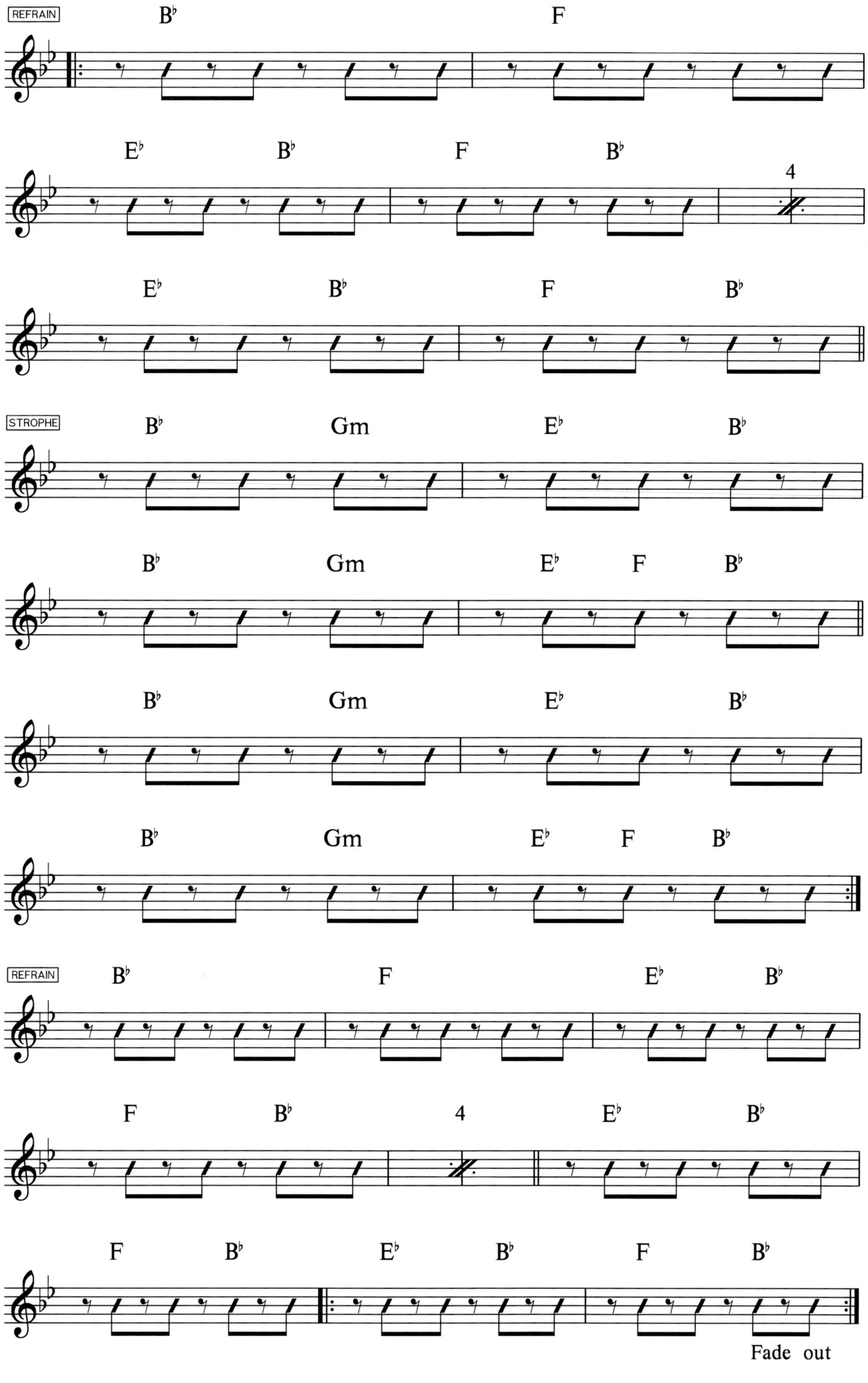
REFRAIN
B♭ F
E♭ B♭ F B♭ 4
E♭ B♭ F B♭
STROPHE
B♭ Gm E♭ B♭
B♭ Gm E♭ F B♭
B♭ Gm E♭ B♭
B♭ Gm E♭ F B♭
REFRAIN
B♭ F E♭ B♭
F B♭ 4 E♭ B♭
F B♭ E♭ B♭ F B♭
Fade out

Gitarre 2

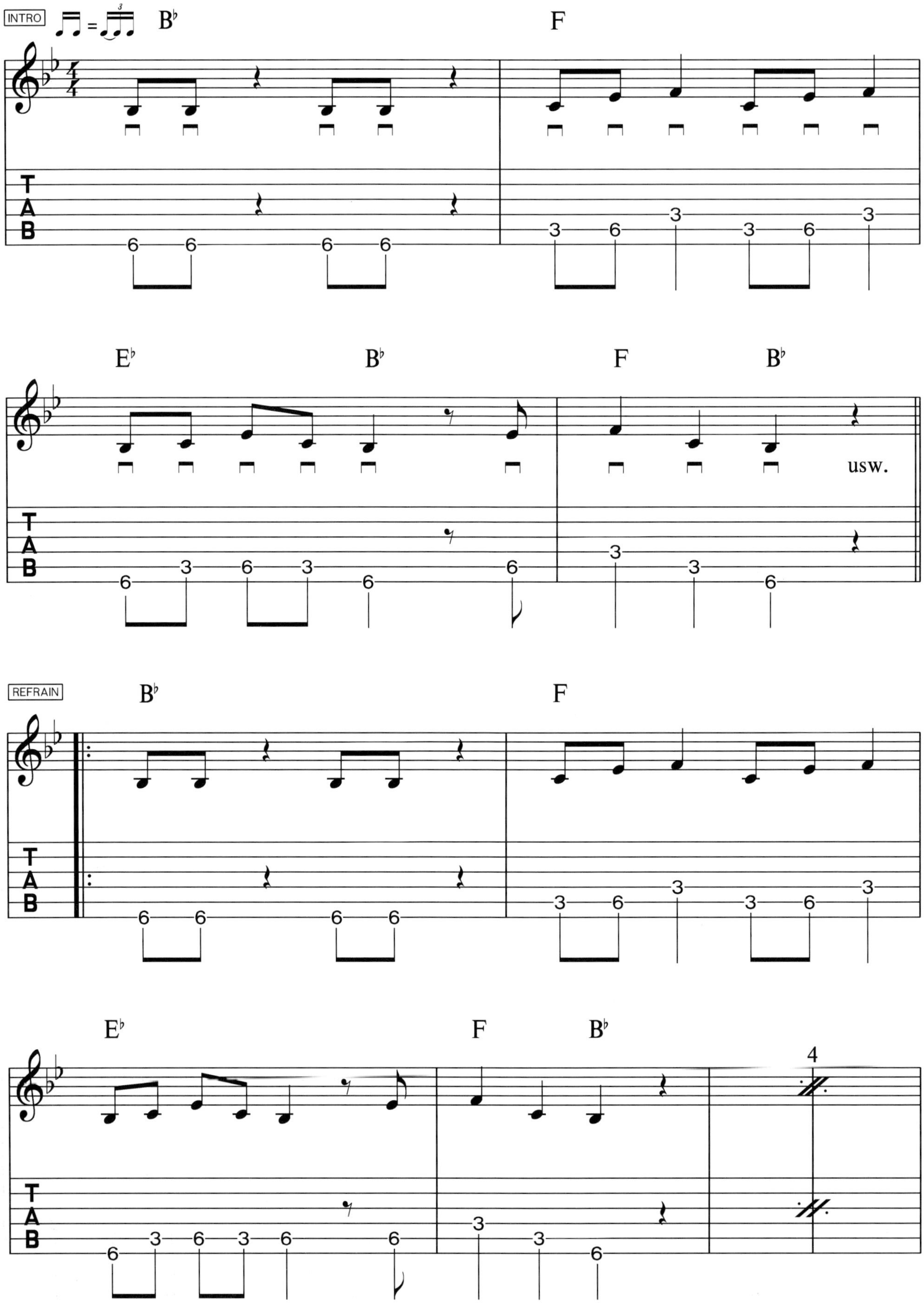

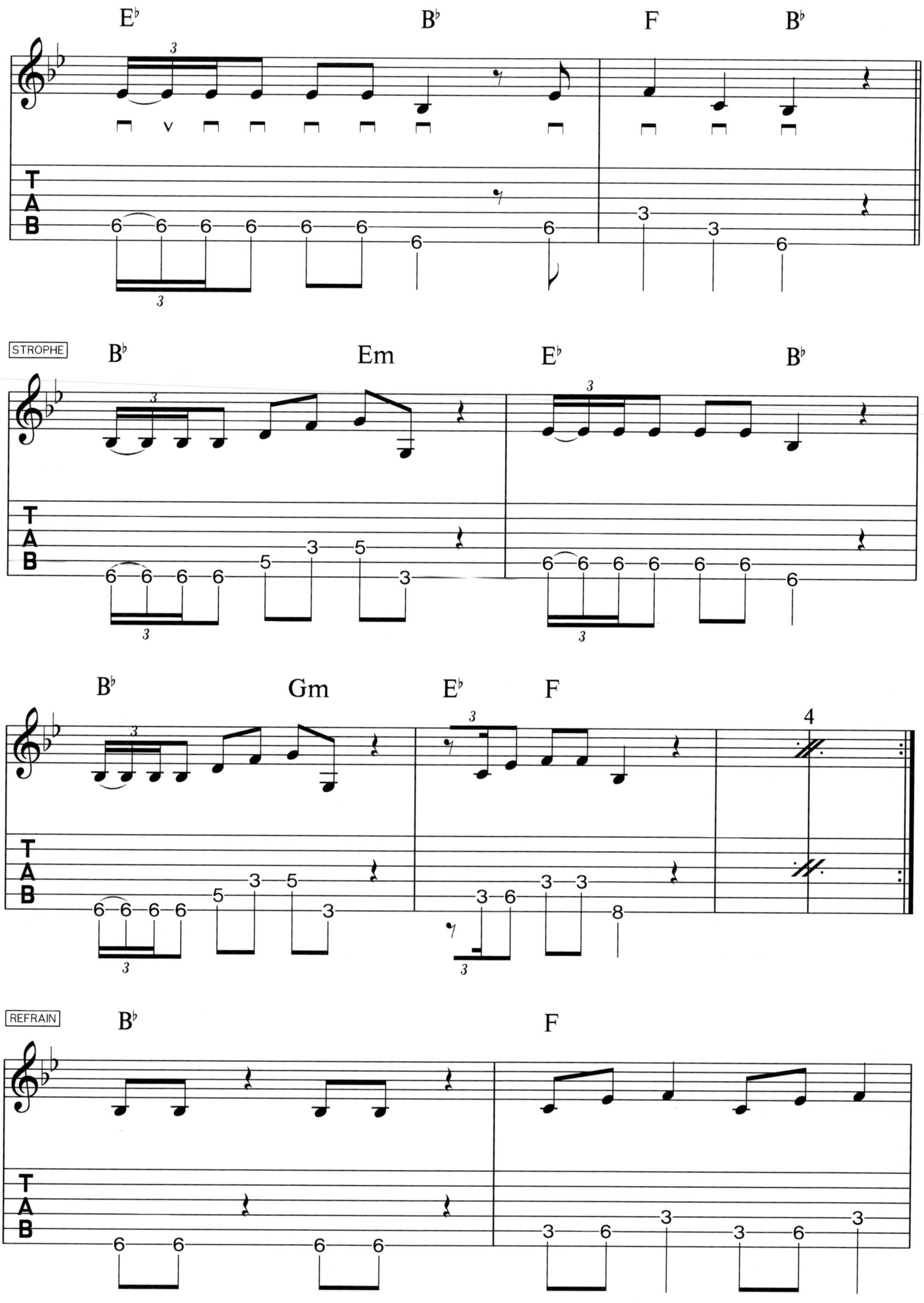
E♭
B♭
F
B♭
STROPHE
B♭
Em
E♭
B♭
B♭
Gm
E♭
F
4
REFRAIN
B♭
F

E♭
F
B♭
4
E♭
B♭
F
B♭
2
Fade out

Carlos Santana
Oye como va

Besetzung:

Carlos Santana	-	Gitarre, Gesang
Gregg Rolie	-	Keyboards
David Brown	-	Bass
Michael Carabello	-	Percussion
Jose Chepito Areas	-	Percussion
Michael Shrieve	-	Schlagzeug
Neil Schon	-	Gitarre

sowie später u. a.
Tom Coster, Armando Peraza, Paul Rekow, Graham Lear, Orestes Vilato, Coke Escovedo.

Carlos Santana wurde am 20.7.1947 in Autlan, Mexico geboren.
Schon mit 15 spielte er in den Kneipen und Bordellen der Grenzstadt Tijuana Gitarre. 1965 zog er mit seiner Familie nach San Francisco.
Dort gründete er mit Freunden die Santana Blues Band. Zwei Jahre später wurde daraus schlicht die Band Santana. Auf dem Woodstock Festival 1969 kam der große Durchbruch mit ihrem brodelnden Gemisch aus Rock, Latin und Salsa. Kurz danach kam mit "Jingo" der erste Hit.
Dann kamen Erfolge wie "Black magic woman", "Oye como va", "Samba pa ti" und viele andere Ohrwürmer.

Die Besetzung der Band wechselte später immer wieder mal, doch Carlos blieb nach spirituellen Ausflügen und Gastspielen mit Jazzmusikern, wie z. B. John Mc Laughlin,dem alten Bandkonzept letztendlich treu.
Die Popularität hat nur wenig gelitten, und sein Name ist immer noch gut für Stories und Interviews in Fachzeitschriften. Richtige Hits landet er keine mehr, die größten Erfolge hatte Santana aber ohnehin mit LP's.

Carlos Santana

Oye como va

Leadsheet

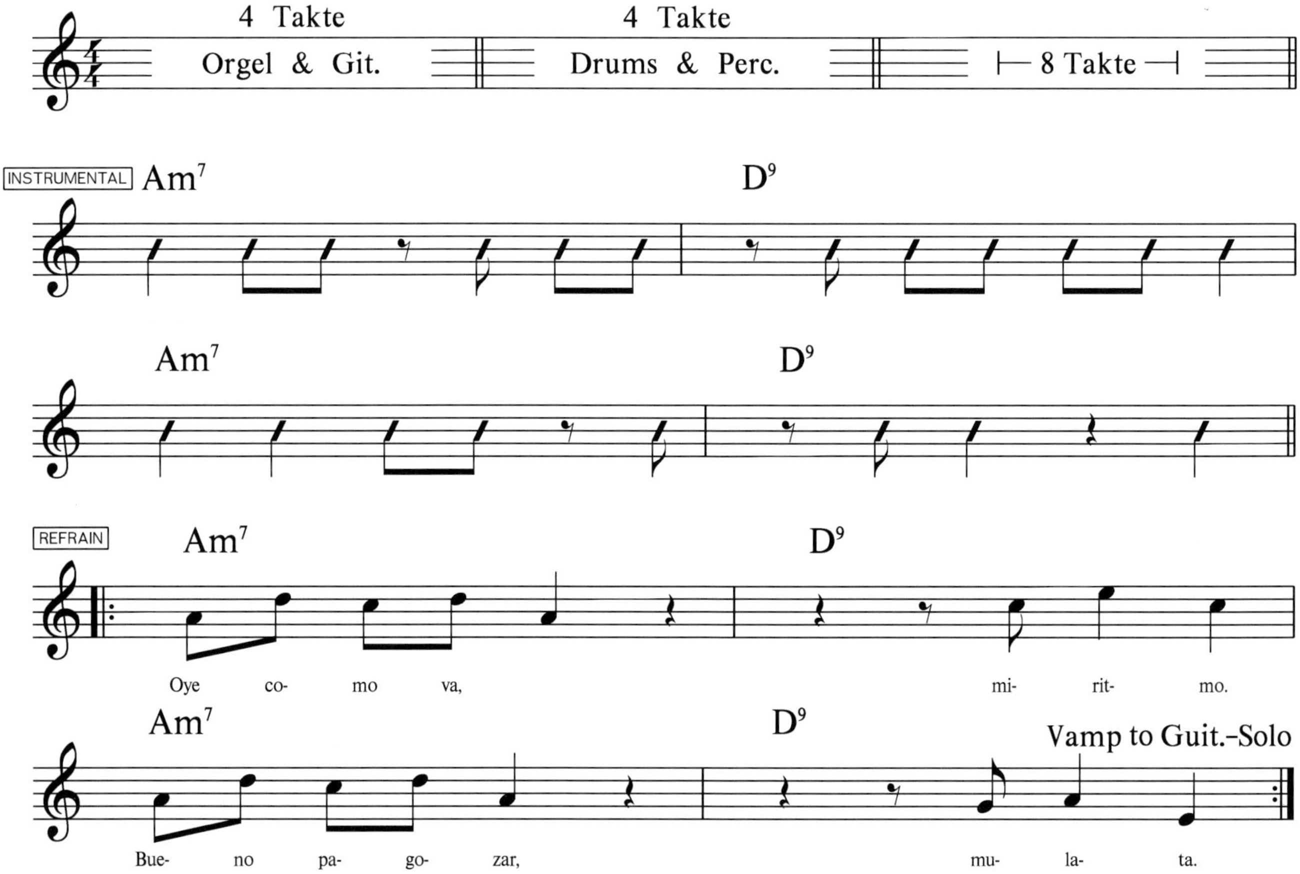

Akkorde

Auch bei diesem Song gebe ich dir keine Griffdiagramme, da Carlos den Großteil dieses Songs mit Solo-, Riff , und Single-Note-Spiel bestreitet.
Dafür ist die Notation und Tabulatur umso länger geworden, aber keine Bange, viele viele Wiederholungen.

Spieltips

Nun, so ganz einfach ist der Song nicht zu spielen, er eignet sich auch nur für ein Bandkonzept. Ein wenig Solospiel solltest du schon beherrschen, um gut durchzukommen. Andererseits erfordert es auch keine Griffbrettakrobatik, Carlos spielt eher gemächlich, melodiös und mit vielen Wiederholungen.
Am besten hörst du oft in den Song hinein und verfolgst Notation und Tabulatur mit.
Dann schnappst du dir einfach einzelne Formteile und übst sie einzeln für sich.

Sound

Mit dem Bridge Pick Up (am besten ein Humbucker) deiner E-Gitarre und einem gar nicht mal so stark verzerrten Sound, der gut und dynamisch auf deinen Anschlag reagiert, bist du gut beraten. Wenn er dann noch beim Zurückregeln des Volume Potis clean wird, dann ist es optimal.

Gitarrennotation

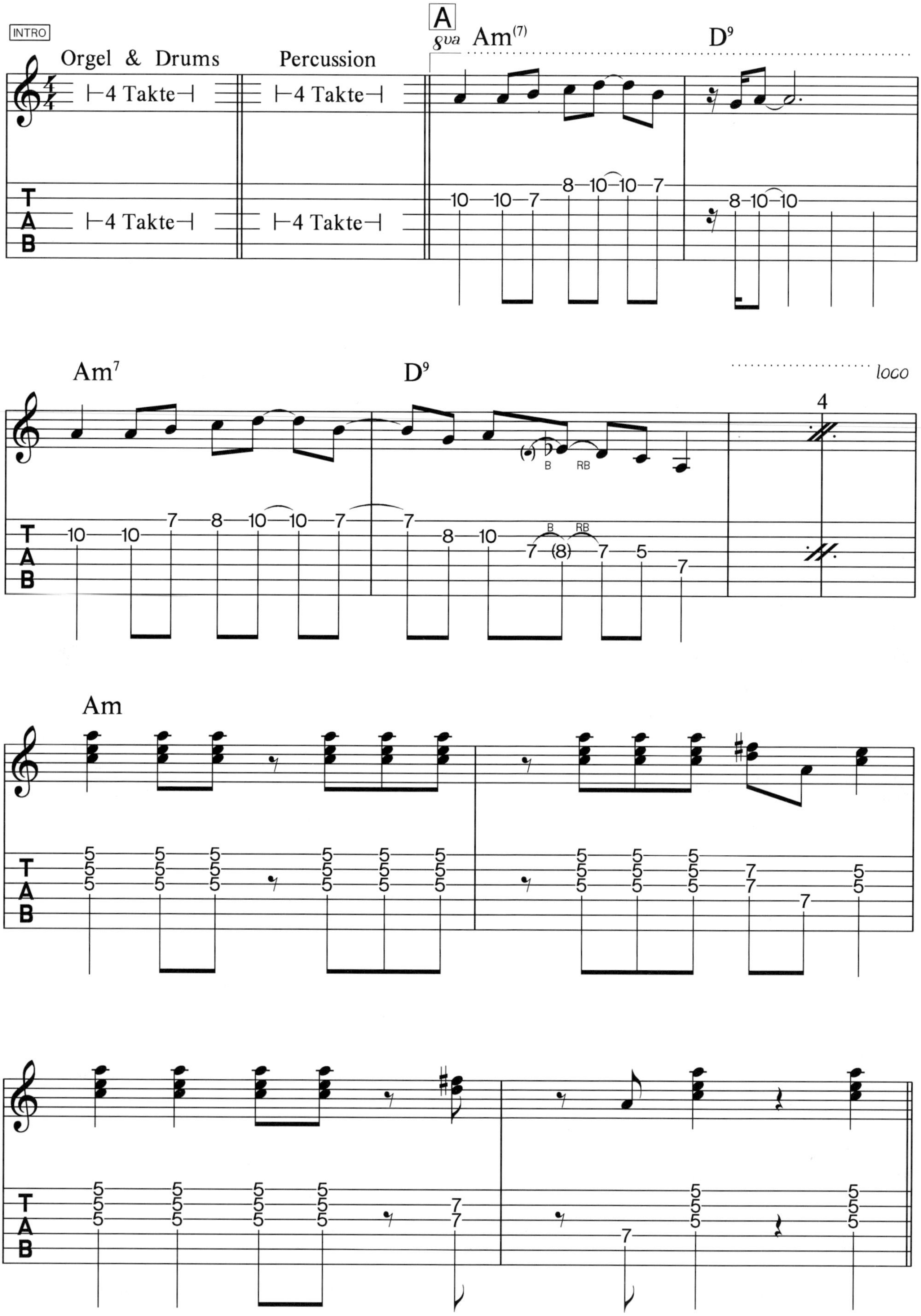

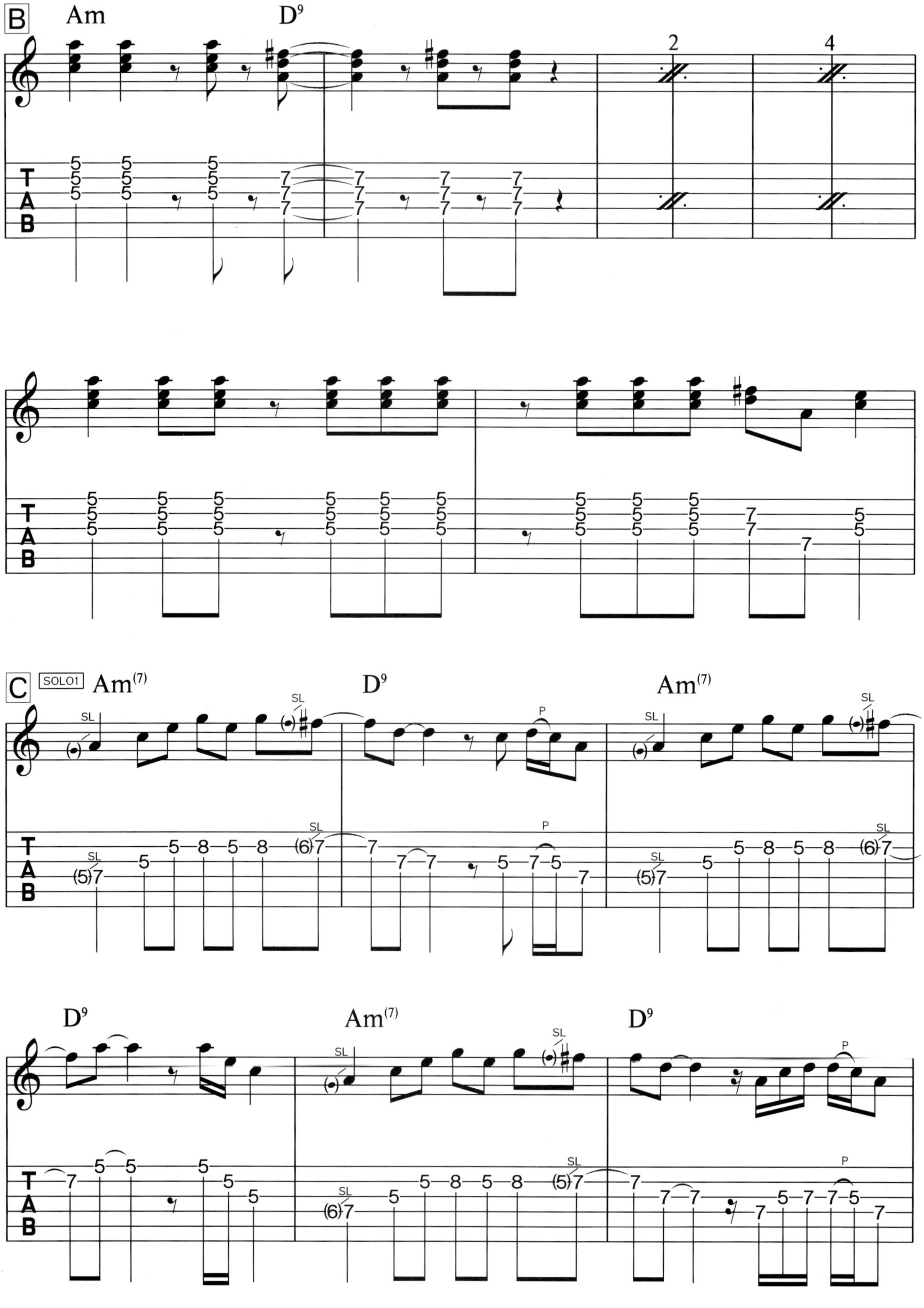
B
Am
D9
2
4
C
SOLO1
Am(7)
D9
Am(7)
D9
Am(7)
D9
SL
P
TAB

Am(7)
D
A(7)
D9
C
Am(7)
D9
Am(7)
D9
Am(7)
D9
Am(7)
D9
SL
P
H
TAB

Am(7)
B RB
P H P
D9
2
2
Am(7) D9 Am(7) D9
D
2
2

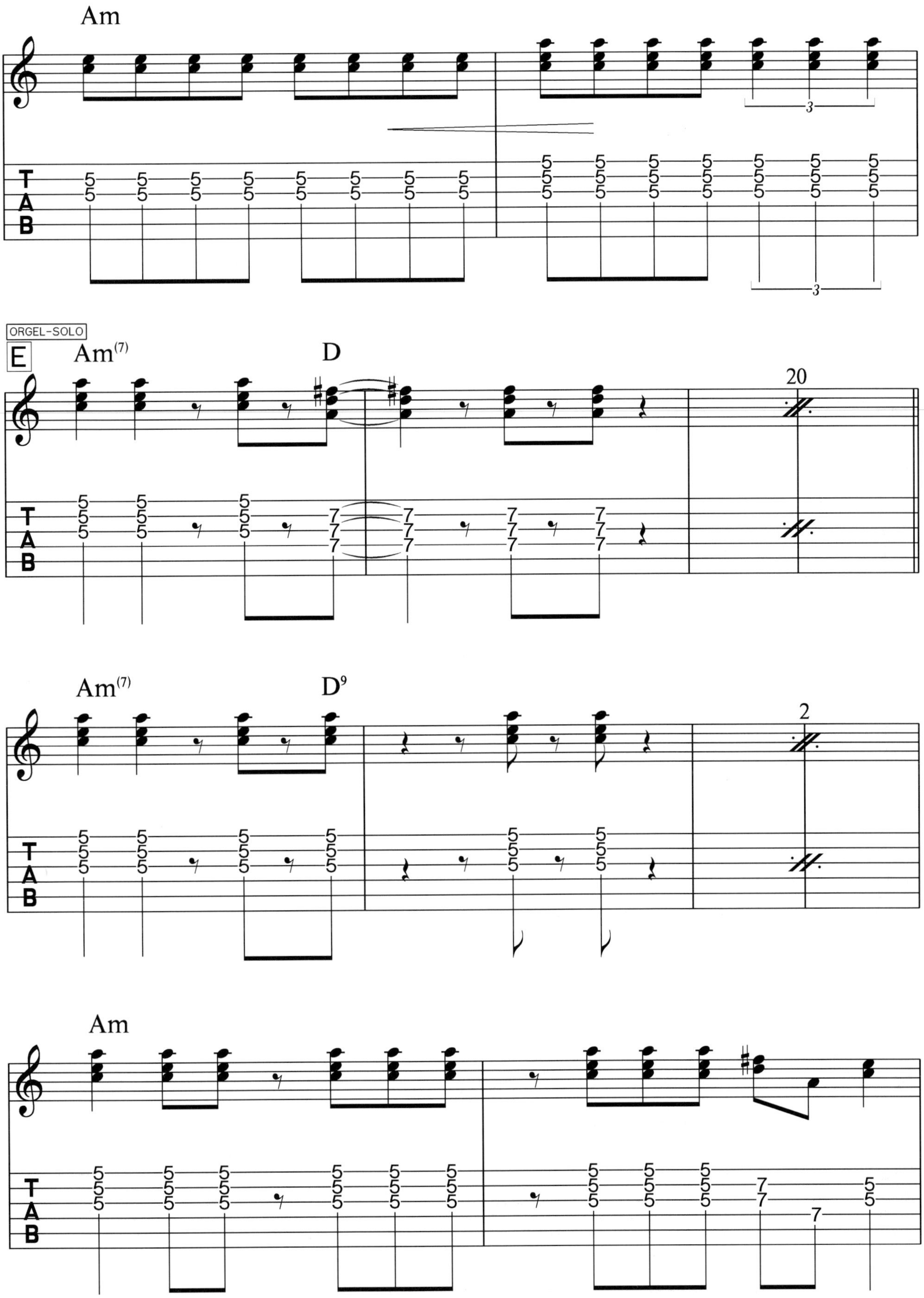
Am
3
ORGEL-SOLO
E
Am(7)
D
20
Am(7)
D9
2
Am

B
Am
2
4
F
SOLO 2
D9
Am
Am
D9
Am
D9
Am
D9
SL
P
B
RB
H

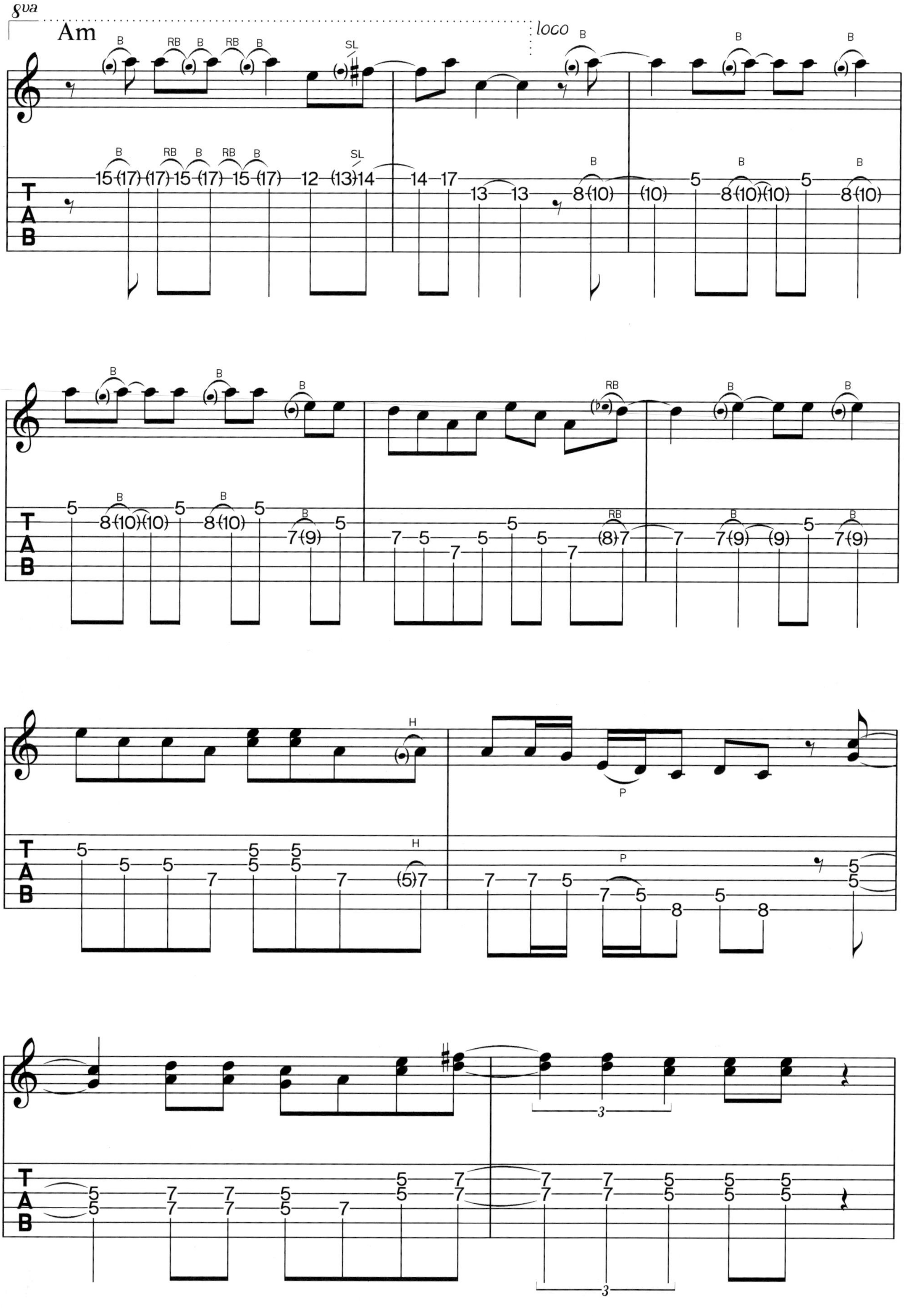
8va
Am
loco

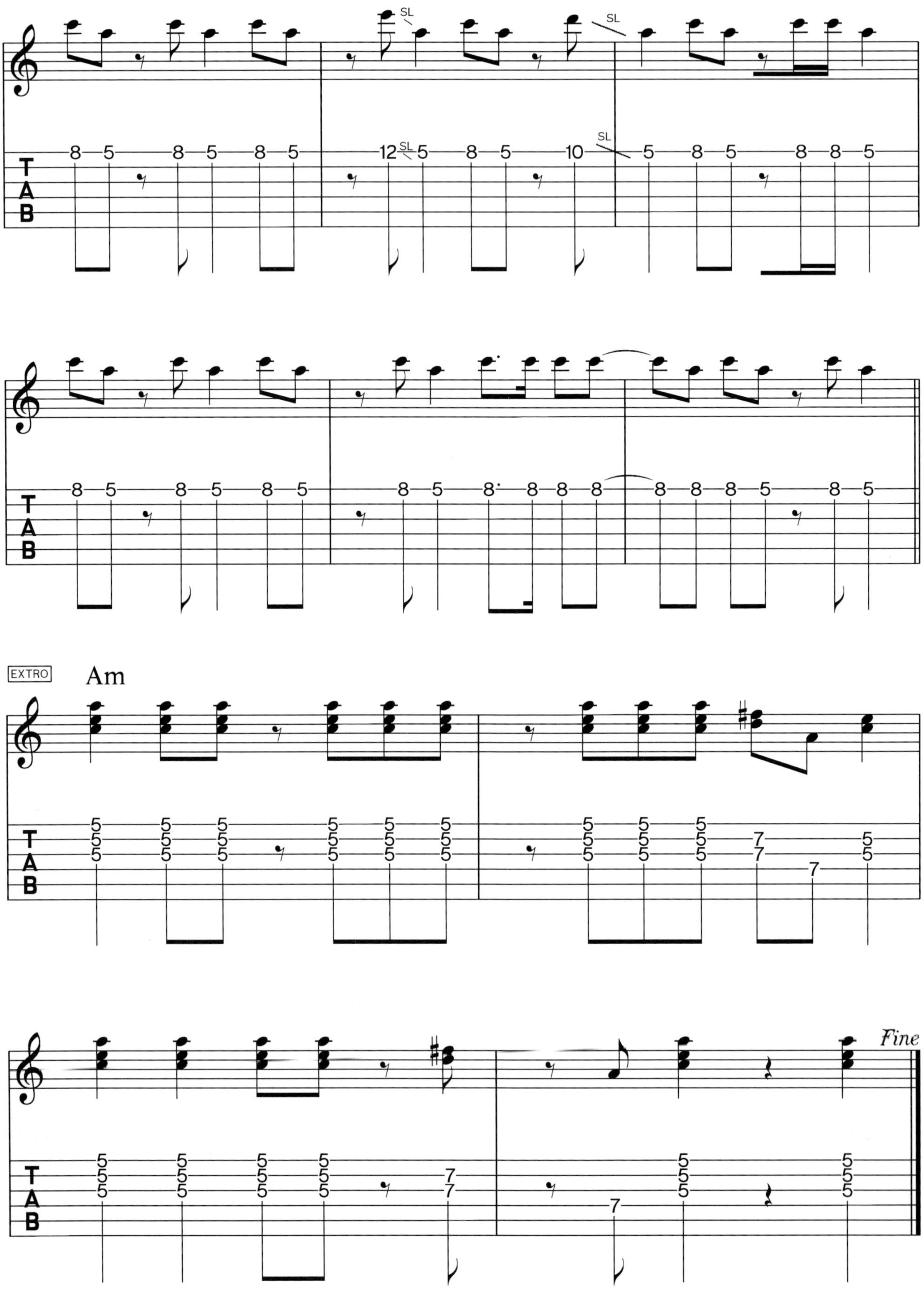
SL
SL
SL
SL
EXTRO
Am
Fine

UB 40

Red, red wine

LP: Labour of Love, 1983

Besetzung:

Ali Campbell	-	Gesang
Robin Campbell	-	Gitarre, Gesang
Earl Falconer	-	Bass
Astro (Terence Wilson)	-	Gesang
Michael Virtue	-	Keyboards
Jim Brown	-	Schlagzeug
Noman Hassan	-	Percussion
Yomi Babayemi	-	Percussion

Diese britische gemischtrassige Band besteht seit 1978. In England ist der Name UB 40 die Abkürzung für ein Formular zur Beantragung von Arbeitslosenunterstützung.
Ihre erste Single brachte es 1980 gleich auf Platz 4 der britischen Charts. Von da an landeten sie eine Menge Hits weltweit, unter anderem auch der vorliegende Nr. 1-Hit "Red, red wine". Übrigens eine Komposition von Neil Diamond.
Zwischendurch gab es einige Songs im Duett mit der Pretenders-Sängerin Chrissie Hynde, ebenfalls Bestseller.
Obwohl diese Band mal nicht aus Jamaika kommt und auch nicht vom Kiffen singt, ist sie eine der bekanntesten Reggae-Bands überhaupt. Interessanterweise ist sie in den USA die erfolgreichste Reggaeformation.

UB 40

Red, red wine

Leadsheet

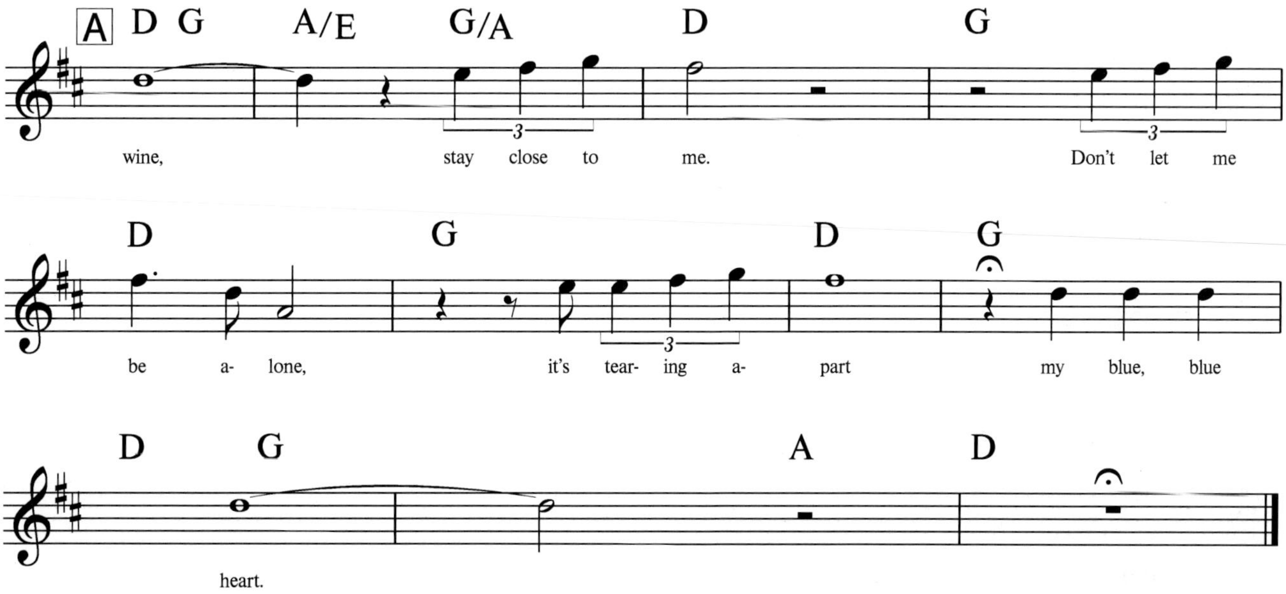

Songaufbau

Refrain:

Red, red wine, go to my head,
make me forget that I still need her so.
Red, red wine, it's up to you.
All I can do, I've done,
but mem'ries won't go.

Strophe:

I'd thought that with time thoughts of you would leave my head.
I was wrong, and I find just one thing makes me forget.

Refrain:

Red, red wine, stay close to me.
Don't let me be alone, it's tearing apart my blue, blue heart.

Akkorde

Die Akkorde sind entweder ganz allgemein von der bekannten Sorte oder es handelt sich um leichte Abwandlungen davon, keine Schwierigkeiten also.
Es sind so einige Barré-Akkorde dabei, aber auf der E-Gitarre dürften auch die keinen großen Kraftaufwand erfordern.

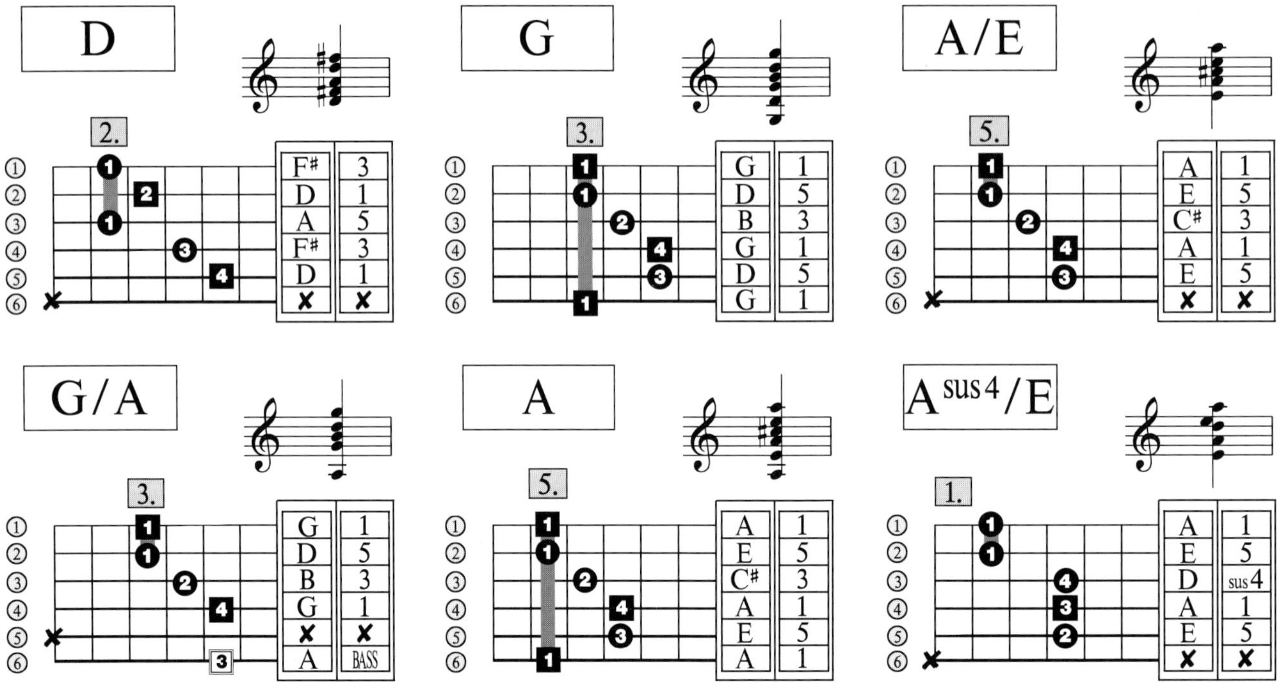

Spieltips

Hier gibt's auch nicht viele Ratschläge zu geben: Es ist ein ganz einfacher, typischer Reggae-Rhythmus, immer auf den "und"-Zählzeiten.
Wenn du die Achtel möglichst kurz spielst, gleich nach dem Anschlag abdämpfst, liegst du goldrichtig.

Sound

Ein cleaner, silbrig-mittiger Sound am Verstärker eingestellt, den mittleren Pick Up oder bei Gitarren mit zwei Pick Ups beide zusammen genommen. Das müßte eigentlich den gewünschten Sound bringen.

Gitarrennotation

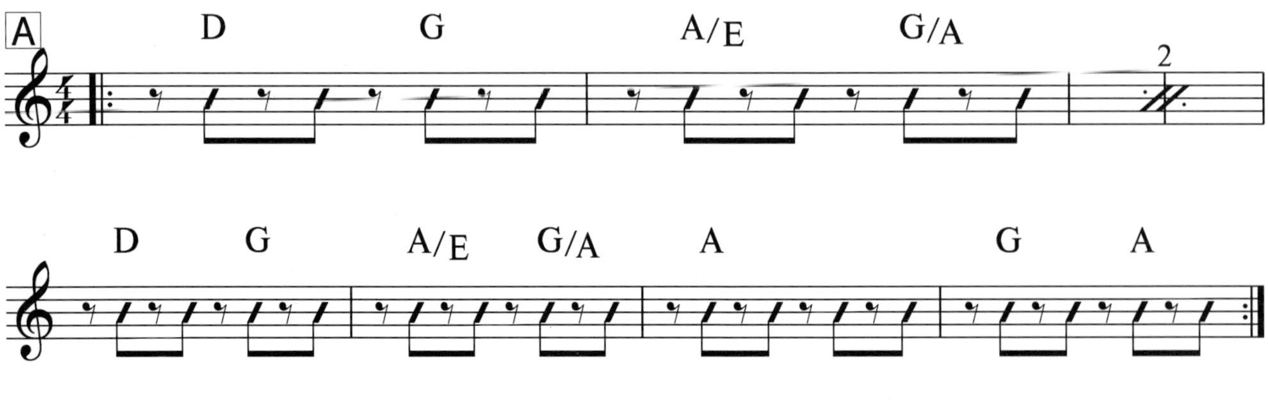

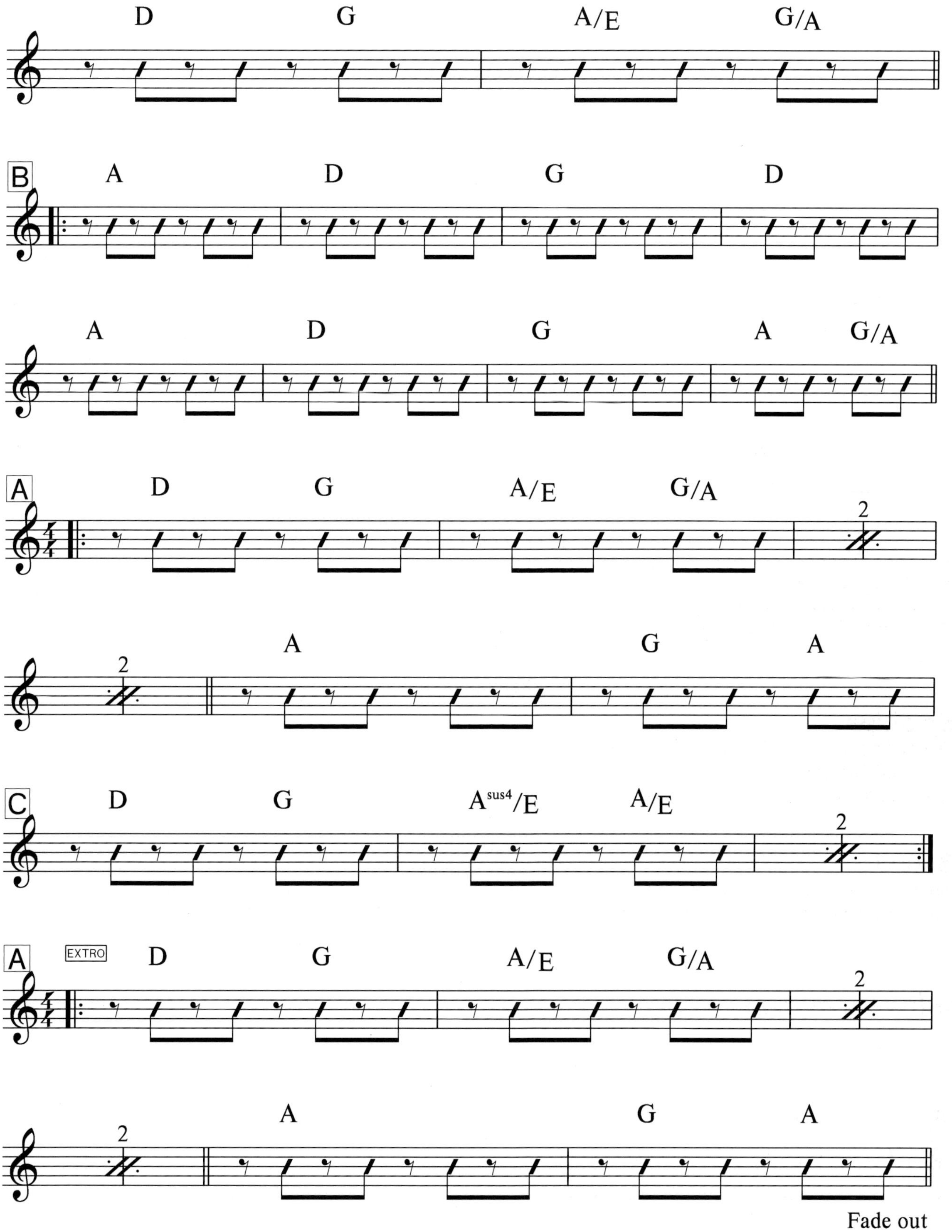
D G A/E G/A
B
A D G D
A D G A G/A
A
D G A/E G/A
2
2
A G A
C
D G Asus4/E A/E
2
A
EXTRO
D G A/E G/A
2
2
A G A
Fade out

Cyndi Lauper
Time after time

LP: She's so unusual, 1984

Cyndi Lauper wurde am 20.6.1953 in New York geboren. Zwischen 1974 und 1983 war sie Mitglied verschiedener Bands, die allerdings erfolglos blieben. 1983 schließlich bekam sie einen Künstlervertrag, kurz darauf erschien ihre erste Solo-LP "She's so unusual". Darauf war auch gleich der erste Hit "Girls just want to have fun". Seitdem ist sie mit einer Reihe von weiteren Hits eigentlich ständig erfolgreich. Songs wie "Time after Time", "She bop", "All through the night", "True colours" "Change of heart" und "I drove all night" bezeugen dies.

Anfangs war sie der grelle, schräge und kreischende Paradiesvogel des Punk-Pop, mittlerweile hat sie sich mehr zu einer ernstzunehmenden Sängerin und Songschreiberin gewandelt.

Cyndi Lauper

Time after time

(Words & Music: Cyndi Lauper/Rob Hyman)

Edition Intro

Leadsheet

Songaufbau

Strophe 1:

Lyin' in my bed, I hear the clock tick and think of you.
Caught up in circles, confusion is nothing new.
Secrets stolen from deep inside.
The drum beats out of time.

Strophe 2:

Sometimes you picture me, I'm walking too for ahead.
You're calling to me, I can't hear what you've said.
Then you say, go slow, I fall behind.
The second hand unwinds.

Refrain:

If you're lost, you can look and you will find me, time after time.
If you fall, I will catch you, I'll be waiting, time after time.
If you're lost, you can look and you will find me, time after time.
If you fall, I will catch you, I'll be waiting, time after time.

Strophe 3:

After my picture fades and darkness has turned to grey.
Watching through windows, you're wondering if I'm O. K.
Secrets stolen from deep inside.
The drum beats out of time.

Refrain:

Akkorde

Das sind schon ein paar, aber keine Fingerbrecher dabei - eher bequeme Drei- und Vierklänge. Neu sind für dich vielleicht F^{sus2} und G^{7sus4} in dieser Form. Schau dir die Griffdiagramme näher an: Du wirst sehen, daß die Akkordwechsel gut in der Hand liegen.

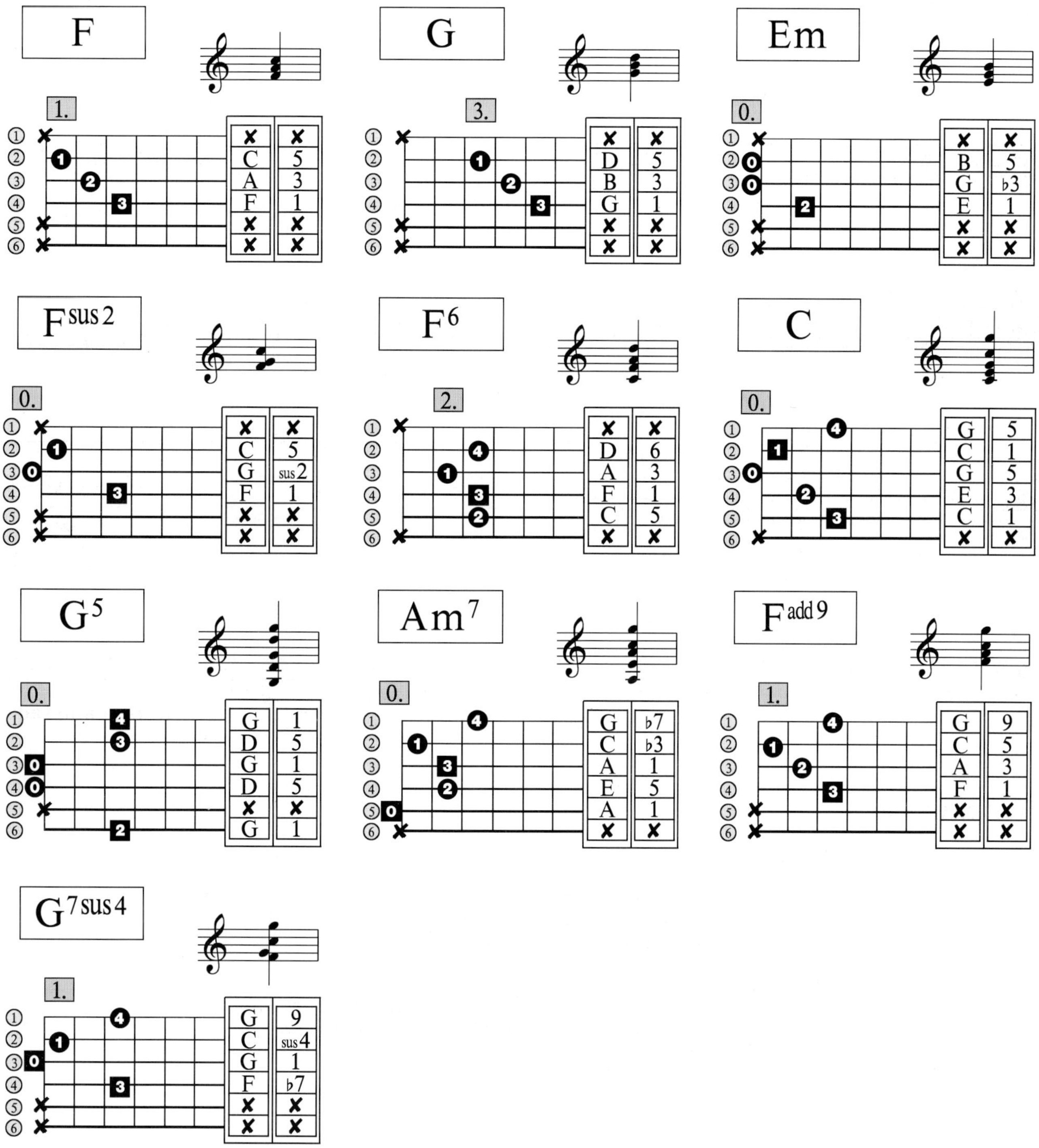

Spieltips

Der ganze Song ist achtelorientiert, an der Gitarrennotation kannst du das gut erkennen. Die achteligen Akkorde sind abgedämpft gespielt, unterbrochen von ausklingenden Dreiklängen.
Der Refrain mischt Akkorde mit Arpeggien, ist sehr interessant zu spielen. Das Solo ist auskomponiert und besteht auch überwiegend aus Arpeggien, genauso wie der folgende Instrumentalrefrain.
Das Extro lehnt sich an den Vers an und ist auch fast genauso zu spielen. Übenswert ist für dich wahrscheinlich das schnelle Umschalten von abgedämpften Akkorden zu offenen Arpeggien - wird alles mit der rechten Hand gemacht.

Sound

Eine Stratocaster, ein Verstärker mit silbrig-cleanem Ton und ein schimmernder Choruseffekt, dann bist du dicht am Original. Jede andere E-Gitarre und jeder andere Verstärker mit cleanem Sound tut's natürlich auch.

Gitarrennotation

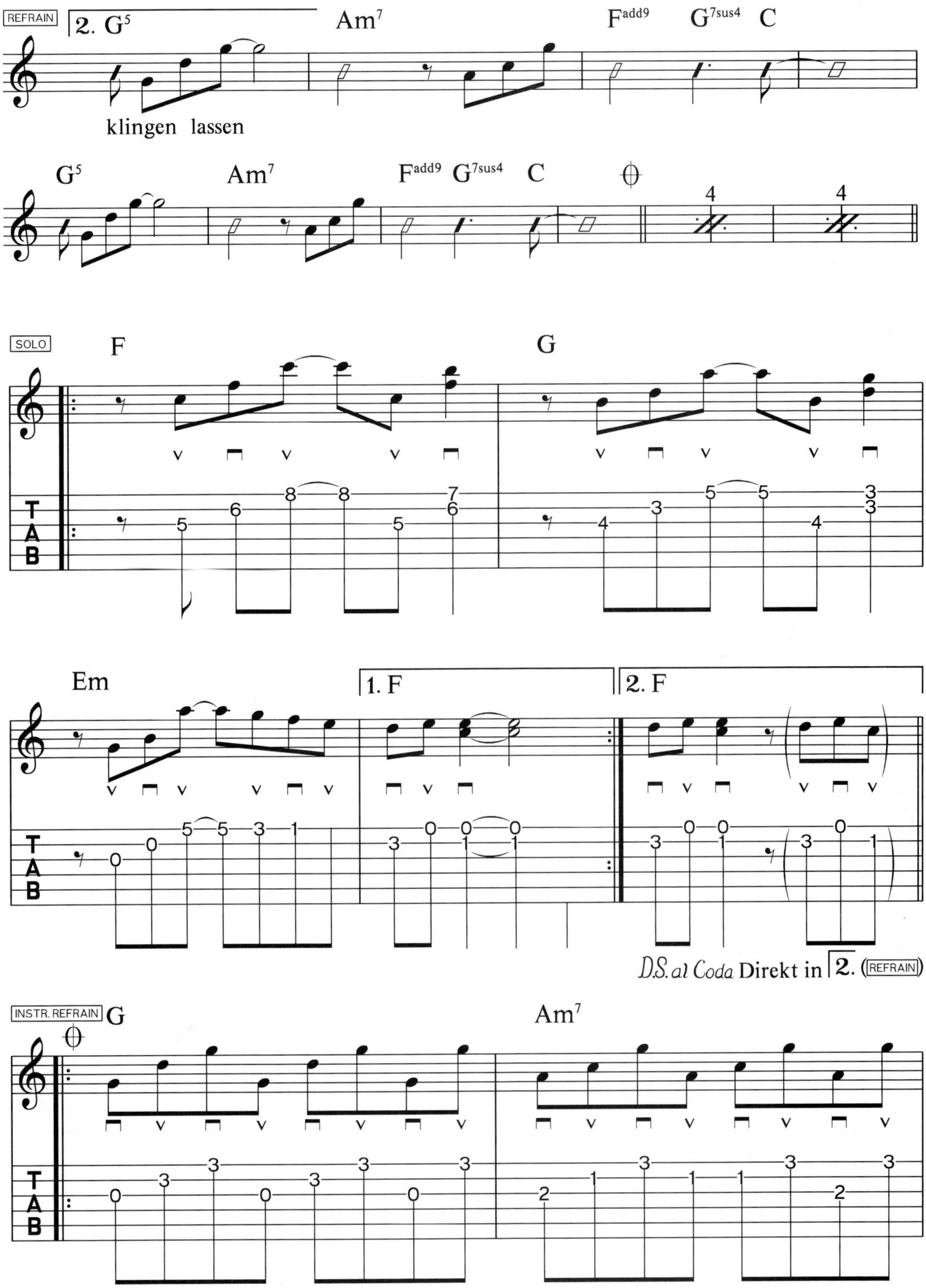
REFRAIN
2. G5
Am7
Fadd9
G7sus4
C
klingen lassen
G5
Am7
Fadd9
G7sus4
C
4
4
SOLO
F
G
TAB
Em
1. F
2. F
TAB
D.S. al Coda Direkt in 2. (REFRAIN)
INSTR. REFRAIN
G
Am7
TAB

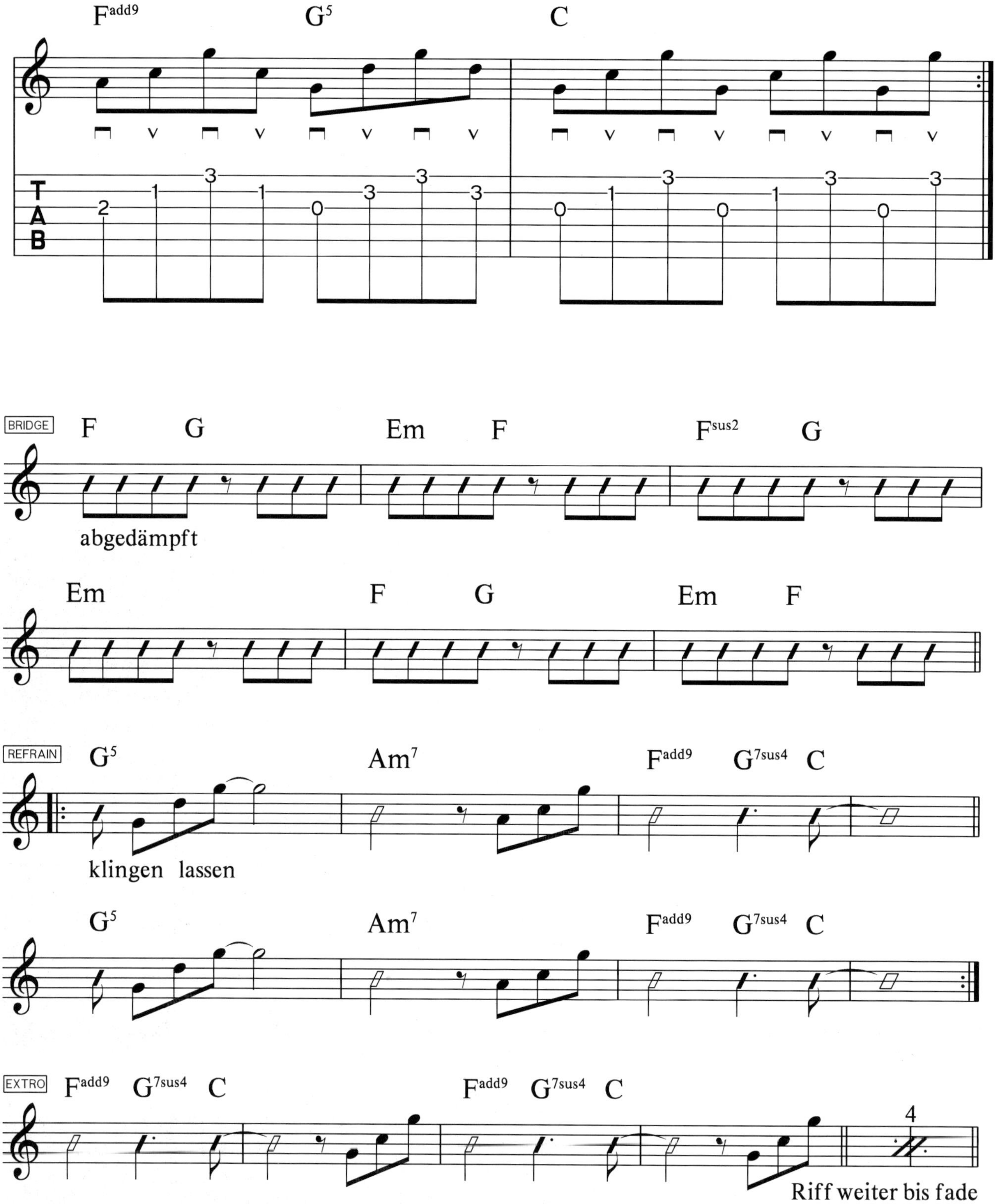
Fadd9 G5 C
T
A
B
2 1 3 1 0 3 3 3
0 1 3 0 1 3 0 3
BRIDGE
F G Em F Fsus2 G
abgedämpft
Em F G Em F
REFRAIN
G5 Am7 Fadd9 G7sus4 C
klingen lassen
G5 Am7 Fadd9 G7sus4 C
EXTRO
Fadd9 G7sus4 C Fadd9 G7sus4 C
4
Riff weiter bis fade

Joe Cocker

Unchain my heart

LP: Unchain my heart, 1987

Besetzung: Joe Cocker	-	Gesang
David Beal	-	Schlagzeug
T.M. Stevens	-	Bass
Jeff Levine	-	Keyboards
Phil Grande	-	Gitarre
Clarence Clemmons	-	Tenor Sax
The Uptown Horns	-	Horns & Horn Arrangement

Der am 20.5.1944 geborene Joe Cocker ist eines der letzten "Urgesteine" des Rock. Immer noch - oder gerade jetzt - liefert er großartige Songs und Live- Auftritte ab; überzeugend und ehrlich. Oft genug ist er wegen Alkoholproblemen längst abgeschrieben worden. Mit Hilfe von Freunden entpuppte er sich im Gegenteil als Stehaufmännchen.

Mit dem Beatles-Song "With a little help from my friends" hatte er 1968 seinen ersten Nr. 1-Hit in England. Es folgten Hits wie "The letter", "You are so beautiful", "Up where we belong" zusammen mit Jennifer Warnes, "Unchain my heart" oder auch "You can leave your hat on" aus dem Film 9 1/2 Wochen.

Nachdem er früher von allzu cleveren Managern oft über den Tisch gezogen wurde, ist er mittlerweile seit Jahren längst ganz oben etabliert, wo er auch hingehört.

Joe Cocker

Unchain my heart

Leadsheet

Dm Am Dm Am
Ev- 'ry- time I call you on the phone, a fel- la tells me you 're not at home, so un-
F7 E7/#9 Am
chain my heart, ba- by let me go. I'm un- der your spell,
B
Dm E7 Am
like a man in a trance. But I no darn
Dm7 F9 E7
well, that I don't stand the chance. So un- chain my
A
Am
heart, let me go my way. Un- chain my
Dm7 Am
heart, you wor- ry me night and day.
Dm Am Dm Am
Why lead me through a life of mi- ser- y, when you don't care a bag of beans for me. Un-
F9 E7/#9 Am
1.
chain my heart, ba- by set me free.
Am
2.
I'm un- der your spell free.

Songaufbau

Strophe 1:

Unchain my heart, baby let me be.
Unchain my heart, 'cause you don't care about me.
You've got me sew'd up like a pillow case,
but let my love go to waste,
so unchain my heart, oh please, please set me free.

Strophe 2:

Unchain my heart, baby let me go.
Unchain my heart, 'cause you don't love me no mo'.
Ev'rytime I call you on the phone,
some other fella tells me you're not at home,
so unchain my heart, oh please, please set me free.

Bridge 1:

I'm under your spell,
like a man in trance.
But I no darn well,
that I don't stand the chance.

Strophe 3:

So unchain my heart, let me go my way.
Unchain my heart, you worry me night and day.
Why lead me through a life of misery,
when don't care a bag of beans for me.
Unchain my heart, oh please set me free.

Akkorde

Die gibt's mal wieder nicht, dafür gibt's alles in Notation und Tabulatur.

Spieltips

Im Original hörst du zwei Gitarren, eine Rhythmusgitarre und eine Riff-Gitarre. Beide habe ich für dich aufgeschrieben, zuerst nun die Rhythmusgitarre: Die Introakkorde des Pianos habe ich mitnotiert, falls du sie mitspielen willst. Ab Formteil A geht's dann richtig los. Es sind alles keine schwierigen Akkorde, die Akkordsymbole zeigen dir das schon.

Die Riff-Gitarre ist noch einfacher zu handhaben, die spielt ein sich oft wiederholendes Riff mit "knackigen" Ghostnotes. Nur ab und zu kommen ein paar Akkorde vor. Dies ist die eindeutig einfacher zu spielende Gitarre.
der Übersicht halber habe ich noch eine "Easy-Gitarrennotation" mit allen Akkordsymbolen geschrieben. Du findest sie hinter der Gitarrennotation.

Sound

Beide Gitarren sind E-Gitarren. Die Rhythmusgitarre hat einen ganz leicht angezerrten Ton, mit dem alle Akkorde noch gut durchhörbar sind. Die Riff-Gitarre dagegen braucht schon etwas mehr Zerrung, damit die Riffs gut und druckvoll rüberkommen.

Riff-Gitarre

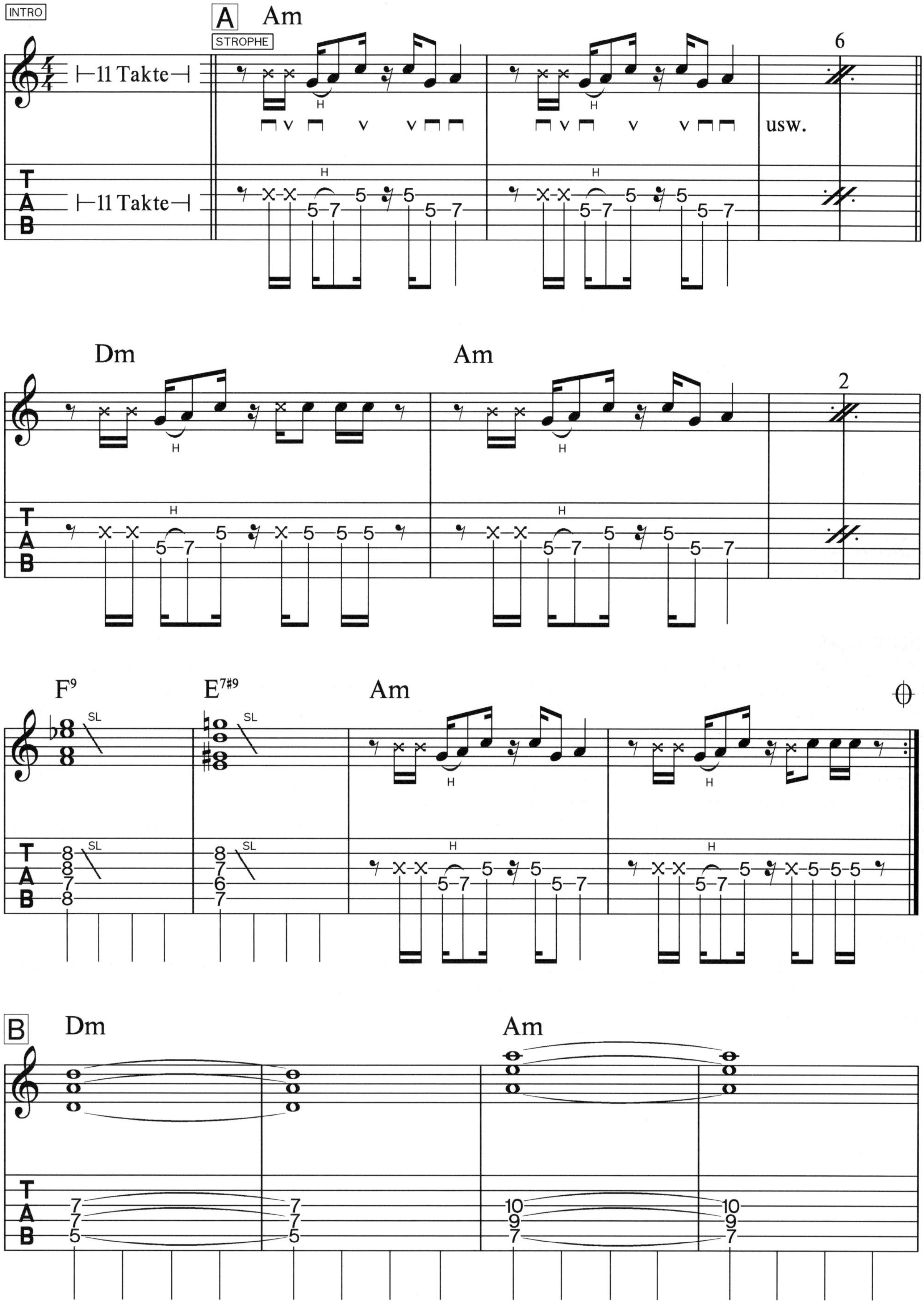

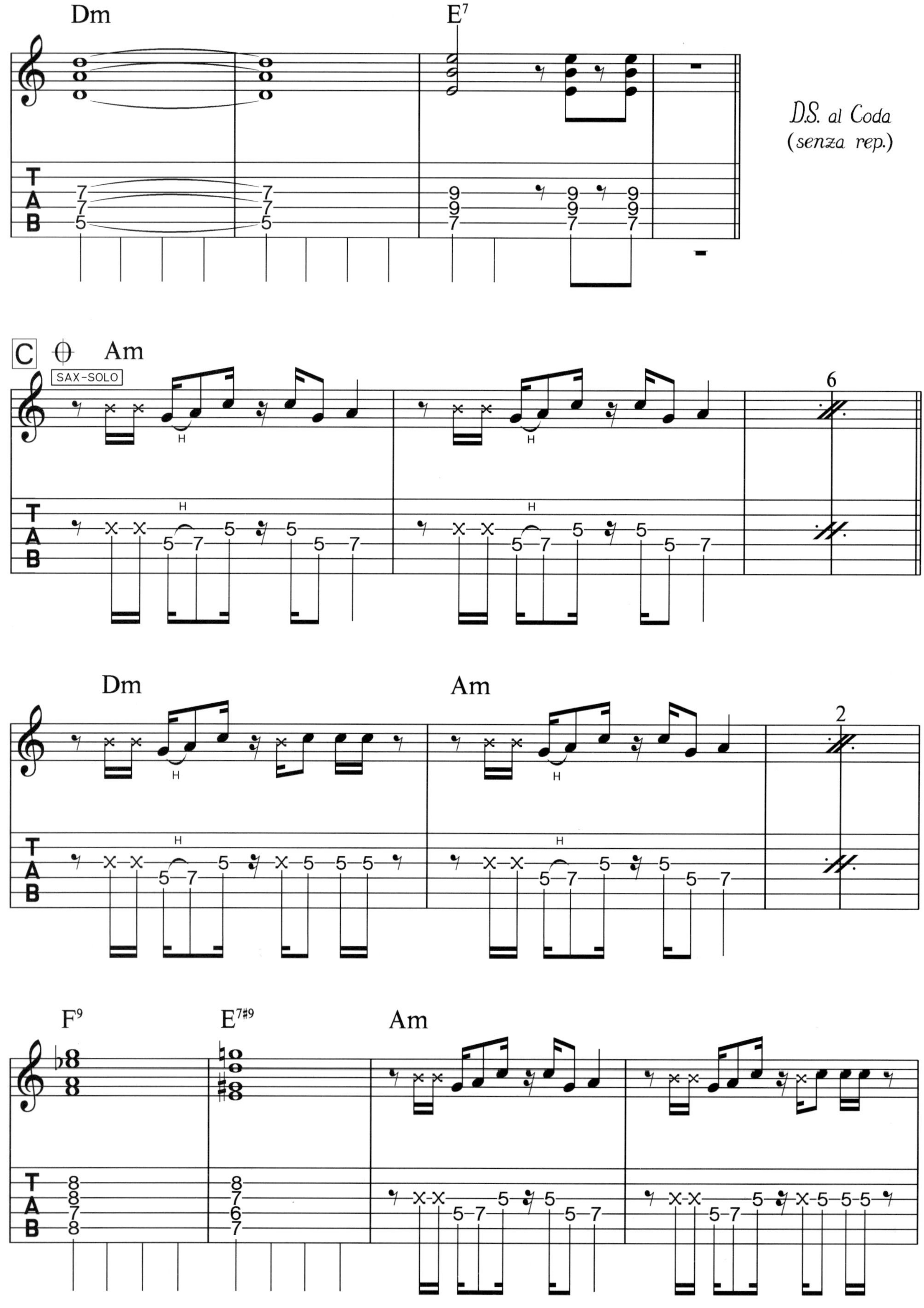
Dm
E7
D.S. al Coda
(senza rep.)
C
SAX-SOLO
Am
6
Dm
Am
2
F9
E7#9
Am

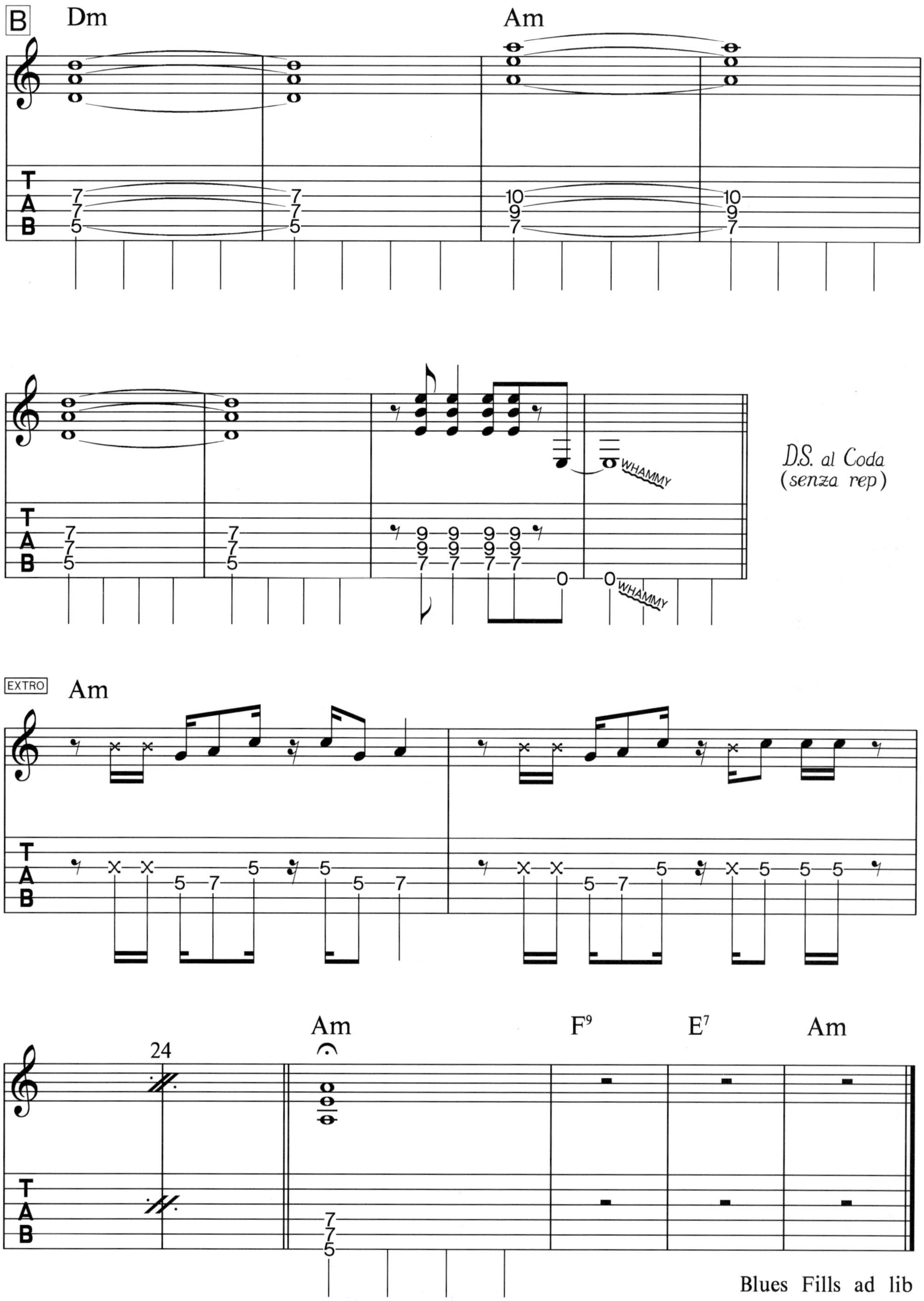
B
Dm
Am
WHAMMY
WHAMMY
D.S. al Coda
(senza rep)
EXTRO
Am
24
Am
F9
E7
Am
Blues Fills ad lib

Rhythmus-Gitarre

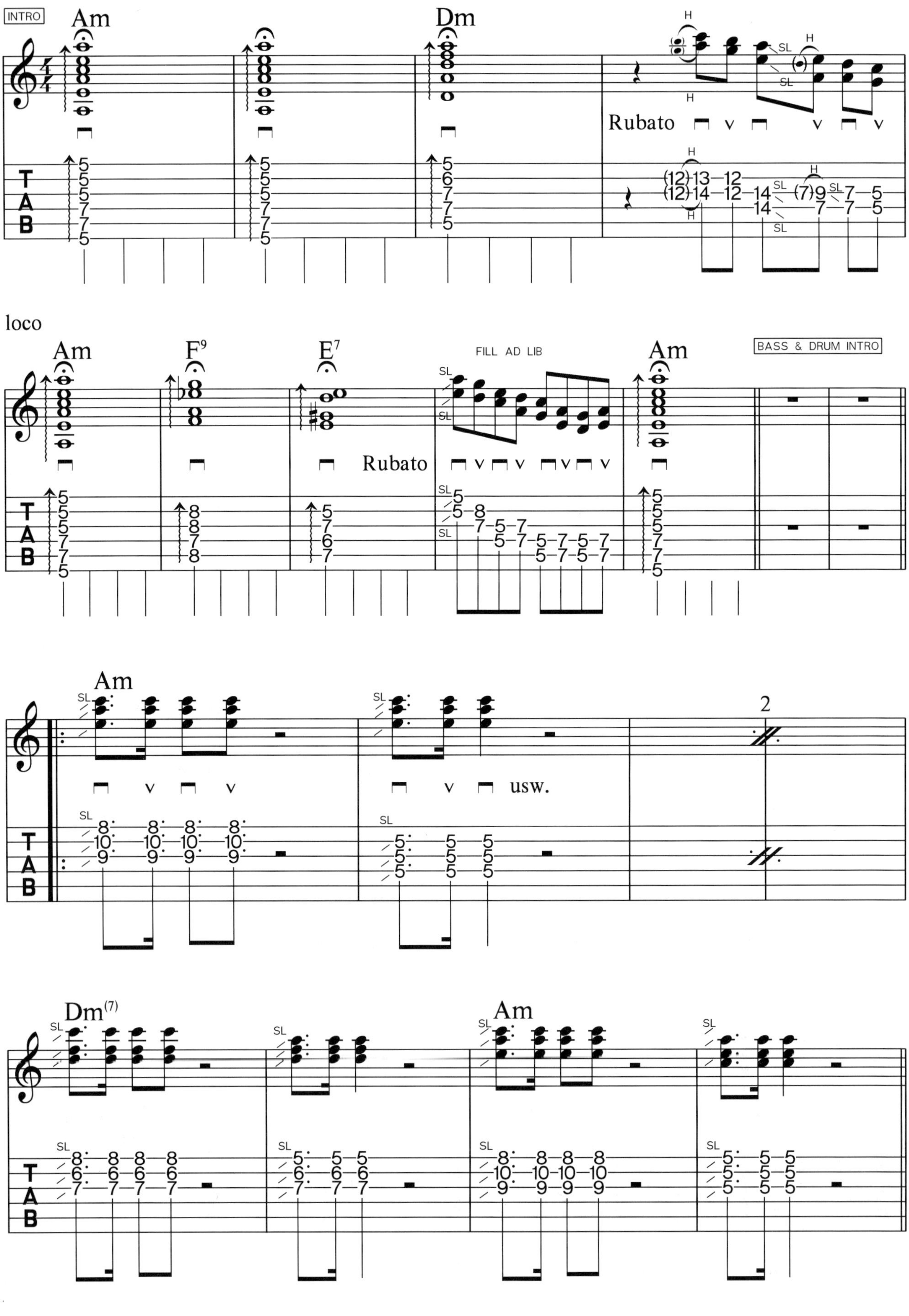

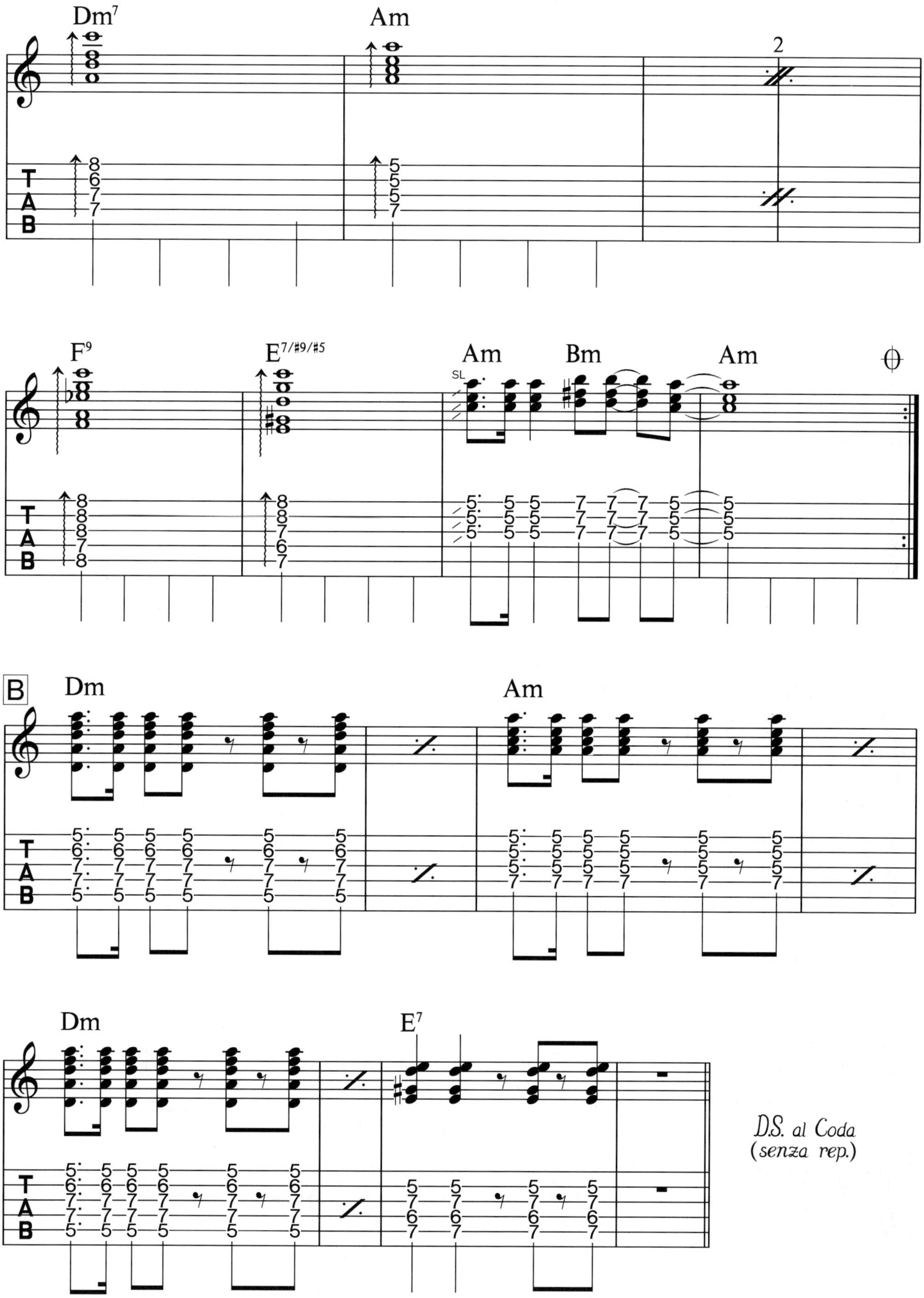
Dm7
Am
2
F9
E7/#9/#5
Am
Bm
Am
SL
B
Dm
Am
Dm
E7
D.S. al Coda
(senza rep.)

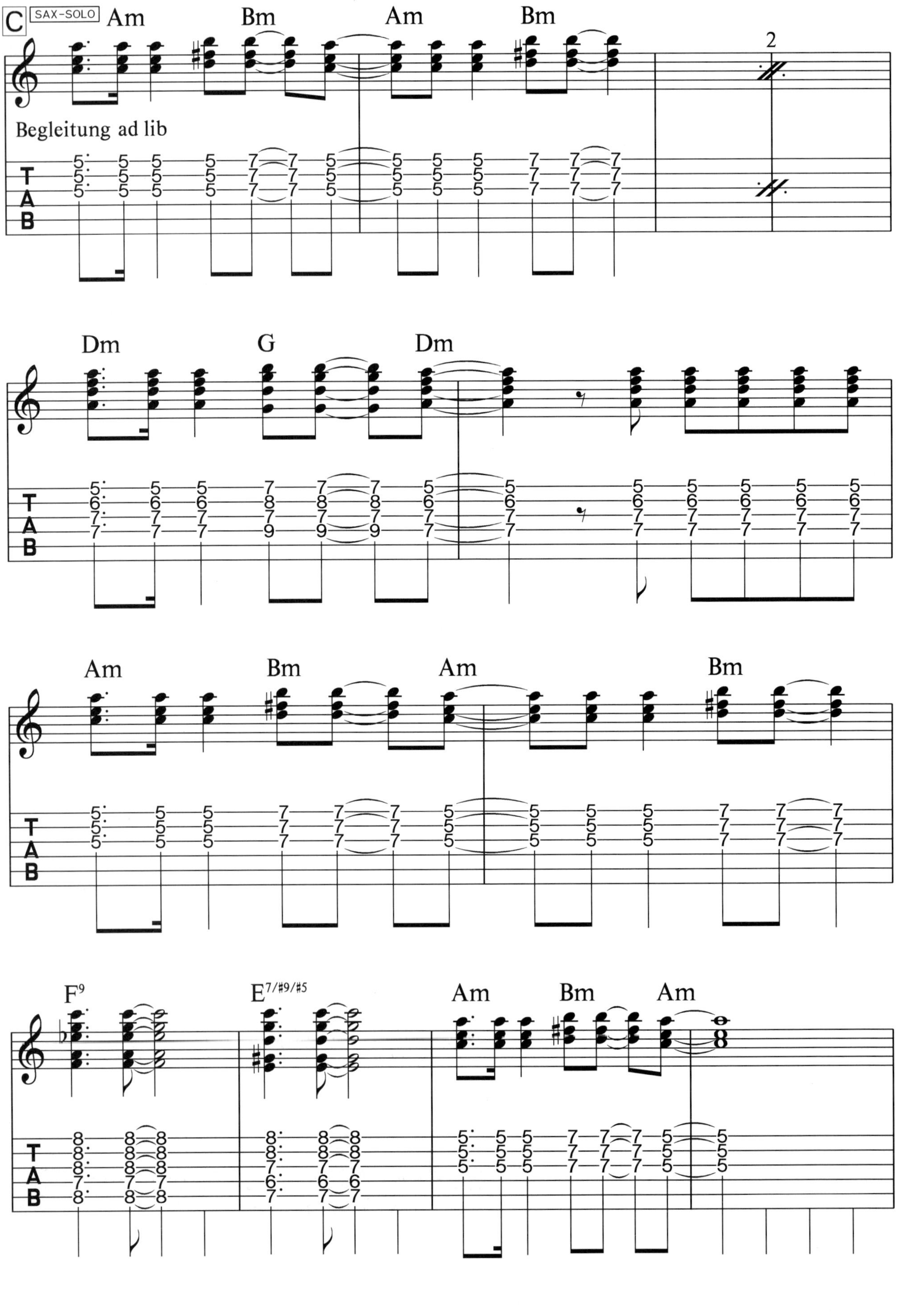
C
SAX-SOLO
Am
Bm
Am
Bm
2
Begleitung ad lib
Dm
G
Dm
Am
Bm
Am
Bm
F9
E7/#9/#5
Am
Bm
Am

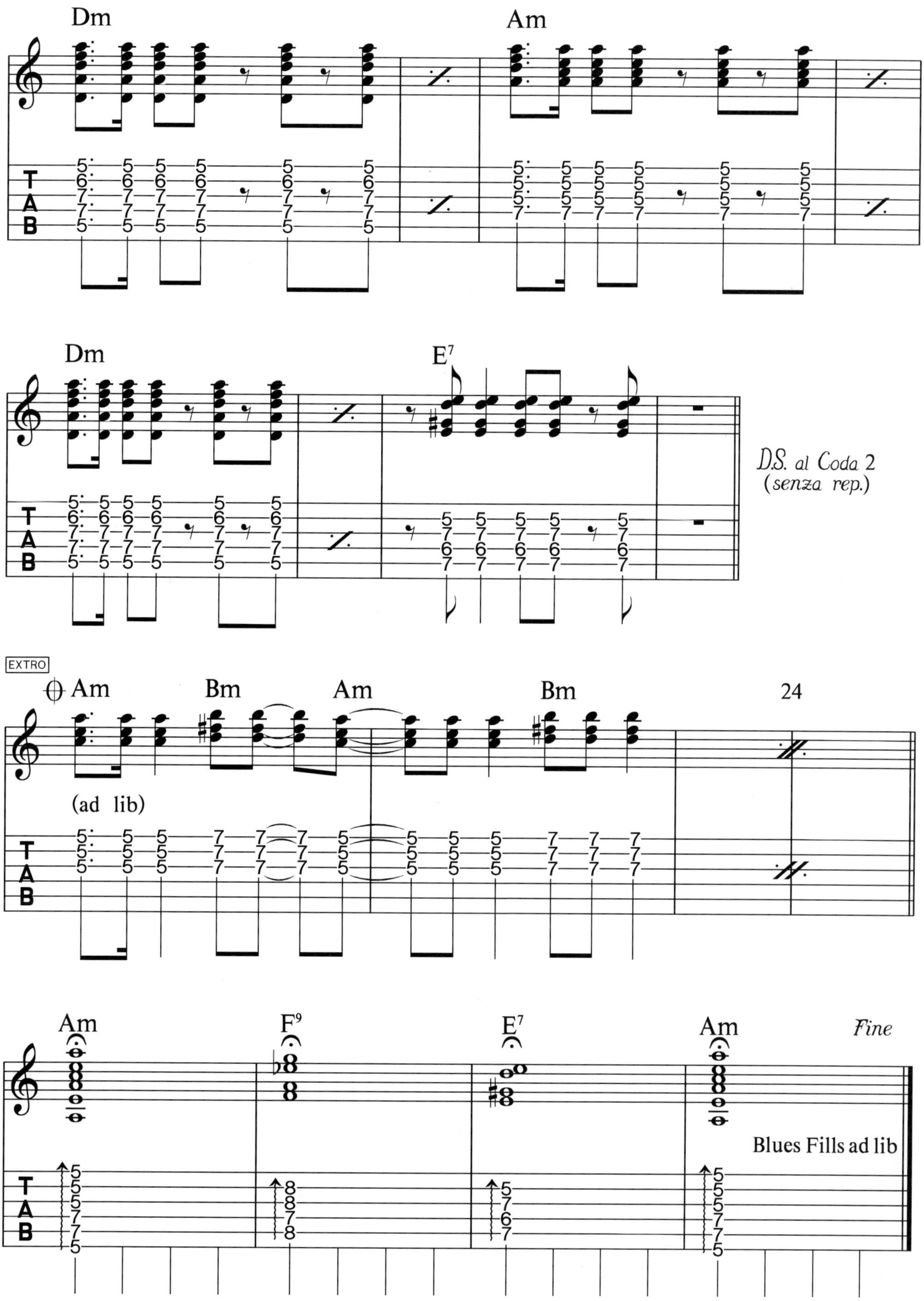
Dm
Am
Dm
E7
D.S. al Coda 2
(senza rep.)
EXTRO
Am
Bm
Am
Bm
24
(ad lib)
Am
F9
E7
Am
Fine
Blues Fills ad lib

"Easy"-Gitarrennotation

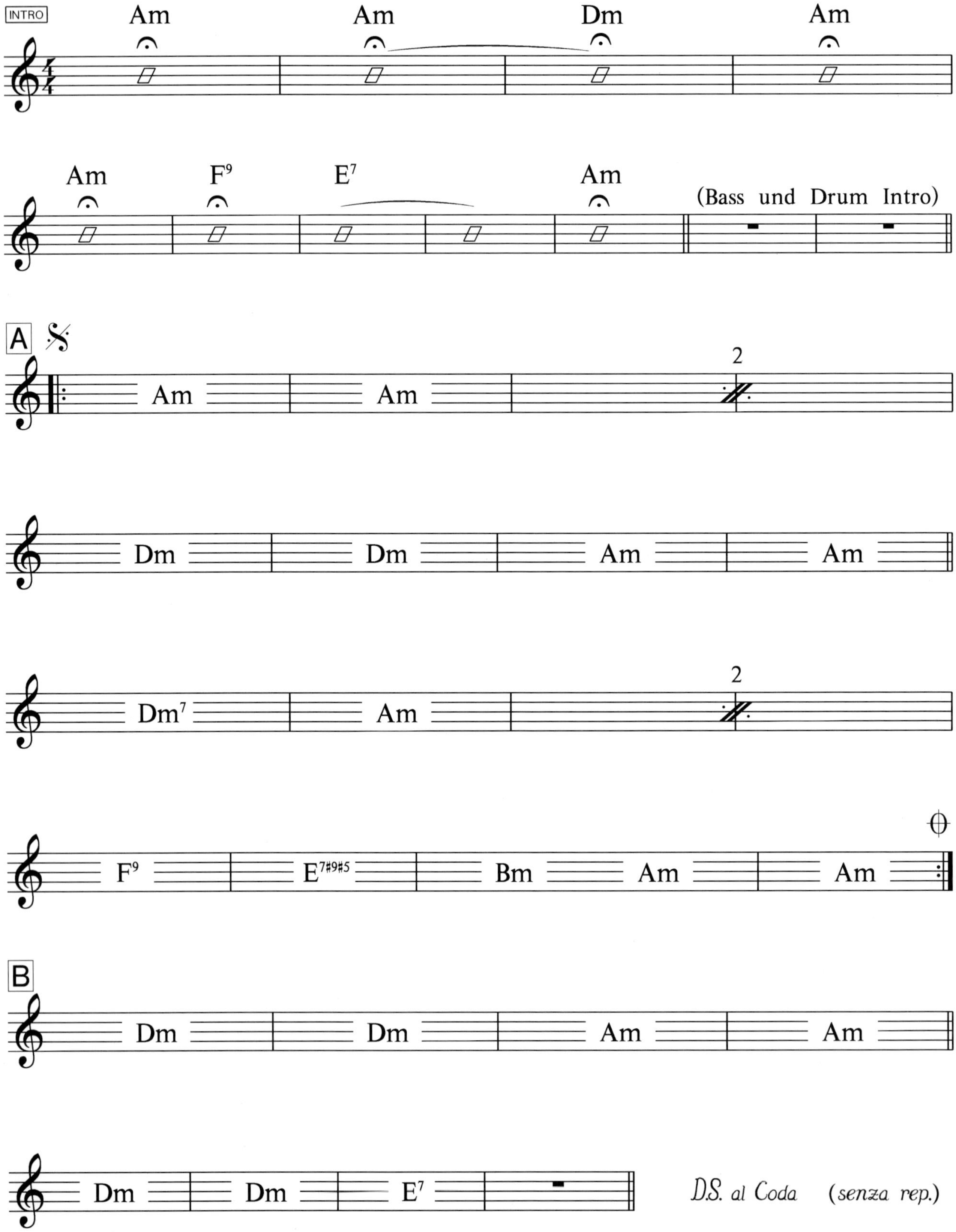

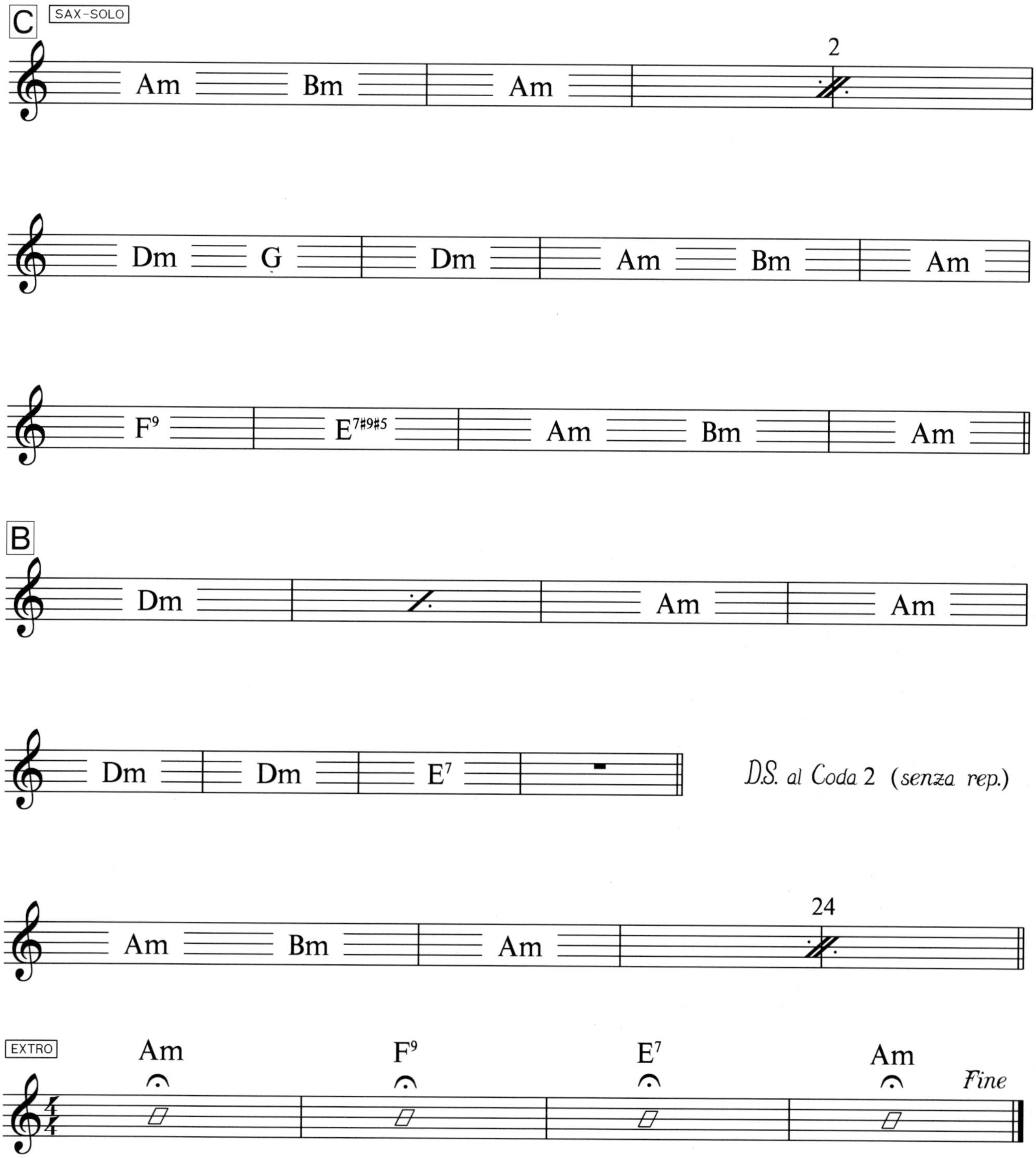
C
SAX-SOLO
Am
Bm
Am
2
Dm
G
Dm
Am
Bm
Am
F9
E7#9#5
Am
Bm
Am
B
Dm
Am
Am
Dm
Dm
E7
D.S. al Coda 2 (senza rep.)
Am
Bm
Am
24
EXTRO
Am
F9
E7
Am
Fine

Cat Stevens
Wild world

LP: Teaser and the Firecat, 1971

Besetzung:
Cat Stevens - Gesang, Gitarre, Piano
sowie weitere Studiomusiker

Cat Stevens wurde am 21.7.1947 als Stephen Demetri Georgiou geboren, Sohn eines Griechen und einer Schwedin. Er wuchs in London auf und machte 1966 seine ersten Platten.
Mit "Matthew and son" und "I'm gonna get me a gun" hatte er 1967 seine ersten Hits in England.
Nach einer krankheitsbedingten Pause war er 1970 wieder da. Es folgten Songs wie "Lady D'Arbanville", "Wild world", "Peace train" und "Morning has broken".
Außerdem machte er die Filmmusik zum Kultfilm "Harold and Maude".
Ende der siebziger Jahre ließ der Erfolg jedoch nach. Cat Stevens stieg aus dem Plattengeschäft aus und trat dem Islam bei. Seitdem macht er nur noch mit proislamischen Statements von sich reden.
Das vorliegende "Wild World" wurde unlängst erfolgreich von der Heavy Rock Band Mr. Big gecovert.

Cat Stevens

Wild world

Leadsheet

Songaufbau

Strophe 1:

Now that I've lost ev'rything to you, you say you wanna start something new.
And it's breaking my heart you're leaving, baby I'm grieving.
But if you want to leave, take good care, hope you have a lot of nice things to wear,
but then a lot of things turn bad out there.

Refrain:

Oh, baby, baby it's a wild world.
It's hard to get by just upon a smile, girl.
Oh, baby, baby it's a wild world.
I'll always remember you as a child, girl.

Strophe 2:
You know I've seen a lot of what the world can do and it's breaking my heart in two,
because I never want to see you sad, girl. Don't be a bad girl!
But if you want to leave, take god care, hope you make a lot of nice friends out there,
but just remember there's a lot of bad and beware.

Refrain:
Oh, baby, baby it's a wild world.
It's hard to get by just upon a smile, girl.
Oh, baby, baby it's a wild world.
I'll always remember you as a child, girl.

Solo:
La, la, la, la, la....

Akkorde

Diesen Song kannst du mit lauter offenen Akkorden (mit Leersaiten) spielen, du kennst sie bestimmt alle schon. Einzige Ausnahme ist der F-Dur-Akkord als Barré im ersten Bund.
Die Griffe selbst brauchen, denke ich, keine Erklärung; alles alte Bekannte.

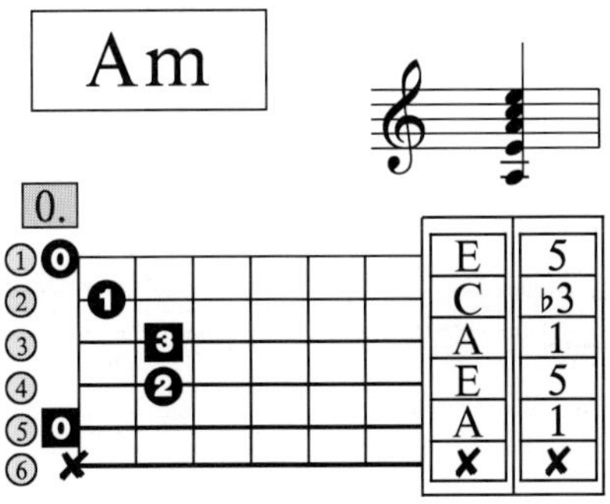

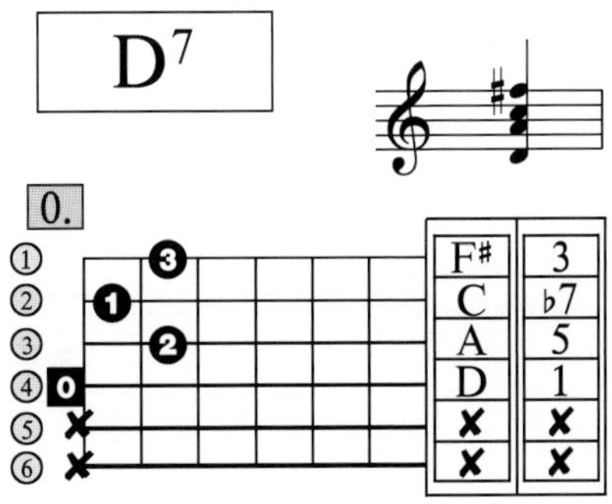

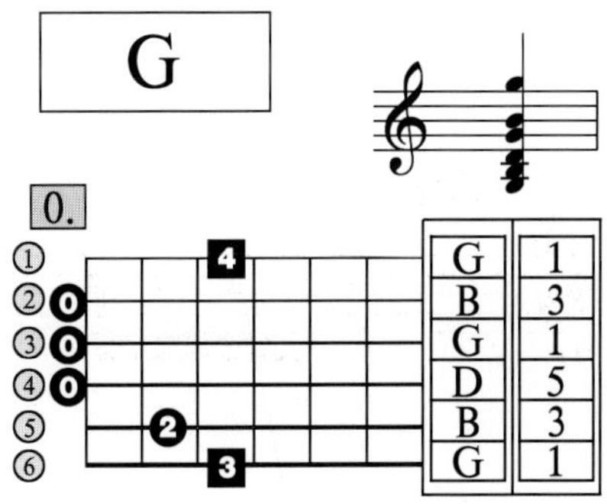

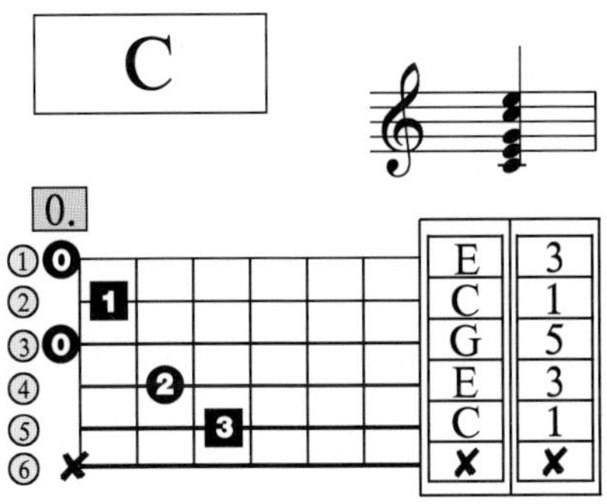

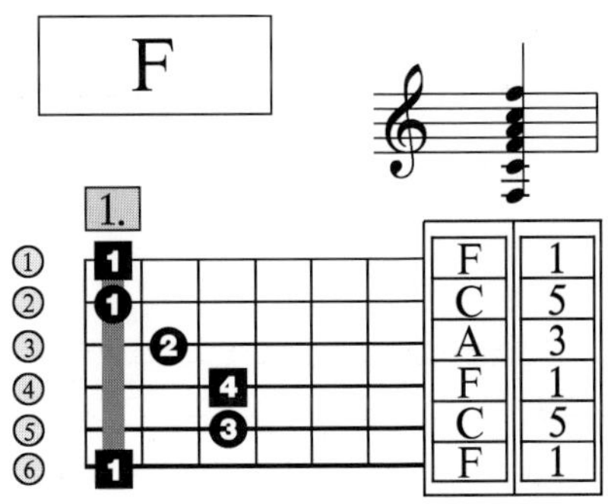

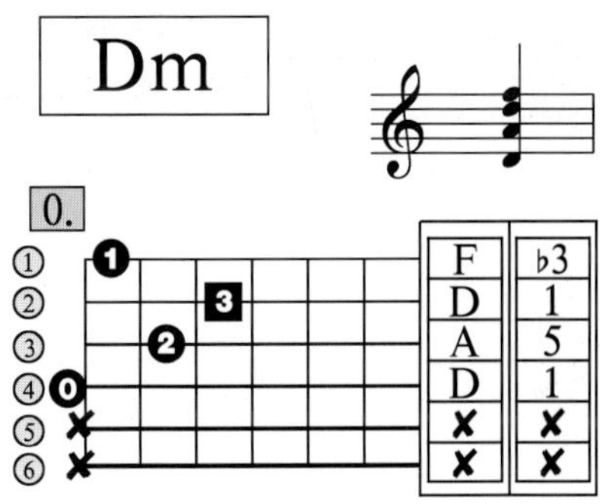

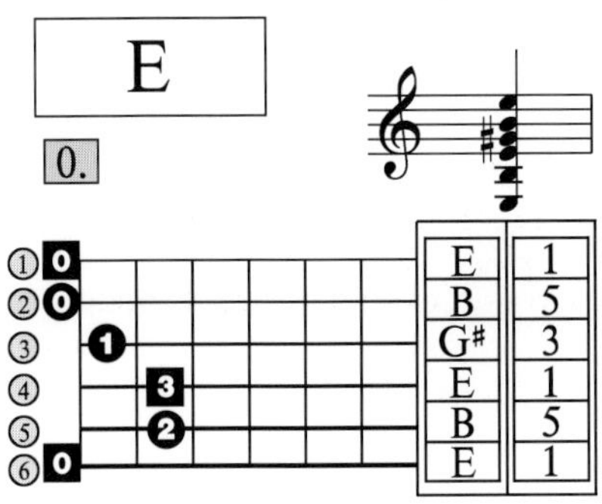

Spieltips

Nachdem die Akkorde sich als einfach entpuppt haben, wirst du sehen, daß der Rhythmus auch nicht schwer zu spielen ist. Er zieht sich durch den ganzen Song und wird nur durch sich wiederholende Single Notes und zweistimmige Linien unterbrochen. Die allerdings erfordern etwas Übung, sind dafür aber die einzige Klippe.
Den Instrumentalteil habe ich dir extra notiert, es sind zweistimmige Linien; fast alle in Terzen. Falls du Schwierigkeiten damit hast, tröste dich: Der Teil ist nur vier Takte lang, am besten immer im Kreis üben (die vier Takte immer wiederholen).

Sound

Deine Western-Gitarre oder Konzertgitarre ist genau das richtige Instrument für diesen Song.

Gitarrennotation

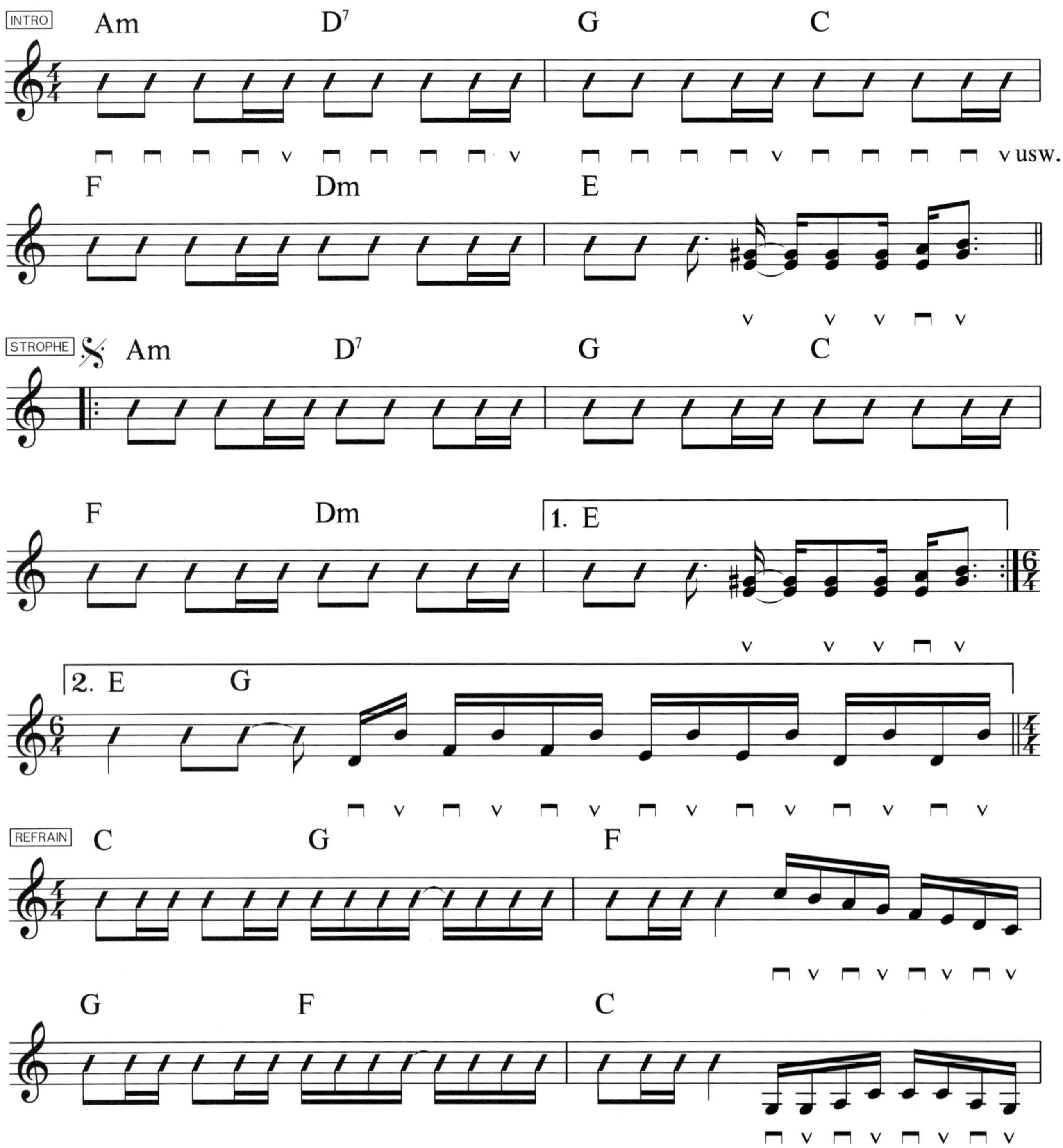

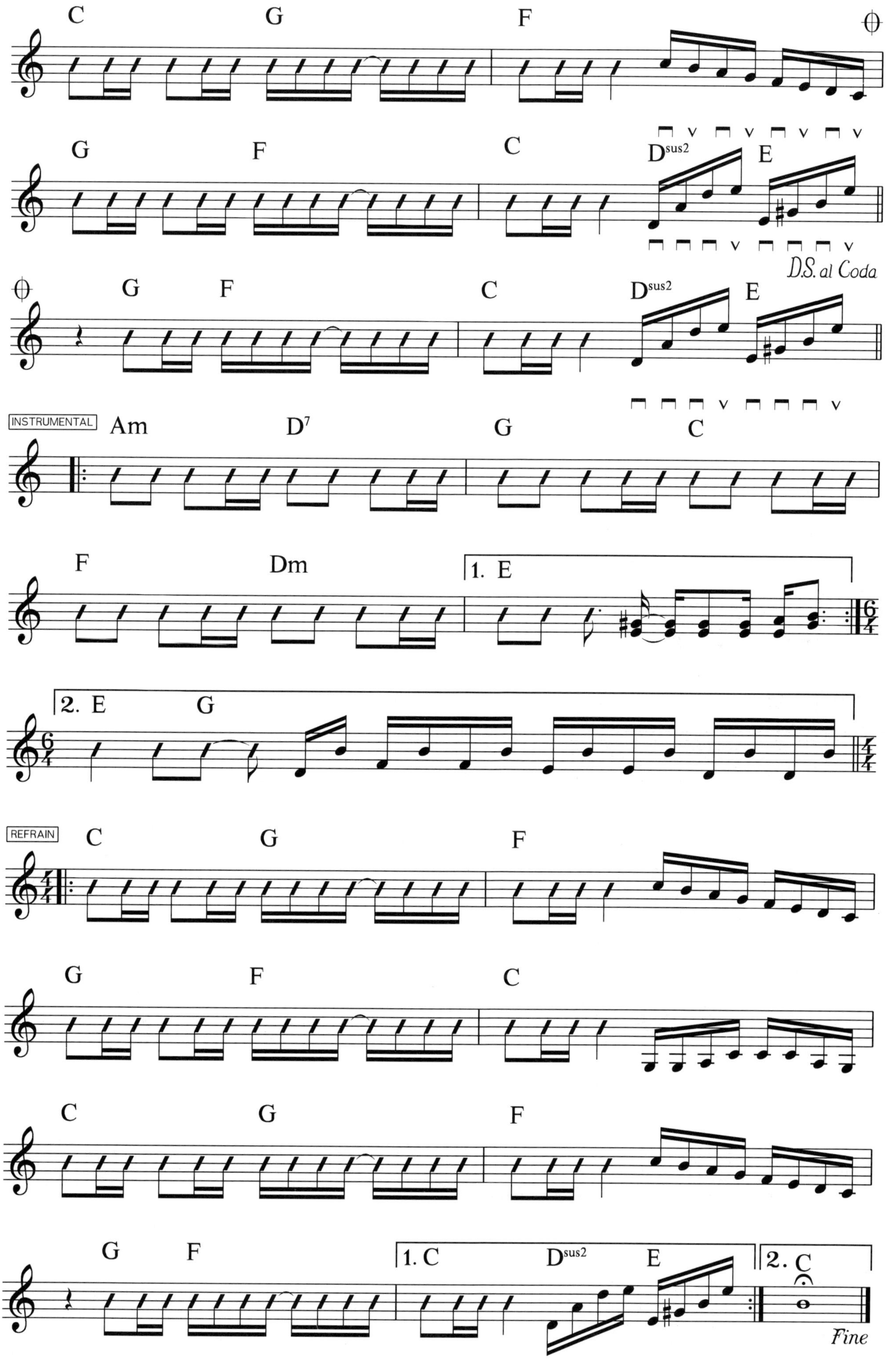
C G F
G F C Dsus2 E
D.S. al Coda
G F C Dsus2 E
INSTRUMENTAL
Am D7 G C
F Dm 1. E
2. E G
REFRAIN
C G F
G F C
C G F
G F 1. C Dsus2 E 2. C
Fine

Instrumentalteil

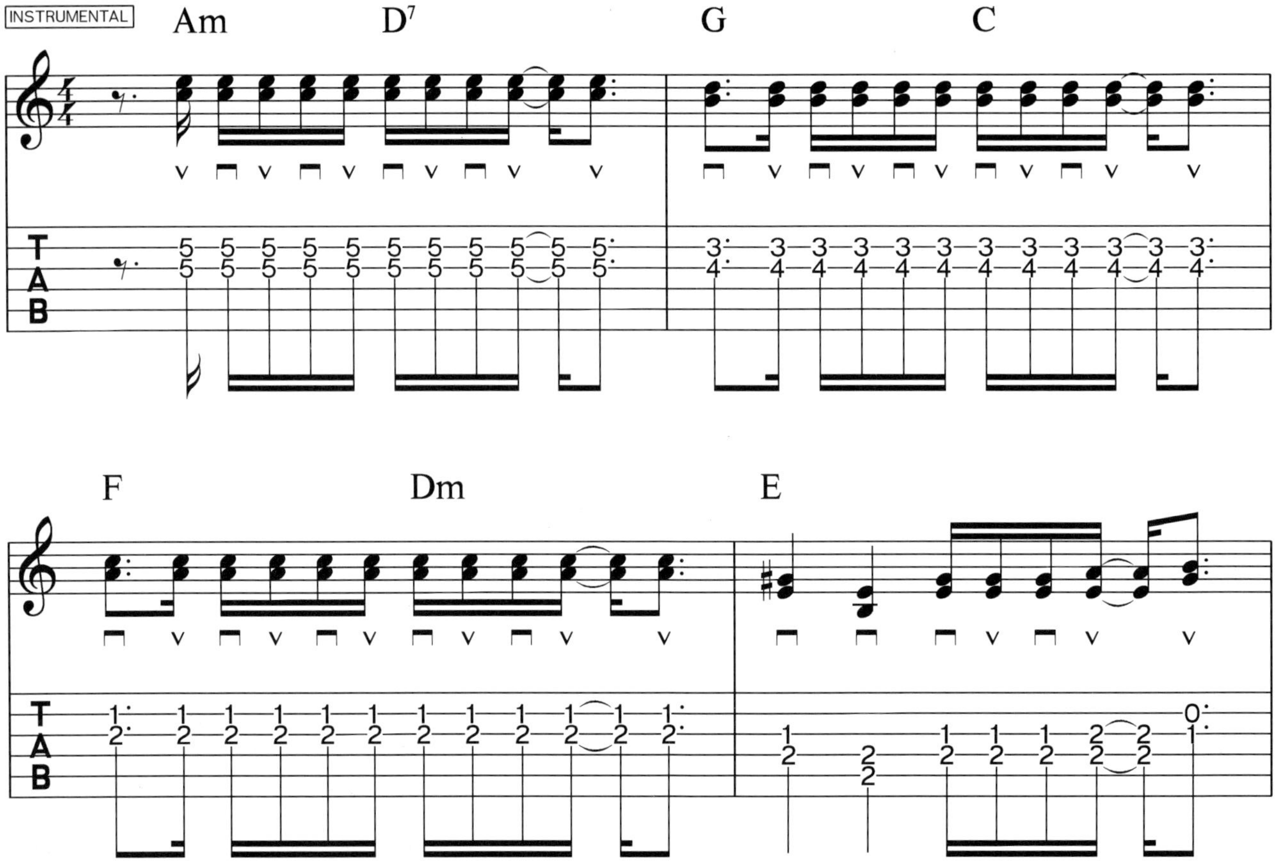

Stevie Wonder

You are the sunshine of my life

LP: Talking Book, 1972

Der von Geburt an blinde Stevie Wonder war schon mit 12 Jahren ein kleiner Soul-Star bei Motown Records. Da hieß er noch Little Stevie Wonder. Mit 13 hatte er seinen ersten Hit,"Fingertips - Pt 2", das war 1963. Das war der Anfang einer unglaublichen Karriere eines begnadeten Musikers. Alle seine Hits hier aufzuführen, würde den Rahmen sprengen. Auf jeden Fall ist unser vorliegendes "You are the sunshine of my life" einer davon. Einige seiner LP's spielte er im Alleingang ein, z. B. das legendäre Doppelalbum "Songs in the Key of Life".
In letzter Zeit macht er sich etwas rar, bei der Menge und Klasse, die er bis heute abgeliefert hat, hat er sich das allerdings auch verdient.

Stevie Wonder

You are the sunshine of my life

Leadsheet

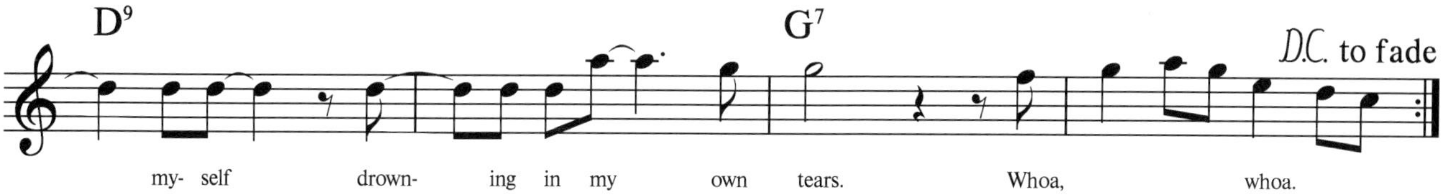

Akkorde

Hier merkt man, daß Stevie Wonder sich auch im Jazz-Bereich ganz gut auskennt. Da sind schon so einige Akkorde dabei, die es in sich haben.

Neu ist für dich vielleicht der $A^{7/\flat 9/13}$-Akkord: Hier benötigst du deinen Daumen zum Greifen der tiefen E-Saite. Ein Blick auf das Griffdiagramm zeigt es dir. G/F klingt eventuell auch neu für dich, ist aber nur ein G-Dur-Akkord mit dem Ton F im Bass. Beim D^9-Akkord habe ich eine Version mit leerer hoher e-Saite gewählt. Das klingt im Zusammenhang gut und ist leicht zu greifen.

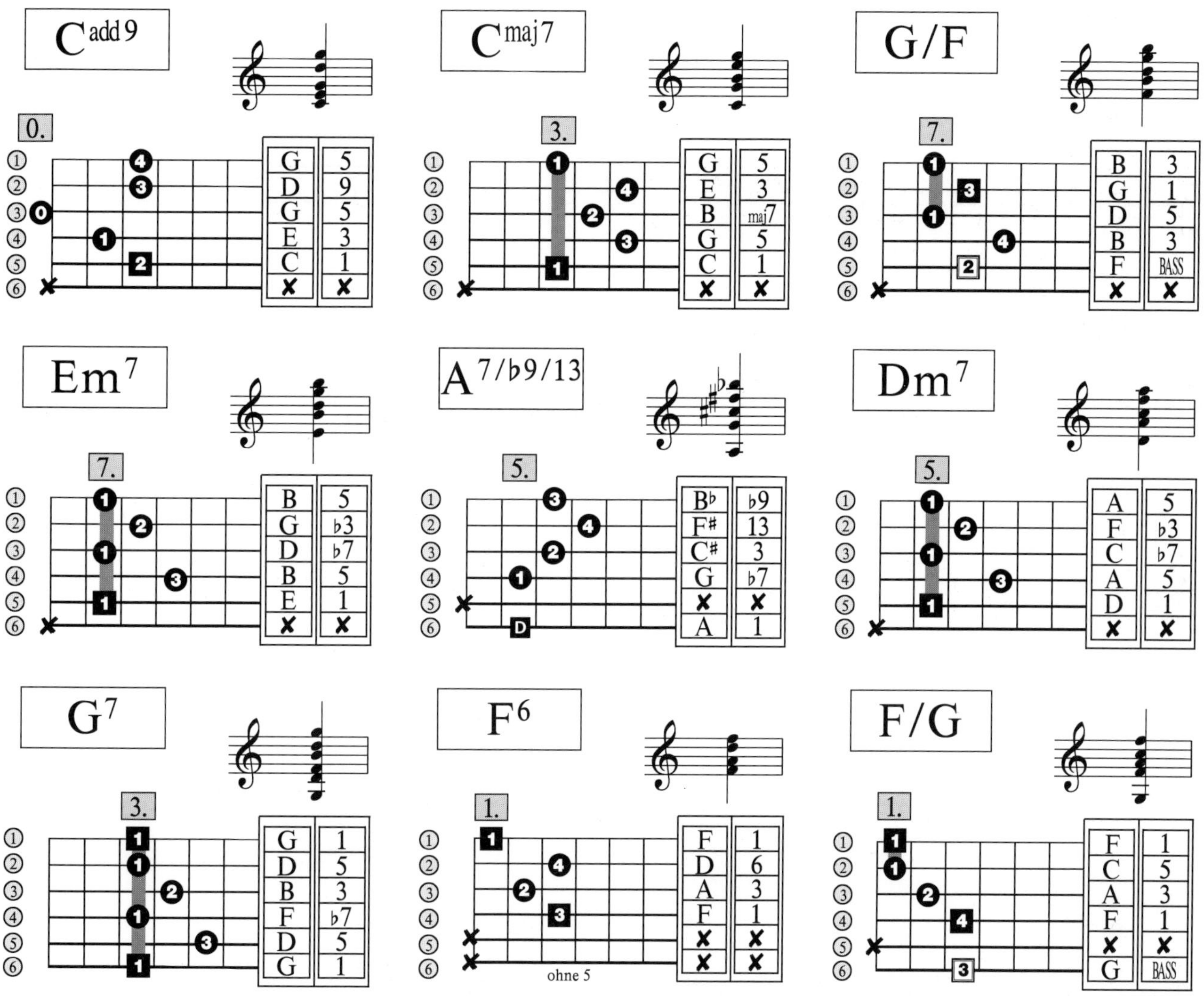

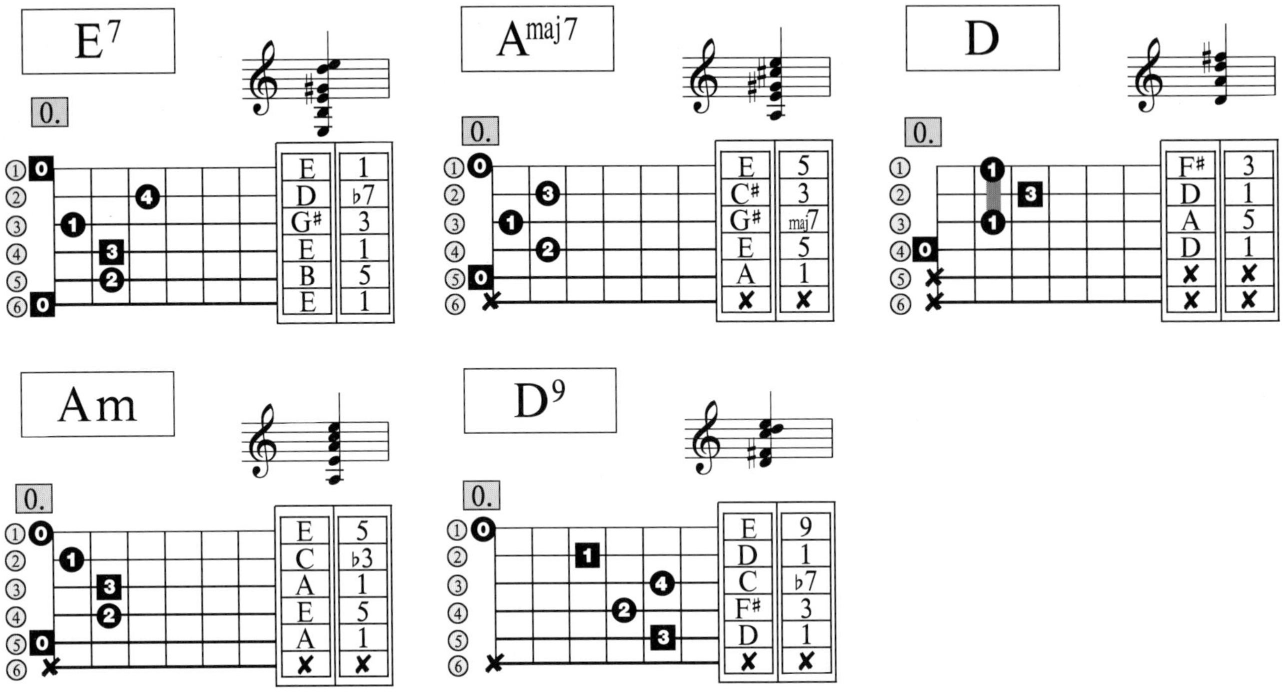

Spieltips

Mal wieder ein Song ohne Gitarre im Original, trotzdem läßt er sich prima auf der Gitarre umsetzen. Das Arrangement wird es dir zeigen.
Die Intro fängt harmlos an, dann kommt allerdings im dritten und vierten Takt ein zweistimmiger Aufgang in großen Terzen, und zwar als Ganztonleiter. Aber keine Bange, ist gar nicht so schwer zu spielen.

Ab Formteil A gibt's einen Rhythmus mit Ghostnotes, nicht allzu schwer zu spielen. Wenn du die Akkordwechsel beherrschst, kann's eigentlich losgehen. Im Original gibt es im Song eine Halbtonrückung nach oben, der Einfachheit halber habe ich die hier weggelassen. Um zu einem Schluß zu kommen, habe ich noch einmal die Intro gewählt, die mündet dann in den Schlußakkord **C**^{maj7}.

Sound

Jede Gitarre, ob Acoustic- oder E-Gitarre, kannst du verwenden, je nach deinem Geschmack.

Gitarrennotation

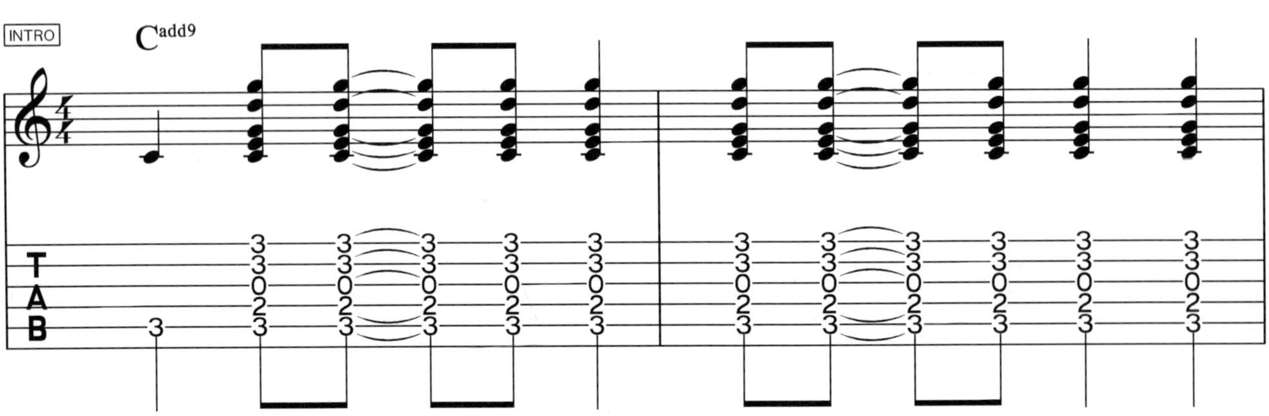

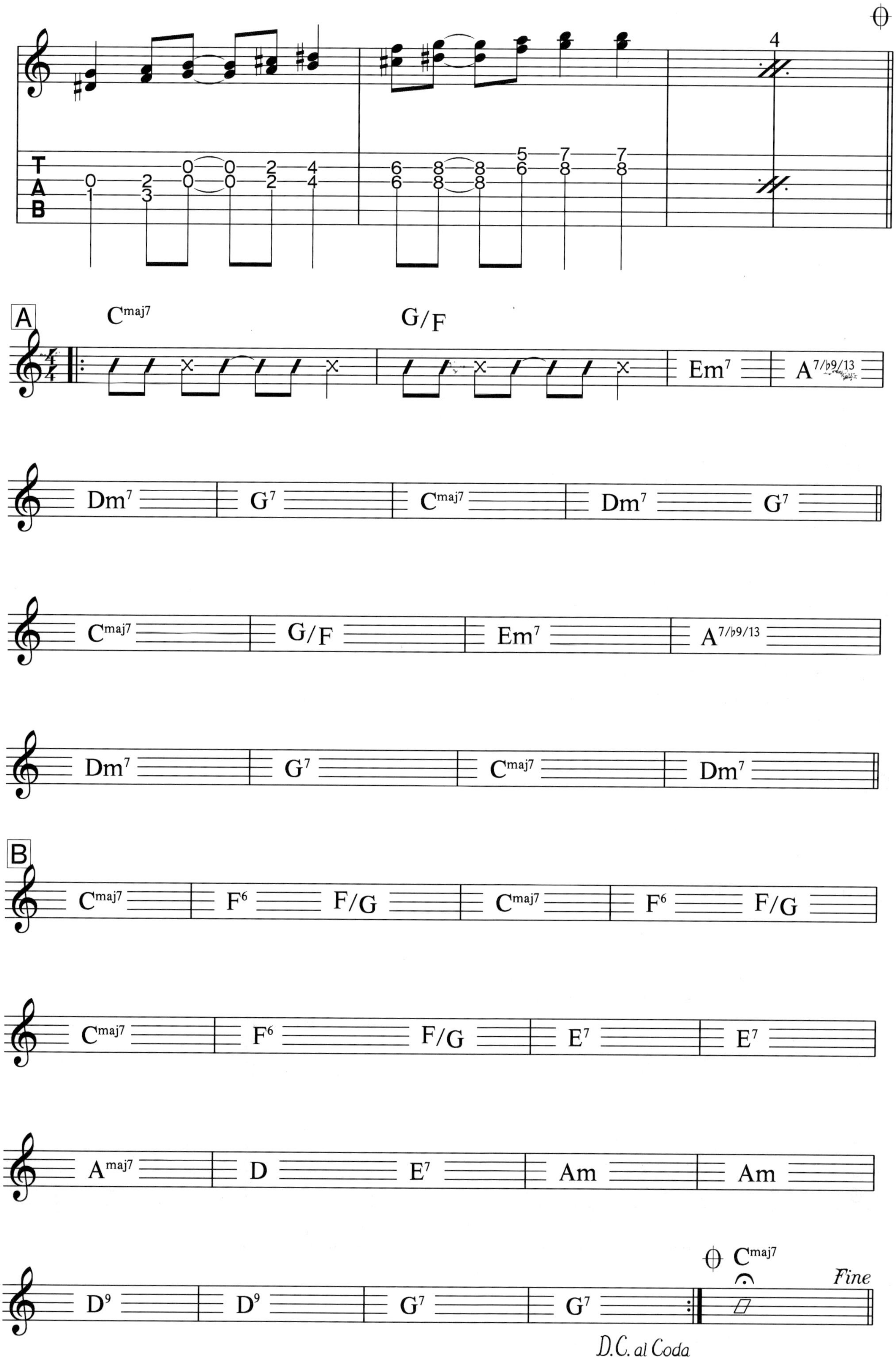
4
A
Cmaj7
G/F
Em7
A7/♭9/13
Dm7
G7
Cmaj7
Dm7
G7
Cmaj7
G/F
Em7
A7/♭9/13
Dm7
G7
Cmaj7
Dm7
B
Cmaj7
F6
F/G
Cmaj7
F6
F/G
Cmaj7
F6
F/G
E7
E7
Amaj7
D
E7
Am
Am
D9
D9
G7
G7
Cmaj7
Fine
D.C. al Coda